LA VIE

DANS

LE MARIAGE

PAR

ANTONIN RONDELET

PARIS

LIBRAIRIE ACADÉMIQUE DIDIER

ÉMILE PERRIN, LIBRAIRE-ÉDITEUR

35, QUAI DES GRANDS-AUGUSTINS, 35

LA VIE

DANS

LE MARIAGE

OUVRAGES DU MÊME AUTEUR

Du spiritualisme en économie politique. Ouvrage couronné par l'Académie des sciences morales et politiques. 2e édition. — *Librairie Didier.*

La morale de la richesse. — *Librairie Didier.*

Mon voyage au pays des chimères. — *Librairie Didier.*

L'éducation de la vingtième année. — *Librairie Didier.*

Le danger de plaire. — *Librairie Didier.*

Le lendemain du mariage. — *Librairie Didier.*

L'art d'écrire. 3e édition. — *Librairie Vivès.*

L'art de parler. — *Librairie Vivès.*

Réflexions de littérature, de philosophie, de morale et de religion. — *Librairie Vivès.*

Mémoires d'Antoine. 5e édition. Ouvrage couronné par l'Académie française. — *Librairie Poussielgue.*

Mémoires d'un homme du monde. — *Librairie Poussielgue.*

Le découragement. — *Librairie Josserand.*

L'opposition et la révolte. — *Librairie Josserand.*

Les limites du suffrage universel. — *Librairie Plon.*

Programmes de philosophie. 2e édition. — *Librairie Plon.*

L'emploi du loisir à l'Ecole de droit. — *Librairie Douniol.*

Philosophie des Sciences sociales. — *Librairie Palmé.*

LA VIE

DANS

LE MARIAGE

PAR

ANTONIN RONDELET

PARIS

LIBRAIRIE ACADÉMIQUE DIDIER

ÉMILE PERRIN, LIBRAIRE-ÉDITEUR

35, QUAI DES GRANDS-AUGUSTINS, 35

1885

AVERTISSEMENT AU LECTEUR

On ne rencontrera pas dans ces pages un seul mot qui puisse alarmer une âme de vingt ans. L'auteur a voulu faire un livre honnête et utile. Si quelqu'un y trouve trop de complaisance pour l'idéal, il voudra bien se rappeler qu'ici, l'idéal c'est le devoir. Il peut suffire, lorsqu'il s'agit du monde physique où tout est mis et enchaîné à sa place, de constater ce qui est ; dès qu'il s'agit de morale, il faut chercher ce qui doit être, c'est là le véritable progrès : il est dans les âmes et non pas ailleurs.

J'offre ces conseils aux personnes mariées qui voudraient remédier à l'imperfection de leur bonheur, — aux pères et mères qui ont à cœur de préparer l'éducation de leurs enfants, — enfin aux jeunes gens et aux jeunes filles dont, aujourd'hui plus que jamais, la pensée a tant besoin d'être prévenue et gouvernée.

ANTONIN RONDELET.

Paris, ce 12 octobre 1884.

LA VIE DANS LE MARIAGE

LIVRE PREMIER

AVANT LE MARIAGE

CHAPITRE PREMIER

L'oubli du mariage.

Si nous cherchions dans le passé, et même dans un passé très voisin de nous, dans les souvenirs du dix-septième siècle par exemple, nous trouverions, en ce qui concerne la pensée du mariage, des mœurs bien différentes des nôtres.

Il n'était point d'usage alors, pas plus qu'il ne l'est encore aujourd'hui chez les autres peuples, de laisser en oubli ou de voiler pour la jeunesse cette inévitable perspective de la vie.

On ne se rend pas compte, habitué que l'on est avec cette étrangeté de conduite, de l'excès où nous pousse, à l'heure présente, cette pruderie envers les jeunes filles.

Il y a des familles où des mères insensées ont imaginé des soirées de petites filles ; les frères sont impitoyablement proscrits par leurs propres sœurs. Je ne suis pas même bien sûr qu'elles consentent à les embrasser, sous ce prétexte que ce sont des hommes. De tels parents ne regardent point comme sans danger et sans éveil pour l'âme le jeu innocent et antique de la poupée. Cette idée de la maternité protectrice et satisfaite, qu'on mettait tant de soin à entretenir et à éveiller jadis, paraît un égarement de l'imagination et une provocation au désordre. On fait tant, sous prétexte de morale et de sévérité, qu'on aboutit à créer dans ces jeunes esprits je ne sais quelles associations fantastiques, quelles hallucinations malhonnêtes : elles finissent par avoir peur d'un berceau.

Il ne faut pas se le dissimuler : il y a là, dans cette première imprudence des parents, dans ce premier excès de recommandations, un germe de malveillance que le temps développera. La femme ne va point à l'homme avec abandon. Elle s'en défie comme du temps où il était écarté de ses jeux. Il lui semble qu'elle passe pardessus le devoir et qu'elle ait à se faire une violence malsaine.

Si encore, au moyen de ces précautions, on pouvait espérer atteindre le but. Si l'on pouvait établir ainsi le silence dans l'âme de la jeune fille et délivrer son imagination des fantômes, même au prix des ignorances auxquelles on condamnerait sa raison ! Mais il n'en va pas ainsi, et le cœur humain n'est point fait pour le vide.

Dès qu'on refuse à la jeune fille une représentation raisonnable du jeune homme dans la personne de son frère ou de son parent, dès qu'on lui suggère l'idée de voir en eux, comme dans tout le sexe masculin, une sorte d'adversaire et d'ennemi, elle se sent attirée, comme cela doit arriver nécessairement, par la fascination de cet inconnu et par la saveur même de ce péril. Comme elle n'a aucune donnée plausible, elle se lance, au péril de sa raison, dans la carrière des suppositions les plus absurdes. Ce chapitre de ses illusions demande à être étudié à part.

Pendant que ce silence factice et imposé dévore ainsi le bon sens de la jeune fille, la condition du jeune homme n'est pas moins étrange ni moins périlleuse pour son avenir.

Le mépris de la femme a singulièrement augmenté parmi nous. Il ne se contente pas de se manifester dans la jeunesse et dans l'adolescence : on peut dire qu'il se trahit déjà dès l'enfance et dès le premier âge.

Il n'est pas nécessaire de sortir des souvenirs et des temps contemporains, pour avoir présentes d'autres mœurs toutes différentes de nos mœurs, d'autres usages tout différents de nos usages.

Nos grand'pères et nos grand'tantes, au lieu de jouer entre petites filles *au Monsieur et à la Madame*, jouaient entre filles et garçons *au Papa et à la Maman*. Le petit mari dorlotait sa petite femme : il l'appelait du nom qu'il avait entendu donner à sa mère ; et il y avait dans le premier élan de cette jeune tendresse quelque chose de fier, d'ardent, de passionné, que la mobilité de l'âge rendait sans péril. L'âme ne laissait pas d'y sentir les premières atteintes et comme le pressentiment de sa destinée naturelle. Souvent cette affection se prolongeait au delà de la première enfance; elle grandissait avec les adolescents; elle devenait alors cette amitié tendre et délicate qui unissait l'un à l'autre les fiancés. Sans méconnaître les inconvénients inévitables de ces espèces d'unions morales, souvent précaires ou regrettées, il faut bien aussi en marquer les avantages. On ne se figure point la force que cette première impulsion, ou, pour mieux dire, cette première aspiration de l'amour, est capable de donner à un jeune cœur, force de vertu, de préservation et de sacrifice. Tout cela a péri; et ce n'est point aujourd'hui dans cet ordre d'idées que se meut l'esprit d'un jeune homme de vingt ans.

Nous subissons, ici comme partout, l'effet d'une sorte d'anémie morale. Nous prenons pour une supériorité de caractère l'abaissement de notre intelligence. Notre énergie n'a plus la force de vouloir, et notre cœur la capacité d'aimer. Nous nous figurons être au-dessus d'une idée, parce qu'elle a cessé d'être intéressante pour un esprit qui a, en effet, perdu la faculté de la comprendre. Nous traversons ainsi le monde, sans émotion, sans curiosité, sans emportement; et parce que nous nous sommes rapprochés de la matière, en perdant peu à peu les qualités d'une âme immortelle, nous prenons notre apathie pour du calme, notre ignorance pour du dédain, et notre oubli pour une possession de nous-mêmes.

Il ferait beau voir un jeune homme, même depuis la quinzième ou la douzième année, avouer quelque chose de semblable à ce qui, dans l'ordre humain, faisait la vie et la grandeur morale des paladins du Moyen âge: le sentiment chevaleresque paraîtrait aujourd'hui bien ridicule; et s'il arrive parfois que quelque réminiscence féminine se glisse dans les esprits, est-on bien sûr que ce souvenir ne soit pas profané, que cette admiration ne tourne pas à l'ironie, cette contemplation à l'ivresse?

Il faut donc donner pour premier conseil, sinon aux enfants qui n'ont point encore ici l'autorité suffisante pour se conduire, mais à tous ceux qui ont mission pour les diriger, de ne point redouter pour leur jeune pensée les perspectives viriles du mariage, ni pour leur cœur à peine éveillé les frémissements anticipés d'une tendresse légitime. Il est bon de penser à la femme de bonne heure. Alors le respect est facile. C'était le sentiment de Chérubin devant la comtesse, et jamais le moraliste ne s'est montré plus délicat, plus profond, plus exact. La jeune fille apparaît alors, il faut bien le dire, quoique nous ne le sentions plus, sous sa forme poétique; et cette poésie est particulièrement accessible à un âge si voisin de l'innocence. L'homme s'habitue ainsi à contempler la femme au milieu d'une sorte d'auréole. Elle est loin de ses désirs et proche de son cœur. Il éprouve en sa présence quelque chose de ce sentiment si pur et si mystérieux que personnifie dans l'âme le culte de Marie, la pureté de la Vierge et la majesté de la Mère.

Il n'est au pouvoir de personne de refaire le cœur humain : le plus sûr est encore de le prendre tel qu'il est, de le gouverner, en usant contre lui-même de ses propres lois, de la même façon que la science de l'homme emprunte à la nature elle-même les forces qui nous servent à lui imposer notre empire. Sachez donc que, sous cette indifférence apparente du jeune homme, sous cet oubli affecté, se cachent des convoitises terribles et une impétuosité de désirs inavouables. La nature prend sa revanche; il faut qu'elle se développe et qu'elle se donne carrière. Lorsque l'esprit ne se trouve pas sollicité du côté de l'idéal par la perspective de l'amour dans le devoir, il devient malheureusement tout simple que le corps s'appesantisse sur l'âme et la précipite du côté d'en bas.

CHAPITRE II

Le mépris du mariage.

L'oubli du mariage conduit au mépris du mariage.

Dès que l'homme ne considère pas le mariage au point de vue du devoir comme un moyen de s'acquitter plus vaillamment de la tâche de la vie, au point de vue du sentiment comme un appui que la vertu trouve dans le bonheur, il ne faut point s'étonner qu'on se donne d'autres motifs indignes, tristes à découvrir en soi-même, honteux à avouer aux autres.

Notre société garde des anciennes mœurs ce reste de pudeur et de justice, que l'homme y paraît encore incomplet tant qu'il n'est point arrivé à la vie conjugale. Il conserve quelque chose d'inachevé et de provisoire, qui l'empêche de donner sa mesure et de se développer dans toute son ampleur. Il ne saurait avoir ce chez lui, cette maison montée, ce que j'appellerai la capacité de recevoir, dans la mesure où il est lui-même reçu. Il est tenu à beaucoup dans le monde, et il semblerait volontiers qu'on n'est encore tenu à rien envers lui. Il y a donc là comme un désideratum, un commencement de situation fausse, et dès que l'âge arrive, une sorte d'obstacle. Il lui faut, s'il est sage, se résigner à prendre femme, comme à passer son habit et à mettre une cravate blanche lorsqu'il est appelé à figurer dans un dîner.

Le point de vue de la contrainte n'est pas le seul à considérer. L'économie politique, si profondément ignorée de nos jours comme science, ne laisse pas d'être singulièrement pratiquée comme instinct. Il n'est pas difficile de comprendre que deux maisons séparées et obligées de se suffire chacune à elle-même prennent, en se réunissant, un corps et une consistance qui en décuplent sur-le-champ la valeur. Tandis que la fortune resterait oisive entre les mains de la jeune fille aussi longtemps que vivent les parents, cette fortune travaille, elle fructifie, ou tout au moins elle figure, lorsqu'elle s'unit au bien et à la situation du mari. Il y a, pour l'homme, un intérêt évident à doubler son être social; et tout de même qu'un fabricant bien avisé cherche un commanditaire afin de ne pas laisser sans emploi ses connaissances spéciales, le futur mari regarde la fiancée non point du côté de ses rêves, mais de l'inventaire de son apport.

L'homme n'est point le seul à profaner ainsi le mariage par la façon dont il en pratique le désir et en décide la résolution. Au moins peut-il invoquer en sa faveur cette circonstance atténuante que, né pour l'action, appelé à tenir une place et à jouer un rôle dans le monde, il s'arrange, comme le général d'armée, pour réunir sous sa main un gros de forces dans la bataille de la vie. Ce motif n'est peut-être pas très noble, mais il peut encore être avoué; et, par un certain côté, il se rattache à une meilleure pratique du devoir.

La jeune fille n'en est point là, et il faut bien reconnaître que le mépris du mariage est poussé peut-être plus loin de sa part que de la part de son fiancé.

La plupart du temps, elle ne songe guère à la famille. Jetée dans les pensions où sa sœur d'un autre âge n'est point classée dans la même division, étrangère à ses frères qu'elle ne discerne par aucun sentiment du reste de leurs camarades, habituée par la défiance au mépris du caractère masculin, incapable de le comprendre dans son devoir et peu jalouse de s'y associer, elle n'accepte pas même le mariage comme une habitude à laquelle on se plie et dont on finit par s'accommoder. Elle le regarde comme une contrainte dont on subit le joug sans en abdiquer la révolte. On ne saurait croire combien de jeunes filles rêvent dans l'état conjugal l'existence solitaire, la réserve de leur cœur, quelque chose de semblable au régime dotal dans l'ordre du sentiment. L'égoïsme des pères et des mères entre pour beaucoup dans cette fausse appréciation. Les parents trouvent tout simple que l'avenir de leur fille soit subordonné à leurs convenances. On ne sait plus pratiquer ni comprendre l'inévitable loi du sacrifice dans le choix d'un gendre. On n'oserait point sans doute répéter le cruel mot d'Argan dans le *Malade imaginaire* : « Une fille doit être bien aise d'épouser ce qui est utile à son père ; » mais, dans la réalité, c'est là la maxime invisible qui préside aux consultations domestiques. Tantôt c'est le rêve de garder auprès de soi son enfant, qui lui apprend d'avance l'égoïsme qu'elle pratiquera à son tour. Elle se sacrifie et se tait ; mais elle ne le fait point par héroïsme, et trouve tout simple de réserver cette affection qu'on prétend lui arracher. Il lui semble que l'homme dont elle accepte la main dans ces conditions de violence en est plus ou moins le complice ; et elle ne lui a point encore promis son obéissance, qu'elle s'est déjà bâti une forteresse pour s'y retirer au-dedans de son cœur. D'autres fois les motifs sont plus petits et plus méprisables : c'est un fonctionnaire qui veut utiliser une influence, un négociant qui veut conserver une clientèle, un vieillard qui veut prolonger une situation.

Ici encore le jeune homme et la jeune fille nous apparaissent moins comme des coupables à blâmer que comme des victimes à plaindre. Toutefois, il vaut mieux, même en faisant la part des nécessités qu'on leur impose et des erreurs qu'on leur persuade, ne point les absoudre tout à fait. Il se fait de longue main, dans les âmes honnêtes et soucieuses de leur devoir, une préparation de l'avenir. La vertu commence dans la pensée longtemps avant d'arriver à l'action. Il faut conseiller à ceux qui sont jeunes cette sévère élaboration de leur âme.

CHAPITRE III

La préparation du mariage.

Laissons de côté, dans le mariage, le rôle nécessaire qu'il joue dans la perpétuation du genre humain et dans le renouvellement de la famille. Ce sont là des considérations que le moraliste et le philosophe peuvent, à bon droit, avoir devant les yeux lorsqu'ils prennent les choses au point de vue abstrait; mais nul ne saurait régler sa vie sur ces motifs de pure spéculation. Le jeune homme, et surtout la jeune fille, ne doivent point égarer leur pensée de ce côté. Ce sont là des conséquences qui, suivant la parole de l'Évangile, leur seront données par surcroît. Il y a, pour se décider dans le sens de cet avenir, d'autres raisons bien autrement élevées et bien autrement délicates, auxquelles il n'est pas hors de propos de rappeler la jeunesse de notre temps.

Le mariage n'est pas seulement le couronnement de la vie par le bonheur; il en est aussi l'achèvement par le progrès.

Ici, la loi du devoir et du perfectionnement est la même pour le jeune homme et la jeune fille qui seront unis l'un à l'autre; il n'y a pas lieu de faire aucune distinction dans ce qu'on peut avoir à dire à chacun d'eux. Il suffit de leur tendre la main de part et d'autre et de les convier à écouter en même temps. Il vaut la peine de réfléchir à cette loi supérieure de notre nature qui s'accomplit dans l'ordre moral du mariage.

Quelle qu'ait pu être l'éducation, la nature humaine reste incomplète. Nul ne le sait mieux que chacun de nous ; et c'est une circonstance remarquable, qu'en dépit de notre orgueil, nous soyions si particulièrement instruits de ce qui nous manque. Nous le connaissons bien à nos prétentions. L'ardeur avec laquelle nous tenons à passer aux yeux d'autrui pour ce que nous ne sommes pas vis-à-vis de nous-mêmes montre assez quelles lumières nous avons sur nos propres défauts.

Toutefois, avec le temps, et aussi avec la complaisance que l'agrandissement de notre situation et la corruption de la flatterie ne manquent point de développer en nous, nous ne tardons pas à prendre de plus en plus le parti que La Rochefoucauld signalait avec tant de sagacité comme la plus sûre ressource de notre amour-propre. Nous avons soin de tirer vanité des défauts dont nous ne voulons plus nous corriger. Cet abandon nous est rendu facile par la tolérance toujours plus grande de ceux qui nous environnent. Comme ils n'ont pas d'intérêt à nous rendre meilleurs, qu'ils n'en ont, par conséquent, ni le dessein ni l'énergie, ils s'accommodent de nos défauts, et même au besoin de nos vices. Ils n'est point rare qu'ils s'arrangent pour en profiter. Nous perdons ainsi toute idée de nous en défaire. Il semble qu'en devenant meilleurs, nous dérangerions l'ordre établi.

C'est ainsi que la nature humaine décroît. Elle perd tour à tour la conscience d'elle-même par la résignation à ses propres défauts, et cette seconde conscience souvent plus salutaire, dans tous les cas plus perspicace, que les âmes humbles, sincères et aimantes, trouvent dans un témoin de leur vie.

Il faut considérer le mariage par le côté élevé. C'est par là qu'il entre dans la continuité de la vie et qu'il réalise la vraie loi de son progrès.

Dieu a préparé à l'homme aussi bien qu'à la femme ce

témoin de leur vie, cet instrument de leur progrès, ce soutien de leur vertu.

Chacun d'eux doit trouver dans le mariage ce complément de soi-même nécessaire à toute créature humaine pour lui donner le sentiment des défauts contre qui elle est tenue de combattre, la jouissance des vertus qu'elle est appelée à conquérir.

N'est-ce point le cas de rappeler le beau mythe du philosophe Platon ? Je doute que les anciens aient bien compris le sens sublime de cette allégorie.

Lorsque la créature humaine sortit des mains des Démiurges qui l'avaient fabriquée, elle n'était point semblable à cet être incomplet que nous avons devant les yeux. Nous ressemblons à une médaille dont l'artiste n'aurait frappé que la face et dont il aurait laissé en blanc le revers. Il n'en était point ainsi à l'origine, si l'on en croit la légende grecque : la créature humaine était double, à la fois mâle et femelle, présentant en même temps la sévère beauté de l'homme et les grâces plus molles de la femme.

Le courroux ou la jalousie de Jupiter, sous lesquels les mythes ont déguisé la mortelle atteinte du péché, a divisé cette créature parfaite ; et depuis le moment où ce déchirement s'est accompli, chacun de nous cherche dans le monde cette moitié dont il a été ainsi séparé, afin de reconstituer le tout de lui-même.

Il est difficile d'exprimer d'une façon plus gracieuse et en même temps plus énergique le but suprême du mariage dans l'ordre moral.

Non seulement le jeune homme se donne un témoin de sa vie ; mais, à son tour, par une réciprocité d'affection et de dévouement, il devient le témoin d'une autre existence.

Je ne sais ici quelle est la tâche la plus belle, et quelle destinée il faut admirer le plus dans l'ordre providentiel ?

L'autorité du commandement est sans doute du côté de l'homme; mais la femme n'a-t-elle pas la toute puissance de l'amour? Tandis que l'homme réclame la déférence de la soumission, la femme persuade l'abandon de la tendresse.

Quoi qu'il en soit de la nature, de la portée et des moyens de cette influence, il est incontestable qu'elle doit s'exercer, pour l'homme comme pour la femme, dans le sens de leur perfection morale.

La vraie préparation du mariage ne serait-elle pas alors, pour le jeune homme comme pour la jeune fille, de se demander avant tout ce dont l'autre a besoin pour devenir meilleur, ce que chacun d'eux doit trouver dans le témoin de sa vie?

C'est ainsi que la question de la préparation du mariage conduit à celle du choix dans le mariage.

CHAPITRE IV

Du choix pour le mariage.

Ce qui précède explique une locution que personne peut-être ne voudrait avouer, et dont cependant le sens vrai est aussi élevé qu'honorable : *le besoin de se marier*.

Les âmes délicates et inquiètes, tous ceux qui ne se paient point de leur propre nature, tous ceux qui ne se laissent point séduire et abuser par eux-mêmes, éprouvent à un certain moment de leur vie je ne sais quel vide, quelle nostalgie, quel tourment, dont il leur serait difficile, la plupart du temps, d'analyser les symptômes et d'exprimer les désirs. On sent qu'on est en quelque sorte arrivé au bout de soi-même ; on se demande, sans rien préciser et sans rien se répondre, s'il ne serait point temps d'entreprendre cette autre existence dont on attend plus que de la première. En vain l'incertitude de l'avenir trouble-t-elle ici la vue, en vain le redoublement des devoirs épouvante-t-il la faiblesse ; on ne laisse pas d'estimer que cette vie à deux sera plus calme et qu'elle disposera de plus de force.

C'est là cet instinct supérieur qu'on peut appeler, sans rougir et sans baisser les yeux, *le besoin de se marier*.

Pourtant la grandeur du but qui se révèle au pressentiment de l'instinct ou au regard de la raison est bien fait pour provoquer l'hésitation et le trouble du cœur le plus hardi. Il ne suffit pas d'attendre du mariage tout ce que nous avons dit ; il est trop évident que le succès dépend de la personne. Suivant le choix, le mariage devient une épreuve ou une consolation, une douleur qui vous diminue ou une joie qui vous multiplie.

Comment procéder à ce choix ?

Examinons ce qui se passe, à l'heure présente, dans le cœur du jeune homme et de la jeune fille, lorsqu'ils sont appelés à se prononcer ?

Dès que le jeune homme sort de son indifférence et finit par se résigner ou à faire ou à vérifier un choix, à moins qu'il ne soit décidé d'avance aux dernières profanations dans le mariage, à tout regarder excepté la femme, il met son honneur et sa complaisance dans cette dernière prétention de ne s'en rapporter absolument qu'à lui-même et de tenir peu de compte de ce qui lui sera dit.

Il y a, dans cette présomption de la jeunesse, quelque chose de hardi et d'honorable tout à la fois. On dirait qu'il se réveille dans ces âmes, si étrangères encore à l'expérience morale, je ne sais quel ressouvenir des temps chevaleresques où l'on partait de son manoir à la recherche de la Dame de ses pensées. On entreprenait ainsi de découvrir dans le monde entier la plus belle et la plus digne, afin de conquérir sa main.

Le jeune homme de notre temps n'a point sans doute des visées aussi hautes. Il ne laisse pas toutefois de penser, avec la même vaillance et la même présomption, qu'il peut s'en reposer sur lui-même avant de compter sur personne. Il écoute d'une oreille distraite les avertissements qu'on lui donne, ou les panégyriques qu'on lui fait. Il a bien la prétention de tout vérifier par lui-même. Avant même qu'il ait essayé sa sagacité, vous pouvez lui demander quel est son idéal ; soyez sûr qu'il va vous le décrire, et vous faire la liste des qualités qu'il recherche avant tout dans la compagne de sa vie.

Les jeunes hommes se divisent ici en deux catégories.

Les uns, et ce sont incontestablement les plus rares

et les mieux avisés, discernent avec assez de justesse les besoins particuliers de leur âme. Ils savent qu'ils manquent de douceur, que leur caractère est porté à l'impétuosité, à la violence, à l'injustice. Ce serait préparer des tempêtes dans leur intérieur, que de ne pas songer avant tout à une compagne douce, déférente, portée au calme et à la paix. Par contre, un autre se dira tout bas, dans un jour de franchise et d'humilité, que sa volonté est bien capricieuse, sa faiblesse bien grande, sa persévérance bien douteuse. Il a eu besoin, à tous les moments de sa vie, pour ne point s'arrêter ou pour ne point faillir, d'une main tendue vers lui. S'il est loyal envers lui-même, il doit comprendre qu'une femme n'est point destinée dans son ménage à jouer le rôle effacé. Elle aura à prendre plus d'une fois l'initiative; plus d'une fois elle devra le rappeler à ses résolutions les mieux arrêtées et le soutenir dans ses volontés les plus nécessaires.

Il n'est pas jusqu'aux nuances extérieures en quelque sorte du caractère qui ne demandent de semblables harmonies, et ne doivent s'associer par cette même loi des contrastes. Ce qu'on appelle l'*humeur* dans la vie y tient plus de place qu'on ne le croit. C'est un certain fonds permanent et situé en dehors de toute considération morale. C'est une sorte de canevas sur lequel se dessinent avec le temps nos défauts ou nos mérites; on ne se rend pas toujours assez compte des froissements et des difficultés qu'entraîne ici un mécompte dans le choix des personnes. Ce n'est pas pour rien que la loi civile admet comme un cas de séparation entre les conjoints ce qu'elle appelle, sans le définir davantage, l'*incompatibilité d'humeur*.

Il est peut-être plus difficile de se rendre compte de son humeur que de son cœur et de son esprit. Comme l'humeur est plus apparente que le reste, et que, grâce à la frivolité du monde, nous nous sentons le plus souvent jugés par là, nous y apportons d'ordinaire des prétentions féroces, au point de nous faire à nous-mêmes de complètes illusions. Est-il facile de s'avouer qu'on est triste et morose et qu'on aurait absolument besoin, pour égayer la mélancolie du foyer domestique, d'y faire asseoir une jeune fille souriante et gaie?

Cette catégorie des hommes qui se rendent compte d'eux-mêmes est incomparablement la moins nombreuse. Rien de plus facile que d'apercevoir ce qui nous manque; mais encore faudrait-il se donner la peine d'y réfléchir et ne point perdre son âme de vue. Or, pour la plupart des gens, leur âme est précisément ce qu'ils ignorent par-dessus tout. Il en sont réduits sur eux-mêmes à un vague instinct; et comme ils n'ont jamais pris la peine ni de s'apercevoir ni de se juger, ils s'en tiennent, sur leurs propres défauts et leurs propres qualités, à de pures conjectures, et prennent en définitive le parti funeste de s'en rapporter là-dessus aux complaisances et aux flatteries d'autrui.

On comprend combien, dans un pareil néant, il serait difficile de se former la moindre pensée sur la femme qu'on recherche. Ces pauvres d'esprit, inhabiles à toute réflexion et je dirai presque à tout jugement moral, seraient bien en peine de faire aucune distinction entre l'intelligence et la volonté. Ils ne connaissent le cœur que par ouï-dire; et s'ils s'avisaient de vouloir apprécier par eux-mêmes une créature humaine, ils ressembleraient à un marchand qui chercherait à assortir une marchandise après en avoir perdu l'échantillon.

Il n'est donc pas utile d'insister plus longtemps ni de prendre la peine de prouver que les jeunes gens de cette dernière catégorie ont tout à gagner à se voir exclus de l'affaire de leur propre mariage. On comprend qu'ils ont été créés et mis au monde pour devenir la proie irrémissible de toutes les illusions. Le premier venu est fait pour leur donner un conseil à la hauteur duquel ils n'atteindront jamais, car ce premier venu a au moins l'avantage d'être désintéressé.

On s'étonnera peut-être de nous entendre ajouter que le jeune homme capable de discerner les qualités requises, à son point de vue, dans la femme qu'il doit épouser, n'en est pas plus capable pour cela de les vérifier par lui-même dans l'ordre des réalités.

Les plus terribles et les plus séduisantes comédies sont celles qui se jouent d'instinct. Les grandes actrices vous diront qu'à l'époque de leurs premiers débuts, elles ont trouvé, sans s'en douter aucunement, des accents supérieurs, des gestes inimitables, des cris inspirés. Elles ajouteront que toute leur carrière dramatique s'est passée à ressusciter par la réflexion et à reproduire par l'étude ce que la nature leur avait fait rencontrer du premier coup.

Loin de moi la pensée de rien dire d'injurieux pour les jeunes filles. Personne à leur égard ne pousse plus loin que moi le respect et l'affection ; mais il faut avouer que ce sont de terribles comédiennes, et d'autant plus dangereuses que, la plupart du temps, ce sont, dans toute la force du terme, des comédiennes sans le savoir.

Je compare ce qui se passe dans ces scènes de séduction inconsciente à ce que la vie réelle nous montre, tous les jours, dans l'intonation de la voix, dans le mouvement du geste, dans toute l'attitude de la personne. Quel est celui d'entre nous, au milieu d'un discours, d'un débat, d'une simple conversation, qui songe à prêter à la main le mouvement le plus favorable, au ton de la parole les accents les plus appropriés, aux lignes générales du corps la pose le mieux en rapport avec la pensée ? Ces recherches sont bonnes tout au plus pour les comédiens de profession dont il était question tout à l'heure. Comme ils n'ont rien dans leur esprit ni dans leur cœur et qu'il leur faut, de toute nécessité, débiter, des paroles qu'ils vont chercher dans leur mémoire, il n'est pas étonnant qu'ils soient obligés de courir après les gestes et les intonations, de les essayer les uns après les autres, jusqu'à ce qu'ils aient trouvé une expression à peu près à la mesure de la pensée.

Pour nous qui vivons de la vie réelle et qui ne sommes point condamnés à parler coûte que coûte, nous nous laissons aller, lorsqu'il nous vient quelque pensée ou quelque sentiment, à une pantomime naturelle d'autant mieux appropriée à sa destination, qu'elle ne nous a absolument rien coûté.

Or, voici ce qui se passe dans les jeunes filles.

Elles ont, au plus haut degré, cette intuition de l'âme humaine qui manque presque toujours aux jeunes gens. En mettant à part celles que le monde occupe et dissipe à la façon des garçons, les autres, c'est-à-dire celles qui sont vraiment femmes, se replient naturellement sur elles-mêmes et, comme le géant Antée dans la fable grecque, elles reprennent leur force et leur supériorité dès qu'elles mettent le pied sur ce terrain. Elles arrivent ainsi à se connaître assez passablement, malgré la multiplicité de leurs détours. Elles ne se racontent pas, elles ne s'avouent pas, mais elles se pénètrent.

On comprend de reste qu'un jeune homme ne puisse pas tenir devant la perspicacité de ce regard. Il entre trop dans la nature masculine d'être présomptueuse, de se livrer par une affectation d'audace ou par un simple besoin d'expansion, pour qu'au bout de très peu de temps la jeune fille n'ait pas compris le caractère, deviné les goûts, approfondi les dernières pensées de l'âme qu'elle se donne la peine de regarder.

Alors commence cette comédie naïve dont on parlait plus haut et qu'il faudrait bien se garder d'imputer à la duplicité et à la ruse. La jeune fille discerne avec un tact infaillible les qualités qui sont faites pour plaire à son interlocuteur; elle sait par où il serait froissé; et avec une souplesse instinctive, elle devient, même sans y prendre garde, la personne qui agréerait le plus à celui qui l'entretient.

C'est un spectacle bien curieux et bien capable de donner la plus haute idée de la flexibilité et des ressources de la femme que l'incessante transformation des effets qu'elle produit. Sans doute, elle ne serait pas en mesure de jouer avec un égal avantage tous ces rôles jusqu'au bout, mais tant qu'il ne s'agit que d'un petit nombre de répliques, l'illusion est complète. Je crois bien que le plus habile y serait pris.

Voilà pourquoi, à moins de circontances tout à fait exceptionnelles, il ne faut pas conseiller à un jeune homme de faire lui-même son choix. Au reste, une pareille affirmation est trop exorbitante, trop en dehors des pratiques aussi bien que des prétentions universelles, pour n'être pas expliquée et justifiée à part et à fond.

Si ce qui précède est vrai, il est trop évident que le jeune homme et la jeune fille, mais plus particulièrement le jeune homme, ne sont guère capables de juger ici par eux-mêmes; ils ne sont ni l'un ni l'autre dans des conditions suffisantes de clairvoyance et d'impartialité.

Il faut donc en venir à un autre moyen, et ce moyen est difficile à persuader à la jeunesse.

Le plus simple est encore d'avoir un parent ou un ami désintéressé et aimant, qui, placé en dehors des deux parties, prononce sur leurs aptitudes et leurs harmonies.

Lorsqu'on va trouver un médecin pour en obtenir une consultation sur un régime de vie, sans vous prescrire absolument chacune des actions qui peuvent vous être le plus favorables, il ne laisse pas de vous donner des indications suffisantes. Il vous apprend, par la connaissance qu'il a de votre tempérament, l'opportunité de tel exercice ou le danger de telle nourriture. Il vous trace une ligne de conduite dont vous trouvez tout simple de ne pas vous départir.

Ce n'est point du tout faire déchoir l'âme de son rang élevé que de la traiter par une méthode semblable. N'est-il pas trop évident qu'étant donné tel ou tel caractère, on peut marquer à l'avance les qualités ou les défauts qui, dans autrui, lui seront le plus sensibles? Sans doute, dans le mariage comme ailleurs, on peut, et je dirai on doit s'accommoder de tout; mais n'est-il pas de la sagesse la plus élémentaire de ne point se réjouir par avance de la douceur et de la patience de sa fiancée, lorsque celle-ci porte un volcan au fond de son cœur; de ne point s'endormir sur son indifférence et son apathie, lorsqu'elle va éclater d'ardeur et de désirs; de ne point se complaire dans son activité, lorsqu'elle attend le jour du mariage pour se rejeter en arrière et pour retomber dans une incurable langueur?

C'est donc en vain que le jeune homme se rendra compte, par la réflexion, des qualités qu'il devrait trouver dans sa compagne, s'il est incapable de les discerner par l'expérience dans sa fiancée. Si la jeune fille se montrait dans sa réalité, avec sa gaité ou sa mélancolie naturelle, il serait aisé de voir jusqu'où son âme penche, d'un côté ou de l'autre. Mais du moment où le fond de son être n'y est pour rien, du moment où tout se réduit à un simple effet, je ne dirai pas d'hypocrisie mais de mirage, il va de soi que l'imitation pour un homme inexpérimenté est toujours plus agréable et plus parfaite que la réalité. Il est trop facile à celui qui calcule ses effets de ne rien laisser à désirer. C'est exactement dans ce sens que Stendhal a dit ce mot cruel, mais juste : « La première condition pour inspirer l'amour, c'est de ne pas le ressentir. »

Il faut donc en venir, je le répète, à ce que le philosophe écossais Adam Smith aurait appelé le *spectateur impartial*, c'est-à-dire à un homme intelligent, bienveillant, sincère, qui voie clair à la fois dans les deux natures. Quelque *dur que puisse paraître ce discours*, pour répéter le mot des disciples de Notre Seigneur, il est certain qu'au point de vue des probabilités du bonheur, c'est encore de beaucoup le parti le plus sûr.

Les lecteurs ne doivent pas se laisser arrêter ici par tant d'exemples d'interventions intéressées et par conséquent malheureuses. Les courtiers de mariages ne figurent pas tous à la quatrième page des journaux, et l'on sait bien de quel côté de pareilles gens tournent leurs vues. Ce qu'on propose ne se rapporte point à ce qui existe, mais il n'est pas impossible d'en trouver des exemples dans les mœurs et les habitudes que nos pères se rappellent. Il y avait alors, dans toutes les familles, des grands parents, sorte d'anges gardiens qui jouaient de fondation ce rôle officieux. Depuis que notre génération s'est appauvrie de ce trésor, depuis que les *les Parents Pauvres* de Balzac nous ont appris à secourir nos proches sans les voir, et à leur venir en aide sans les aimer, ils nous rendent bien cette indifférence : nos économies d'affection nous coûtent cher en bonheur.

On peut, sans faire trop de métaphysique, comparer cette fonction de l'intermédiaire qui observe et qui avertit au phénomène général de l'enseignement. Sans doute, l'instruction consiste précisément à faire entrer dans votre esprit, par des raisonnements personnels, toutes les démonstrations de la science. Mais le professeur est là pour vous guider, pour empêcher que l'imagination ne vous égare, que la longueur des raisonnements ne vous perde. Il vous met en face de la vérité. Après vous avoir évité la peine de la chercher, il vous laisse seulement la tâche de la reconnaître et de vous l'approprier.

Voilà précisément l'œuvre de l'intermédiaire dans le choix délicat du mariage. Lorsqu'il s'est rendu compte de ces deux âmes, il ne saurait avoir la prétention de prononcer une sentence souveraine. Il y a lieu de faire entrer en ligne de compte ce que Leibnitz appelait si justement les *pensers invisibles.*

« Il est des nœuds secrets, il est des sympathies
« En qui sont par le Ciel les âmes assorties. »

Ne conseillez point à un jeune homme ni à une jeune fille de passer par-dessus certaines répugnances mystérieuses et inexplicables, quelque petites, quelque imperceptibles que ces répugnances puissent paraître. Il y a là un je ne sais quoi, lequel échappe à toutes les définitions des philosophes. Il faut tenir grand compte de ce premier aspect, de ce premier coup d'œil, de ce don de plaire ou de cette disgrâce de déplaire, dont les natures les plus raisonnables et les mieux trempées ne peuvent ensuite surmonter aisément l'invincible dégoût. Mais en dehors de cette part accordée à l'harmonie de l'âme et du corps, c'est beaucoup de pouvoir se dire que la tendresse et l'expérience de toute une vie d'ami constituent, en définitive, la présomption la plus péremptoire et la garantie la plus solide de votre bonheur futur.

CHAPITRE V

Les illusions avant le mariage.

La difficulté de se connaître et de se juger, c'est-à-dire de se choisir, est rendue beaucoup plus grande par les illusions que les deux sexes nourrissent l'un à l'égard de l'autre. Ces illusions, que tout concourt à faire naître et à entretenir, deviendront plus tard un des obstacles les plus cruels au bonheur des époux.

Pour le jeune homme comme pour la jeune fille, ces illusions ont une origine commune : l'incurable orgueil de notre pauvre nature, orgueil de connaître ce qu'on ignore, orgueil plus grand encore de devenir l'exception et de surmonter par son propre génie les difficultés où l'on convient que tout le reste du genre humain échouerait. C'est toujours le mot terrible du poète comique : « Mais moi, c'est autre chose ! »

Il faut le dire hautement, quelque lamentable que cela puisse paraître, il y a très peu de jeunes filles pour lesquelles, dans le vrai fond de leur âme, l'idéal de leur futur mari soit la vertu, ce qu'on appelle dans le monde, avec une si adroite ironie, *un bon jeune homme*. Un bon jeune homme ! n'est-ce pas tout dire ? N'est-il pas trop certain qu'il s'y mêle, en dépit de toutes les admirations sincères ou apparentes, un arrière-goût de ridicule, comme une sorte d'odeur de sacristie qui trahit le naïf ? Il n'est pas étonnant que la jeune fille se laisse entraîner à cette impression. N'entend-on pas répéter dans le monde que, pour connaître les passions et pour en parler, il faut les avoir éprouvées? C'est absolument comme si l'on disait que, pour bien connaître un plan de campagne, il est nécessaire d'avoir fait le coup de feu dans les rangs, le sac au dos et le fusil en main. Les grands maîtres de la vie, ceux qui ont le plus éloquemment et le plus humainement traité des passions, ne sont pas ceux qui s'y sont laissé prendre, et les fautes n'ont jamais augmenté l'expérience de la vie. Je suis bien persuadé que Don Juan marié jouera presque infailliblement le rôle de Sganarelle, et il suffit de lire *le Mariage de Figaro*, pour comprendre la donnée de *la Mère coupable*. Ah! si le cœur humain était ainsi fait que la vertu et la lutte vous missent en effet à l'abri des tempêtes, on comprendrait que la jeune fille redoutât de s'embarquer avec cet homme sans expérience et sans défaite; mais elle peut bien se rassurer à cet égard. Celui qui a tenu son âme dans sa main, qui l'a tour à tour avertie et châtiée, qui lui a imposé les devoirs en lui refusant les plaisirs, et qui a entrevu, à travers cette chasteté, la déesse à laquelle il gardait le cœur farouche d'Hippolyte, celui-là n'est pas sans avoir rencontré plus d'une fois dans sa vie Phèdre assise à l'ombre des forêts, écartant les ornements et les voiles qui lui pèsent, Phèdre suivant du regard, à travers la poussière, le char qui emporte son cœur.

Il ne faudrait donc pas, à l'heure présente, qu'un jeune homme, pour se recommander dans le monde, même le plus honnête et le plus chaste, crût raconter à son avantage l'histoire renouvelée du manteau de Joseph.

Personne ne manquera ici de témoigner son indignation, et si je lisais ces lignes dans un livre, je ne faillirais pas à imiter les autres; mais la réalité se gouverne e s'explique par des motifs invisibles et souvent inavouables. Il faut bien en tenir compte, puisqu'on en voit et qu'on en ressent tous les jours les effets.

S'il est un fait certain et en apparence inconcevable, c'est assurément ce faible inouï qu'ont les plus honnêtes et les plus vertueuses des dames, des femmes d'une irréprochable sagesse, de la maturité la plus respectable, de la plus sensible délicatesse, pour ce que l'on appelait jadis *un mauvais sujet*, et qu'on pourrait peut-être aujourd'hui appeler un homme ordinaire.

Ne disons point, par quelque supposition blessante et injuste, qu'elles admirent ces exploits malsains ou qu'elles tolèrent seulement ces écarts regrettables. En aucune façon : elles blâment tout ce qu'il convient de blâmer. Elles n'ont aucune indulgence défendue; et cependant elles cèdent à un attrait si puissant, que cet attrait les fait passer sur tout ce qu'elles condamnent.

C'est une satisfaction bien humaine, et je dirai particulièrement féminine, que d'obtenir plus de quelqu'un, en proportion de ce qu'il accorde aux autres moins. Il n'est pas une de ces personnes respectables qui ne garde au dedans d'elle-même cette secrète prétention que, malgré son âge et ses cheveux blancs, elle exerce sur ce roué et ce blasé un empire assez grand pour le tirer des désordres dont elle voudra le préserver. Il ne lui refusera aujourd'hui encore aucun sacrifice. Jugez de ce qui serait arrivé si elle l'avait connu à l'époque de son jeune sourire et de sa fraîche beauté.

Ce sentiment du triomphe est la vraie jouissance des femmes. Les suites mêmes auxquelles elles s'exposent et succombent ont pour origine beaucoup moins le besoin d'être aimées que d'être obéies. Comme elles sont faibles et destinées par Dieu à la soumission, ce qui leur est de beaucoup le plus agréable et le plus flatteur, ce qui les enivre, c'est la conscience qu'elles prennent d'elles-mêmes dans l'empire qu'elles exercent sur autrui.

Ce qui arrive, à leur insu, à des femmes depuis si longtemps déjà éclairées par la vie et par leurs propres vertus n'est donc pas surprenant dans ces natures de jeunes filles si ignorantes et si présomptueuses.

Elles veulent bien sans doute d'un mari irréprochable et rangé, c'est-à-dire, sans qu'elles sans doutent le moins du monde, d'une nature supérieure et héroïque : elles daignent y consentir, au moins en paroles; mais songez donc à la joie, au triomphe, à la victoire, de conquérir cet homme, de le ramener, de le retenir et de témoigner par là hautement de la puissance qu'on exerce et de l'amour qu'on inspire!

Il ne faut pas trop en vouloir aux jeunes filles de prendre là-dessus leur parti un peu plus vite et un peu plus délibérément qu'au premier abord les bienséances ne sembleraient le permettre. Il y a longtemps que, dans les familles réputées les plus dignes et les plus vertueuses, les mères, et surtout les pères, travaillent d'un commun accord à cette perversion du sens moral. On se garde bien de faire le panégyrique du vice, ni de rien dire qui puisse déprécier la vertu; seulement, comme on n'est pas fâché de se garder une certaine liberté quand viendra le moment décisif du mariage, comme on ne veut pas établir d'avance quelque barrière insurmontable dans l'esprit rétif des jeunes personnes, on a soin de leur faire entendre, en levant comme on le doit les yeux au ciel, que tous les jeunes gens sans exception sont faits pour passer par les mêmes désordres, qu'il faut d'avance en prendre son parti, que le lot inévitable de la femme est de pardonner le passé et de ne s'inquiéter que de l'avenir.

Lorsqu'on insinue aux jeunes filles de se montrer indulgentes pour un passé où elles n'étaient pas, et de réserver toutes leurs susceptibilités pour un avenir qui dépendra absolument d'elles, toutes les énergies de l'orgueil humain font alors explosion en même temps. Elles rêvent moins encore peut-être le rôle d'anges tutélaires, que de souveraines et de maîtresses. Il leur semble si naturel d'être mises au-dessus de toutes les femmes ! Cette constance qu'elles se promettent, cette espèce de régénération de l'homme par leur tendresse et leur beauté n'en n'ont que plus de prix pour dater de leur règne et de leur avènement.

Certaines jeunes filles imitent un peu, dans le secret de leurs pensées, les conceptions de l'école romantique. Les poètes de ce bord nous ont montré dans la nature humaine des mélanges que nous ne connaissions pas et des contrastes auxquels nous n'aurions jamais songé. Leurs prétendus héros joignent aux vices les plus abjects les vertus les plus délicates; et tandis que, d'un côté, ils tombent au-dessous des dernières corruptions, par l'autre ils se relèvent et dépassent les plus hauts sommets. Le malheur de toute cette esthétique, c'est que de pareils personnages sont aussi étrangers à la réalité que contraires à la morale. L'âme humaine est un tout qu'on ne divise point; elle s'abaisse ou elle grandit tout entière.

Les jeunes filles sont naturellement romantiques. Pour les besoins de la cause, elles conçoivent volontiers les caractères et les esprits de cette façon. Tandis qu'elles se figurent un peu obscurément les désordres et les égarements du jeune homme, elles ne laissent pas de se complaire dans cette pensée que leur héros mène la vie à grandes guides, qu'il est au courant des exercices du sport, versé dans les mystères des premières représentations, familier enfin avec ce monde un peu excentrique et fort compromettant devant lequel a fini par fléchir quelque peu la pensée des honnêtes femmes. Avec une certaine complaisance, leur imagination prête à ces occupations de désœuvrement et de faiblesse un aspect plus favorable. On finit par savoir gré au jeune homme de cette tournure de centaure ou de Prince charmant ; et pourvu qu'il quitte le veston de velours ou le chapeau mou de ses expéditions en pays perdu, on se plaît à croire qu'il n'y a rien de changé ni de perdu dans son âme.

Il faudrait cependant bien en venir à dire aux jeunes filles ce qu'elles peuvent si difficilement entendre et ce qu'elles ont cependant tant besoin de connaître, ce que tout le monde a intérêt à cacher et ce que la plus médiocre honnêteté commande pourtant de découvrir : à savoir que les âmes ne se relèvent jamais de certains excès et de certaines fautes. Elles ne s'en relèvent jamais ; il faut s'entendre et distinguer, comme on doit le faire, entre les sentences de la théologie et l'usage de la vie ordinaire. Il n'est pas douteux que la femme adultère de l'Évangile n'ait été, en effet, pardonnée, et que la Madeleine n'ait repris son rang parmi les femmes, au nom même de son amour ; mais, dans l'ordre humain, il ne serait point suffisamment sage et raisonnable de la demander en mariage. Tout de même, s'il faut faire une large part à la faiblesse de l'homme et ne point oublier que le repentir est une seconde vertu, il n'est que juste, au point de vue de la supériorité ou de l'infériorité des êtres, de rendre à chacun ce qui lui est dû. Or, suivant le degré de moralité, toutes les forces, toutes les énergies, toutes les délicatesses de l'âme masculine changent absolument de valeur. Les femmes ne se disent point assez que le caractère de l'homme les intéresse spécialement par ce côté-là. L'épouse a beau trouver dans son mari l'initiative, l'énergie, la persévérance dans la conduite d'une carrière, ce ne sont là, après tout, que les accessoires extérieurs du bonheur. La vraie félicité ne consiste-t-elle pas dans le contact et dans l'union des âmes? Or, par cet endroit, celui auquel elle s'est unie a perdu précisément une partie de lui-même, la meilleure. La femme sent qu'elle n'a pas prise. C'est, dans l'ordre moral, le phénomène de la paralysie locale. La femme devra se résigner à cette triste condition de voir son mari apprécié par tous, excepté par elle. Il y a dans cette âme un vide, et ce vide est de son côté.

Voilà les déceptions que prépare à la jeune épousée son effroyable orgueil. Elle ne compte vraiment que sur elle-même. La tâche de reconstruire une âme et de ressusciter un cœur ne la fait ni reculer ni hésiter. Elle ne veut pas croire qu'à un certain moment, cet homme pour lequel elle croyait être tout la jugera; et pour la juger avec plus d'indépendance, la laissera retomber de son amour au rang de toutes les autres femmes. Alors il est bien probable qu'elle subira le sort commun, avec cette circonstance aggravante qu'ici l'indifférence n'est plus possible; le remords change cette indifférence prétendue en aversion et en haine. L'erreur des femmes est d'oublier, dans la férocité de leur amour-propre, qu'à un certain moment inévitable, la passion la plus vive, la tendresse la plus profonde, l'affection la plus enracinée d'un mari pour sa femme a besoin d'être protégée par le devoir. La sainteté, la perpétuité, l'inviolabilité du bonheur conjugal se trouvent donc dépendre en définitive, non pas de la vivacité du sentiment, mais de la vertu et de la moralité de l'époux. Voilà pourquoi la première condition d'un mariage heureux repose dans cette austérité et dans cette sève qui font les vraies races.

Cette complaisance de composition, cet abandon si aisé de tous les principes lorsqu'il s'agit d'un jeune homme qui promet de se ranger, ont une autre raison encore, plus petite en apparence, mais qui tient cependant une grande place dans les projets de l'avenir. Les jeunes filles, en dépit de leurs yeux baissés, ne laissent pas de jeter des regards ardents et pénétrants de ce côté; toute leur retenue et toute leur réserve ne les empêchent pas d'aspirer après certains plaisirs douteux; et si elles ont bien l'intention de ne point s'en repaître, elles ne sont pas fâchées cependant d'en faire la connaissance, ne fût-ce que pour avoir par après le mérite de s'en priver.

Voilà pourquoi elles ne tiennent pas précisément à épouser un mari trop rigide. Elles ont peur qu'il ne redoute le monde et qu'il ne les en sèvre tout à fait. Au contraire, elles se disent, avec une apparence de raison, qu'un époux plus familier avec les nécessités, pour ne pas dire les faiblesses sociales, n'aura point de ces susceptibilités et de ces excentricités. Elles le trouveront, pensent-elles, plus indulgent, plus porté à de certaines tolérances. La rigidité d'un époux trop parfait les épouvante ; elles ont peur de devenir trop semblables à lui.

Cette illusion est peut-être plus chimérique que toutes les autres. Si elles avaient une plus grande expérience de la vie, elles sauraient que, pour être aisé et tolérant, il faut avoir une longue pratique de la vertu. Il n'y a de vraiment sévères pour les fautes, que ceux qui ont l'habitude d'y succomber.

Cet homme à la jeunesse frivole et inconsidérée ne se marie précisément que pour échapper à la vie qu'il a menée. Il s'est fait un plan de bonheur conjugal bien différent de ce que le passé pourrait faire supposer. Las des plaisirs, fatigué des distractions, même les plus innocentes, il ne voit, il ne poursuit plus qu'une chose, c'est l'isolement, le coin du feu, jusqu'au jour où il reprendra les allures et les coutumes égoïstes du célibataire.

Le chapitre des illusions n'est pas moins long ni moins étrange dans l'esprit du jeune homme, lorsqu'il s'agit de la jeune fille.

Les choses se passent ici d'une façon bien différente ; mais l'orgueil joue le même rôle dans tout ce qu'il lui arrive de penser et de sentir.

Le futur époux se complaît, lui aussi, dans cette espérance, qu'il exercera sur sa fiancée un empire dont nul autre que lui ne serait capable. En douter, ce serait douter de son propre mérite.

Il rencontre donc dans le monde une jeune fille toute gracieuse et toute charmante, qui jouit avec une suffisante modestie de ses succès de salon. Il est entendu, en France, que toute jeune fille est parfaite jusqu'à l'heure du mariage, et voilà pourquoi sans doute, devenues femmes, on en trouve si peu qui soient en mesure de soutenir cette difficile réputation. Il se comprend de reste qu'elle aime la danse, la musique, les soirées, les concerts et, si cela lui était permis, les théâtres. Ce n'est point là ce qu'il s'est promis. Il a trop souvent bâillé dans un fauteuil d'orchestre, il s'est trop fatigué et lassé des courses de chevaux, des dîners et des soirées, pour en faire la perspective de son existence. Il s'est dit depuis longtemps qu'à cette époque de transformation nécessaire, il entrerait dans ce que les peintres appelleraient *sa seconde manière*, qu'il se réduirait aux invitations indispensables, aux visites exigées, et se déferait, au profit de son repos, de plaisirs désormais sans attrait et sans goût pour lui.

La jeune fille saisit avec un tact parfait cette situation morale, et elle s'y prête avec une complaisance exemplaire. Rien de plus comique que d'entendre, parmi les accords d'un orchestre, dans le repos d'une valse, ces conversations assaisonnées du jeu de l'éventail. Le futur couple gémit sur les obligations et les fatigues du monde, sur la multiplicité de ces devoirs de contredanses et de polkas, sur le charme de la retraite et la douceur de l'intimité, sur la hâte que l'on a de voir finir l'hiver, sans doute pour en recommencer plus commodément les distractions aux eaux ou aux bains de mer. Dans ces colloques plus fréquents qu'on ne le pense, le jeune homme joue de fondation le rôle de dupe. Il est de bonne foi, du moins à l'heure où il parle ; et bien qu'il discerne vaguement, à travers les églogues où la jeune fille lui donne la réplique, l'amour qu'elle garde pour le monde, son désir du mouvement, son impatience si naturelle de se jeter à corps perdu dans la vie, il se figure naïvement qu'à lui tout seul il la rassasiera et qu'il lui tiendra lieu de tout. Il ne doute pas de l'empire qu'il conquerra sur cette âme. Il lui suffira de le vouloir pour la transformer en une ménagère, en une femme d'intérieur. Vous vous figurez d'ici son étonnement, lorsqu'au lendemain de son mariage, il s'entendra demander des toilettes de bal.

Une illusion dont l'homme est particulièrement la dupe est celle de l'intérêt que la jeune fille semble prendre aux choses qui l'intéressent lui-même. Ici l'artifice n'est pas réciproque. La femme a plus de tact que nous. Elle se garde bien d'occuper l'homme des mille riens dont sa pensée est remplie; elle garde pour ses amies les histoires de rubans, de costumes, de visites aux magasins. Toute cette préparation de son effet final demeure à l'état de mystère, et elle a grand soin de n'en jamais hasarder un mot dans ses conversations. Le jeune homme, au contraire, appelé de bonne heure au contact de la vie et peu renseigné en général sur la frivolité de la jeune fille, ne tarde pas à aborder des thèmes plus élevés. Au risque de paraître un peu pédant et un peu prétentieux, il l'entretient volontiers de lui-même, de ses préoccupations, de ses travaux; il la met de moitié dans les combinaisons de ses espérances, dans les perspectives de ses méditations. Il faut admirer ici la patience, la grâce, l'intelligence avec lesquelles la jeune fille écoute. On dirait que son âme pénètre profondément toutes ces pensées et qu'elle y suspend sa vie morale. Il est heureux pour elle que son interlocuteur ne voie pas le fond des âmes. Il lirait en elle la profonde indifférence, pour ne pas dire le vague ennui avec lequel elle le suit dans ses dissertations. Plus elle se tait, plus elle paraît attentive; et cette perspective d'avoir dans sa femme un auditoire complaisant, disposé même pour la science et la politique, n'est pas le moindre des attraits que le mariage puisse offrir à un esprit droit, loyal et confiant.

Le côté le plus triste et le plus dangereux des illusions, c'est qu'elles vont en se confirmant elles-mêmes, jusqu'au jour de l'inévitable désenchantement. Madame de Staël a essayé, dans une comédie de salon qu'on ne lit guère, de peindre cette puissance incroyable d'imagination dont l'homme est si souvent la victime. Elle a peut-être un peu forcé la note, en prenant pour donnée la présentation d'un futur à sa fiancée, laquelle fiancée n'est autre qu'un mannequin habilement vêtu et mis en mouvement par l'artifice de personnes assises auprès de lui. Madame de Staël montre le jeune homme de plus en plus ravi, et s'extasiant non seulement sur la beauté mais sur la grâce et sur l'esprit de cette malheureuse poupée. Il y a beaucoup de vérité dans cette exagération. Depuis Pygmalion, l'homme s'est bien souvent épris de l'œuvre de ses mains ou de son esprit.

On comprend combien ces illusions augmentent durant les dernières semaines qui précèdent le mariage. Tout est arrangé pour la comédie des fiançailles; tout entre dans une vie factice et convenue; tout prend un aspect transitoire et exceptionnel. Le jeune homme ne fume plus; la demoiselle ne se met plus en colère, elle a cessé de pleurer au moindre mot. Elle se fait coiffer et habiller avec un soin que le mari ne reverra jamais. Le jeune homme arrive de bonne heure; il se retire le dernier. Ce ne sont là, au reste, que les détails matériels; mais les conversations ont un bien autre intérêt. Là, sous prétexte de se connaître et de se révéler l'un à l'autre, on ne manque point de continuer ce dialogue étrange où chaque interlocuteur n'a d'autre but que de se dissimuler lui-même et de répondre aux intentions et aux désirs de son partner.

Ce temps des fiançailles achève d'ordinaire le chapitre des illusions; et ce qu'il y a de curieux et d'inquiétant, c'est qu'à ce moment-là déjà, bien que l'union ne soit pas encore accomplie, les deux âmes qui chantent ce duo ne laissent pas de se mettre de côté, pour l'avenir, quelques bons ferments de discorde. Si vous êtes admis dans les coulisses de ces entrevues, s'il vous est donné d'avoir dans les intervalles quelques conversations particulières ou avec le prétendu ou avec la fiancée, ils vous diront l'un et l'autre, en confidence, que telle intention du jeune homme n'aboutira pas, que telle mauvaise habitude de la jeune fille devra disparaître. Chacun d'eux commence à soulever le voile; et au lieu de songer à se rendre tel qu'il se montre ou se laisse voir, il attend et prépare le moment de plier l'autre à ses idées ou à son humeur.

Les choses se passeraient bien autrement, si ce temps des fiançailles était un temps de vérification paisible au lieu d'être un temps de fiévreuses découvertes. Si les jeunes gens avaient été l'un et l'autre choisis et assortis par cet ami discret, ce parent âgé, cet intermédiaire désintéressé dont il a été question plus haut, ces entrevues ne se passeraient point de la sorte. Elles ne ressembleraient pas, la plupart du temps, à un duel dans lequel chacun cherche la feinte dans les yeux de son adversaire. Ce serait alors une paisible prise de possession. On se donnerait l'agrément de voir et d'expérimenter par soi-même les qualités essentielles dont on aurait été averti. Cette pénible exploration se changerait en une satisfaction prévue et savourée.

Au reste, il ne faut pas dire trop de mal des illusions: c'est encore, à l'heure où nous sommes, une sorte de supériorité de les éprouver, malgré les déceptions et les douleurs dans lesquelles elles jetteront plus tard les jeunes époux. Il y a, en effet, une façon de se marier, plus lâche en même temps que plus franche. C'est surtout dans le mariage que se trahissent les mœurs du temps présent et que s'atteste notre dégradation morale.

Il est beaucoup plus fréquent qu'on ne pourrait le penser de voir le jeune homme et la jeune fille aborder ce grand acte dans un esprit de scepticisme et de désillusion qu'on ne croirait pas compatible avec cet âge. L'un et l'autre savent parfaitement qu'il n'est point question ni de se convenir ni de se plaire. Il était dans les desseins des deux parties de mettre fin à la vie du célibat; mais il ne s'agissait nullement de chercher dans le mariage rien qui ressemble à ce que nous avons pris la peine d'expliquer. Il est bien entendu que le mari gardera sa liberté, que la femme conquerra son indépendance; et, comme me le disait une jeune fille meilleure que ses paroles, « il n'est pas douteux « qu'on se marie afin de pouvoir sortir seule. »

CHAPITRE VI

L'instruction dans ses rapports avec le mariage.

Le mariage est avant tout, pour l'homme qui réfléchit, une question de haute moralité, comme pour l'homme qui ne réfléchit pas une question de pure convenance. Il faut donc aussi avant tout chercher dans le cœur et la volonté les raisons solides du bonheur.

Toutefois, l'esprit tient trop de place dans notre existence, il intéresse à un trop haut degré notre destinée par le choix des voies et des moyens, il contribue d'une façon trop intime et trop continue à l'embellissement comme à l'ennui de nos jours, pour qu'il n'en soit pas tenu grand compte lorsque le moment sera venu de peser les motifs en oui on en non.

Madame de Staël a écrit ces belles paroles : « On peut se » passer des grands talents comme des grandes fortunes ; » il suffit d'être au-dessus par le cœur. » Ce désintéressement absolu de l'intelligence n'est guère possible ni raisonnable dans le mariage. Il convient de rencontrer, s'il est possible, autant que l'on apporte soi-même. Cette lacune de l'instruction est une plaie béante par laquelle l'amour s'est enfui en plus d'une occasion.

Il est donc tout naturel qu'à la veille du mariage, cette considération passe avec les autres sous les yeux de l'homme prudent et avisé. Il y a là une harmonie dont il ne faut pas négliger l'accord.

Il faut avouer que, sous ce rapport, les choses ont été

singulièrement simplifiées par l'abaissement général qui se manifeste de plus en plus dans l'éducation. Il n'y a plus à vrai dire chez nous, pour la jeunesse des deux sexes, rien qui ressemble à cette éducation supérieure que les descendants des grandes familles reçoivent encore dans presque tout le reste de l'Europe. C'est un dicton bien connu au dehors, que nous recevons en France *une éducation de laquais*. Le mot est fort, mais il est vrai; et il est trop facile de s'en procurer la démonstration péremptoire. Prenez, en effet, la liste des élèves des classes supérieures dans les lycées les mieux famés de Paris, et vous y trouverez à côté de l'enfant né dans les plus humbles conditions le fils d'un duc et pair, le maître du château et celui qui en remet les vitres, le financier qui l'achète et le petit garçon du serviteur qui en frotte l'escalier. On ne saurait trouver mauvais cet esprit démocratique qui ouvre au peuple, même le plus humble, l'accès des plus hauts postes, qui prépare au mérite sa récompense dans toutes les carrières; mais il est permis de se demander, pour me servir du mot cruel d'un étranger, ce qui force l'enfant du riche à se contenter de l'éducation de son domestique. L'éducation, bien qu'elle exige dans une très large mesure des aptitudes et des efforts personnels, n'en n'est pas moins, comme beaucoup d'autres choses de ce monde, une affaire de doit et avoir. Là comme ailleurs, les résultats obtenus sont en proportion de la dépense. Y a-t-il, en France, beaucoup d'hommes dans une certaine situation, qui dépensent autant pour l'éducation de leurs enfants que pour l'entretien de leurs chevaux? Où est le temps où les grandes familles, et, plus simplement encore, les familles riches, mettaient en première ligne dans leur budget et regardaient comme le plus honorable de tous les luxes cet état de maison, dans lequel, malgré une première instruction suivie en commun, on maintenait le précepteur particulier de ces jeunes hommes? Aujourd'hui, il n'est plus question de rien de pareil durant les études pour les approfondir; il n'est plus question de rien de pareil après la première éducation pour la compléter.

Il y a plus : tout l'avantage est du côté du peuple; et il ne serait pas exact de dire que, pendant la période des classes, le jeune homme riche n'est pas traité autrement que son camarade, en raison de sa fortune supérieure. Il ne manque point en effet, là comme ailleurs, de subir la malédiction de la richesse. Tandis que son condisciple sort des rangs inférieurs, semblable souvent à un loup dévorant qui cherche sa fortune; tandis qu'il se jette avec une ardeur toujours croissante et une opiniâtre témérité sur la science dont il attend son mérite et son avenir; tandis qu'il est le premier à stimuler l'indolence ou l'incurie des maîtres, le fils de famille profite, dès la seconde ou dès la troisième, de ce qu'il peut se payer un répétiteur pour se faire *bachoter*. Cette opération ignoble, contre laquelle on essaie de réagir, consiste à suspendre tout mouvement et toute activité de l'esprit, pour y susbstituer des opérations factices, une préparation apparente, laquelle est beaucoup moins que la vraie mémoire et se réduit, pour ainsi dire, à un mécanisme pur. Ce système n'est pas moins long ni moins fastidieux que la suite normale des classes et ne demande guère moins de temps; mais il a cet avantage inappréciable pour la paresse d'esprit, laquelle est de beaucoup la plus incurable de toutes les paresses, que toute activité intellectuelle s'y trouve suspendue. On est rendu capable de répondre en histoire, en philosophie, en littérature, sur des auteurs qu'on n'a pas lus, sur des cours qu'on n'a pas faits, sur des idées qu'on ne possède point.

On ne peut pas se figurer quelle est dans ces familles plus soucieuses de l'obtention du diplôme que de la formation de l'esprit, on ne peut pas se figurer quelle est la terreur répandue par les approches du baccalauréat : le père en rêve, la mère en pleure, les grands parents en sont malades, et tout ce monde-là ne parait se douter en aucune façon que le baccalauréat est en soi une chose parfaitement indifférente, sinon pour l'entrée matérielle dans une carrière. Ils pourraient, ils devraient se dire que, bachelier ou non, le jeune homme n'en est pas moins condamné à la médiocrité pour le reste de sa vie. Non seulement le *bachotage* n'apprend rien, mais il vous rend à jamais incapable d'instruction et de formation intellectuelle.

Il n'y a donc pas lieu, comme on le voit, de conseiller à une jeune fille le choix d'un homme instruit et intelligent, ayant réalisé en lui cette instruction supérieure, laquelle sort l'individu de sa spécialité et le place d'emblée dans les hautes sphères. On en pourrait trouver sans doute, mais en si petit nombre, grâce à l'incurie, à l'ignorance ou à l'avarice des familles, que le meilleur est de ne se point montrer trop difficile sur ce point, jusqu'au jour où l'on mettra, en France, la supériorité de l'intelligence au-dessus de l'avantage des beaux chevaux et des habits de drap fin.

Il est toujours malheureux d'être médiocre et déplorable d'être ignorant ; mais cette infériorité se complique aujourd'hui par la situation dans laquelle les femmes se trouvent vis-à-vis de nous. Il faut bien reconnaitre jusqu'à quel point, à l'heure présente, elles nous sont supérieures.

Tout ici tourne contre l'homme. La première éducation de la jeune fille, malgré tout ce qu'elle laisse à désirer, tend à l'humiliation du mari ; et la seconde éducation, généralement remarquable chez la femme, tandis qu'elle est nulle chez l'homme, achève de confondre et de rabaisser ce dernier.

La première éducation des femmes est sujette aux mêmes erreurs que l'éducation de l'homme. La coutume a prévalu dans les familles les plus riches et dans les maisons les plus aristocratiques de présenter les jeunes filles au brevet d'institutrice du premier et du second degré. Vous apercevez communément assises côte à côte autour de la même table, la fille du premier banquier de l'Europe, l'héritière d'une princesse, et l'enfant souffreteuse, destinée à mourir poitrinaire dans les privations d'un obscur surnumérariat.

Il faut laisser aux démocrates l'admiration intéressée de cette promiscuité. Pour moi, je n'y vois pas autre chose qu'une erreur, et une erreur funeste des classes riches. C'est toujours cette même tendance chez ceux qui ont tout le reste, à se dispenser de la supériorité dont ils ont cependant besoin pour se tirer avec honneur de leur vie. Qu'on prenne la peine de parcourir le programme de ces épreuves, ou, pour agir plus sûrement, d'y assister, on pourra se demander ensuite si ce sont bien là les connaissances les plus utiles pour une jeune fille du monde, si c'est par de pareilles questions et de telles minuties qu'on entend préparer et aider l'essor de ces jeunes esprits. Qu'une maîtresse, destinée à tenir une école et à répondre aux questions des petits enfants soit retenue sur le détail de ces matières et qu'on lui triture l'enseignement à la façon de la becquée destinée aux petits oiseaux, il n'y a rien à dire, et ce sont peut-être là les nécessités de l'enseignement primaire; mais qu'une jeune personne faite pour devenir par la force des choses une grande dame consume une si grande portion de son travail et de son ardeur à un tel programme et à un tel examen, c'est ce qu'il est difficile de concevoir et encore plus difficile de justifier.

Heureusement les jeunes filles dont je parle ne s'en tiennent généralement pas là. Les familles ici procèdent à cette seconde éducation, non pas en raison de l'avantage qu'elles y voient mais pour obéir à une heureuse nécessité qui les y contraint. Que faire d'une jeune personne entre la dix-huitième et la vingtième année? Il est sage d'occuper son esprit et de ne pas la laisser anticiper sur la vie. Les jeunes filles elles-mêmes sentent leur oisiveté. Elle n'ont pas, comme les jeunes gens, le stimulant des écoles spéciales ou la ressource des mauvais plaisirs. Elles demandent alors à se remettre au travail; plusieurs, faute d'auxiliaires ou de conseils, ont la vaillance louable de procéder par elles-mêmes à cette seconde éducation.

Mais avant d'en constater les effets et de marquer la supériorité qu'elle assure à la femme sur l'homme, il faut reconnaître déjà qu'au point de vue des connaissances élémentaires, des premiers rudiments de l'histoire ou de la littérature, l'avantage est loin d'être du côté de l'homme.

Par exemple, l'histoire ancienne et l'histoire romaine, celle du Bas-Empire et du Moyen âge, c'est-à-dire, à bien peu de choses près, l'histoire du genre humain tout entier ne sont pour ainsi dire point enseignées dans le programme officiel des classes. L'élève ne les connaît que par les auteurs, c'est-à-dire qu'il en est informé juste assez pour se rendre compte de son ignorance et du désordre de ses idées. J'ai vu un jeune homme du plus haut mérite, embarrassé pour distinguer Amilcar d'Asdrubal, et pour placer convenablement l'aventure de Régulus dans l'ordre des guerres Puniques. Que serait-ce s'il fallait prononcer ici des noms moins connus et rappeler des événements moins saillants? La plupart seraient bien en peine de dire dans quel siècle vivaient saint Augustin ou Abélard, par quel Médicis fut fondé l'empire de Florence, et si Dante fut exilé par les Guelfes ou par les Gibelins.

Sans vouloir priser trop haut l'érudition passablement terne et passablement fragile de la jeune fille, il faut bien cependant reconnaître, pour rendre hommage à la vérité, que cette connaissance des détails lui a été donnée avec un grand luxe et une grande exactitude. Aussi l'homme fait-il, en général, une piteuse figure, toutes les fois qu'il se trouve mis en demeure de lutter contre cette érudition de pensionnat et de couvent. Vous rencontrez, aux Offices de Florence, dans les galeries du Vatican ou du musée Bourbon à Naples, de jeunes couples français qui promènent leur lune de miel. Il est difficile de se figurer le malaise de l'époux, lorsque les premiers tableaux et les premières statues lui ont révélé à lui-même son ignorance en mythologie et en histoire. Pendant ce temps, la jeune épouse se mord les lèvres : après avoir fait parade de son savoir, elle prend soin de le dissimuler, partagée entre la vanité et la crainte de sa propre supériorité. Elle commence au-dedans d'elle-même ce qu'on pourrait appeler la série des jugements descendants à l'égard de ce mari désormais condamné, et peut-être condamné sans appel sur cette première preuve de sa nullité.

Cette infériorité est d'autant plus dangereuse et d'autant plus irrémédiable que la femme, sauf un bien petit nombre de cas, n'est guère en mesure d'apprécier la valeur des connaissances spéciales. Celles-ci font sur l'esprit féminin l'effet d'un métier qu'on exerce, et non point d'une culture à laquelle on s'est livré. C'est surtout par les idées générales, par une certaine originalité d'appréciation, que les esprits se font goûter. Il faut dire que, sous ce rapport, les jeunes gens de notre temps laissent beaucoup à désirer : aucune éducation ne les prépare au rôle d'hommes supérieurs dans le monde.

Non contents de pratiquer une oisiveté malsaine, ou de se perdre dans quelque semblant d'activité matérielle, les jeunes hommes trouvent aujourd'hui une littérature singulière qui les envahit et exerce sur leur esprit une influence funeste. Jadis, avec la difficulté des communications et l'éloignement des distances, les travers du monde parisien ne filtraient que lentement. Ils mettaient un temps considérable pour arriver au bout de la France et perdaient en route beaucoup de leur odieux ou de leur ridicule. Aujourd'hui, il n'en va plus de même : de la même façon qu'un réseau de fils télégraphiques porte en un clin d'œil sur tous les points du territoire la pensée et les ordres du gouvernement, il y a aussi des moyens de publicité organisés pour répandre et mettre à la portée des esprits les mieux défendus les inventions les plus étranges et les moins recommandables des Parisiens. C'est ainsi qu'il se glisse dans la langue une foule de mots qu'on fait vanité de connaître et qu'on devrait tenir à honneur d'ignorer. C'est une espèce d'argot qui remplace la littérature. On prend pour une nourriture de l'intelligence ce passe-temps de l'oisiveté.

C'est ainsi que les esprits les mieux doués pour se compléter par eux-mêmes et trouver dans l'expérience une leçon finissent par se remplir de ces productions malsaines. Au lieu de se former et de se mûrir, au lieu de se donner à eux-mêmes rien qui ressemble à une seconde éducation, la jeunesse sortie des écoles tombe rapidement, et précipite elle-même sa propre ruine.

Pendant que l'homme se laisse aller au courant de ces habitudes déplorables, la jeune fille sortie des pensions et des couvents où elle a reçu sa première éducation se trouve mise en demeure par les circonstances elles-mêmes d'occuper le loisir si nouveau pour elle du foyer domestique. Elle sent venir de loin cette oisiveté terrible qui est la maladie des femmes de notre temps.

Sous ce rapport les conditions de la vie domestique ont changé, et beaucoup moins encore pour l'homme que pour sa compagne.

Les découvertes de l'industrie moderne ont singulièrement amoindri ou supprimé le travail qui s'accomplissait jadis sous le toit du père de famille.

Il ne faudrait pas remonter trop haut dans les traditions pour retrouver le temps où certaines opérations n'étaient confiées sous aucun prétexte à des mains étrangères, et qu'à défaut d'une participation manuelle, la ménagère même la plus opulente se serait crue déshonorée de perdre de vue la lessive, par exemple, que l'abondance du linge dans les trousseaux rendait si solennelle et si rare. Le pétrissage et la fabrication du pain étaient comme un honneur domestique auquel on ne voulait point renoncer. Il y avait là un ressouvenir visible du temps où l'homme, devenu libre, mettait au nombre des preuves par lesquelles il s'attestait à lui-même sa propre indépendance la faculté de n'être point astreint à faire usage du four banal.

Les occupations des femmes sont diminuées à ce point que, dans toute l'Amérique, il est inouï qu'on fasse jamais une réparation quelconque à une paire de chaussettes ; le plus souvent même, on ne les lave pas ; on les jette de côté pour en acheter de neuves.

Pendant que tout va de soi autour d'elle sans qu'elle prenne, pour ainsi dire, la peine de s'en mêler, la femme retombe sur elle-même de tout son poids. Elle en est réduite, pour échapper à cette souffrance qui la tue ou qui la perd, à imaginer des occupations factices à défaut de celles que la vie réelle lui a retirées.

Les jeunes filles ont un refuge tout trouvé. Elle n'ont point encore assez perdu de vue les études qu'elles viennent de quitter, pour n'avoir pas gardé quelque facilité et peut-être quelques dispositions au travail intellectuel.

Il faut bien reconnaître pourtant que la première éducation qu'on leur a donnée ne les prépare et ne les dispose guère à la seconde. Il a déjà été question plus haut de cette douloureuse manie des classes riches, de faire passer aux demoiselles de bonne maison des examens sans portée, sans élévation, bourrés de détails et admirablement combinés pour les éteindre et les préparer à l'humble existence d'institutrice qu'elles ne doivent jamais mener. Cette profusion de dates, ce luxe de connaissances techniques, n'ont assurément rien de commun ni avec la puissance, ni avec l'élévation de l'esprit.

Les exercices littéraires qui accompagnent ces indigestions préméditées de science ne sont pas faits pour assouplir ni pour régler ces jeunes esprits. On ne saurait trop s'étonner de l'oubli profond dans lequel sont tombées auprès des maîtresses les plus accréditées et les plus raisonnables les règles élémentaires de la rhétorique et des humanités.

Se figure-t-on, par exemple, ce que peut bien être le travail d'une petite fille de sept ou huit ans à laquelle on fait faire dans des cours publics des exercices de composition littéraire, ce qu'on a pris l'habitude de nommer, dans un langage aussi barbare que le procédé mis en œuvre, *des styles?* Vous croyez peut-être que lançant ainsi cette pauvre petite enfant dans la voie impraticable et ardue de la composition, on prendra au moins la peine de la retenir dans des sujets proportionnés à la débilité de son intelligence et à l'ignorance si naturelle de son âge, de la même façon que l'on baisse la corde des tréteaux lorsqu'on y embarque l'enfant dont on veut faire une acrobate? En aucune façon ; et il est difficile de s'imaginer jusqu'à quel point sont ici portés le grotesque et l'injustice. Il est vrai que ces sujets triomphants dont les titres figurent si bien sur un programme de distribution de prix ou sur un prospectus de pensionnat ne sont jamais traités par personne. La sous-maîtresse, sous prétexte de leur expliquer le sujet, leur lâche, en passant, quelques phrases qu'elles saisissent au vol, et dont ensuite elles déchiffrent le gribouillage pour s'en faire une juste copie.

C'est ainsi que, dès le plus bas âge, on habitue ces intelligences maladives à un système de surexcitation, de mosaïque, d'expédients, je ne sais vraiment comment dire. Elles s'en vont, lorsqu'elles le peuvent, fouiller dans la bibliothèque de leur père, lorsque leur père a une bibliothèque ; à défaut, elles se saisissent des livres de leur frère, ou, en fin de compte, elles se procurent quelque dictionnaire ou quelque encyclopédie dont elles copient servilement les lignes, sans même prendre toujours la peine de les accommoder au sujet, ou de les mettre en accord de syntaxe et de grammaire avec la période ou la tournure de phrase qu'elles ont commencée.

Une fois que l'enfance a été suffisamment gâtée par ce genre d'exercices aussi mal conçus que mal dirigés, le pli est pris pour le reste de la vie, et l'habitude de ne point se servir de son esprit est à peu près invinciblement contractée. A mesure que les jeunes personnes grandissent, il y a plus d'imagination et de verve dans ce qu'elles rédigent ; elles y apportent un certain luxe de connaissances techniques, et surtout cette ardeur de prétentions et de succès qui finit par leur communiquer une sorte d'inspiration ; mais il n'y a là rien absolument qui ressemble au travail profitable et laborieux de la composition. Prenez ces jeunes filles au moment où elles viennent de quitter leurs classes, où il semble que toutes fraîches émoulues de leurs compositions littéraires, elles devraient pouvoir manier avec quelque aisance leur esprit encore souple et dispos, la vérité est qu'il ne faudrait par leur demander de mettre en dehors d'elles-mêmes une pensée exprimée avec quelque précision et quelque netteté. Elles n'écrivent pas, elles prennent des notes ; elles ne parlent pas, elles balbutient ; elle ne donnent pas des explications, mais des indications.

Ce phénomène est visible non pas même dans les compositions écrites auxquelles elles se hâtent de renoncer à tout jamais dès qu'elles peuvent secouer la férule de l'école, mais dans les lettres qu'on reçoit d'elles. Il est facile de voir que l'idée de se servir de la plume pour exprimer leur pensée leur est devenue complètement étrangère. Elles trahissent de tous les côtés l'incurable paresse que ce système de travail apparent a communiquée à toute leur intelligence. Il n'est pas rare qu'elles reculent devant la peine de terminer les mots. Elles se font une ingénieuse étude d'avoir recours à tous les systèmes d'abréviation pour économiser par-ci par-là une syllabe; et au lieu de ces explications claires et plaisantes qui sont un besoin et un charme pour l'esprit, l'interlocuteur est obligé de se mettre à la torture pour terminer ces phrases incomplètes, débrouiller ces constructions mal assises, deviner enfin ce qu'elles peuvent avoir dans l'esprit, sans avoir voulu prendre la peine nécessaire pour le dire.

Une jeune fille à laquelle un professeur émérite recommandait de penser d'avance à l'ordre dans lequel elle disposerait les différents sujets destinés à être traités dans la lettre qu'elle allait écrire, fit au littérateur étonné cette réponse piquante et péremptoire : « Comment » pourrais-je mettre de l'ordre dans ma lettre lorsque » je n'en ai point dans mon esprit? » Il n'y avait pas grand'chose à répliquer.

Au reste, il n'est pas besoin d'aller si loin pour constater l'état de délabrement précoce dans lequel sont tombées ces jeunes intelligences. Nous éprouvons une sorte de surprise archéologique lorsque nous relisons ces *Mémoires* français où il est question du charmant babil des jeunes filles, de l'intérêt, de la grâce, du mouvement de leur conversation. On leur recommandait alors dans le monde de s'attacher de préférence aux personnes âgées et de les *entretenir*, suivant le mot charmant du XVIIe siècle :

« Vous voyez : elle veut que je vous entretienne (1).

(1) Molière : *Le Misanthrope*.

Toutes ces coutumes charmantes ont disparu de nos mœurs actuelles. Il ne faudrait pas, sous peine de se faire mal venir, risquer des conseils aussi impraticables. Ce n'est pas que les jeunes filles ne parlent encore : la parole reste toujours un besoin de la nature dont elles ne sauraient s'affranchir, ce n'est plus un avantage et une grâce dont elles se parent. Avez-vous rencontré souvent une jeune fille qui, mise en demeure dans le salon le plus honnête, le plus étroit, le plus bienveillant, dans l'intimité la plus encourageante et la plus tendre, de faire un petit récit, de reproduire quelque discours, d'y ajouter les plus minces réflexions, sache se tirer un peu convenablement d'affaire et vienne à bout d'être, comme il serait décent et juste d'y réussir, simple, naturelle, intéressante ?

C'est peut-être à cet affaiblissement de la parole qu'il faut attribuer le déclin d'un genre gracieux et délicat auquel les lettres françaises doivent une partie de leur supériorité : je veux parler du genre épistolaire. Il n'est pas impossible, dans bien des cas, de se procurer indirectement quelques notions sur la correspondance d'une jeune fille. C'est encore un des moyens les plus sûrs de juger de la qualité de son esprit, et aussi de la physionomie de son caractère. C'est là surtout que le naturel se montre dans toute sa pauvreté comme dans toutes ses ressources ; c'est là que la paresse avoue ses retards, que la frivolité laisse transparaître ses caprices, que l'impuissance se débat contre le néant. Vous lisez entre les lignes prétentieuses ou écourtées, tantôt la mauvaise humeur qui se débarrasse d'une corvée, et tantôt la vanité qui remplace par des phrases à effet la pensée absente ou rebelle. Il est sage de se défier des jeunes filles qui emploient pour leur correspondance des papiers étranges et envahis par des ornements de toute sorte, qui mettent deux mots par ligne et quatre lignes par page, qui recherchent soigneusement du papier de carton pour n'être pas tentées d'ajouter une feuille de supplément, enfin qui, pour dernier trait, envahissent les marges, superposant à la première écriture une seconde couche de lignes croisées perpendiculairement. Elles font ainsi tout ce qu'elles peuvent pour ne rien dire, et il semble encore qu'elles ne sauraient en venir à bout.

Il ne faut pas s'étonner trop de cette infériorité récente de la femme dans le style épistolaire. Cette infériorité tient à ce que son esprit et son instruction ont cessé pour elles d'être disponibles. En mettant les choses au mieux, on peut bien concéder qu'elles sont pourvues d'érudition comme un particulier pourrait l'être de lingots d'or et d'argent; mais, sous cette forme indigeste, il n'est pas très facile de les utiliser pour les achats du jour : il faudrait, pour en faire usage, avoir pris la précaution de les convertir en monnaie courante.

C'est ce travail d'appropriation qui fait défaut dans la plupart des cas. De la première éducation, il ne reste rien que ce qui a passé dans la seconde. Il faudrait que la jeune fille accomplît sur elle-même un retour, qu'elle fît effort pour se posséder par la réflexion après que, dans toute son enfance, on a sollicité en elle la spontanéité. Il faudrait qu'on eût éveillé en elle, beaucoup moins la satisfaction puérile de se croire savante que le besoin modeste de devenir instruite : il faudrait qu'on lui eût inculqué le goût des lectures sérieuses et élevées, de telle façon que les leçons de sa jeunesse devinssent le futur programme de sa vie intellectuelle.

Il est bien difficile peut-être de rencontrer une jeune fille élevée suivant ces indications. Ce n'est pas calomnier notre siècle que de le reconnaître ; ce n'est pas même en médire. On ne trouverait pas dans tout Paris un professeur de littérature en cheveux blancs qui ait jamais reçu pour une leçon donnée à une jeune fille la moitié de ce qu'une famille se glorifie de payer à un professeur de piano ou de chant. Pour parler plus exactement, l'idée ne vient même pas à un père et à une mère de faire faire à une jeune fille de dix-neuf ans une connaissance plus intime avec les chefs-d'œuvre de notre littérature pour apprendre à les juger et à les goûter comme on peut le faire plus tard dans le monde. Je connais un homme de soixante années, membre du haut enseignement, qui a cherché dans tout Paris deux ou trois jeunes personnes pour les réunir aux leçons qu'il donnait à ses propres filles, et il ne les a pas trouvées.

Il résulte de tout ce que nous venons de dire au sujet de l'éducation des femmes, non pas que tout soit perdu et qu'il faille se laisser aller au découragement comme si le monde était près de finir, mais que le jeune homme appelé à se marier au temps présent ne peut guère se flatter de rencontrer une femme dont l'esprit soit vraiment mûri ou vraiment en mesure d'achever tout seul sa formation. C'est une tâche qui lui incombe en grande partie, heureux encore si la conviction où la jeune fille est trop souvent de tout savoir ne lui ôte pas l'envie d'apprendre et la faculté même d'écouter.

CHAPITRE VII

La religion dans ses rapports avec le mariage.

Il ne s'agit point d'écrire en ce lieu un chapitre de théologie ni de prêcher à personne les enseignements de la révélation ou les pratiques de la foi. On se propose seulement d'examiner ici les faits, et de se rendre compte, avant l'heure des engagements irrévocables, des conséquences que doit inévitablement entraîner et pour l'homme et pour la femme le désaccord dans l'ordre religieux.

Il y a un certain nombre de familles qui, inébranlables dans la religion de leurs ancêtres, n'admettent sous aucun prétexte ce qu'on pourrait appeler une mésalliance religieuse. Ils sont catholiques, musulmans, protestants, juifs; il ne leur paraît point possible que leur fille ou leur fils s'unisse avec des infidèles et amène dans leur propre foyer un dieu étranger à leur foi.

Cette prescription se retrouve dans les livres de Moïse. Le législateur hébreu défendait déjà aux Israélites de s'allier aux filles des tribus étrangères, afin qu'ils ne fussent pas tentés d'offrir des sacrifices aux faux dieux. Il était d'usage dans toute l'antiquité que la femme renonçât par le mariage au culte des divinités domestiques et adoptât les *Lares* de son époux.

Quoi qu'il en soit du passé, il faut reconnaître que, de notre temps, le nombre de ceux qui veulent retrouver dans leur futur conjoint leurs propres croyances s'est singulièrement accru par les spectacles auxquels nous assistons et par les perspectives dont on nous menace.

Les pratiques récentes du gouvernement français contre la liberté des cultes, et en particulier contre les droits les plus reconnus et les traditions les plus consacrées du christianisme, ont eu pour effet d'amener, dans beaucoup d'âmes, la foi religieuse à l'état aigu. Auparavant, on pouvait mieux, sous le bénéfice d'une tolérance mêlée de faveur, garder en soi, sans être mis à tout propos en demeure de l'accentuer par des actes, son incrédulité ou sa foi. Aujourd'hui, cette attitude discrète et silencieuse n'est plus admissible; elle n'est plus même concevable. L'hostilité des discours, la violence des actes, la fureur des haines ne permettent plus à personne ni tranquillité ni repos. La société présente ressemble tout à fait à une inquisition perpétuelle, où l'on vous demanderait à toute heure du jour et à chaque détour de la rue quelle est votre manière de voir et d'agir en fait de religion.

Il n'est donc pas bien étonnant que beaucoup de familles, portées peut-être en d'autres temps à se montrer moins arrêtées, se mettent en peine de savoir quel parti prendra le futur époux puisqu'il faut aujourd'hui prendre un parti public. Tel père qui aurait accepté dans son gendre une incrédulité tacite et décente ne peut pas se faire à l'idée de le voir, sous ce régime de contrainte, mis en demeure de crier tout haut ses sentiments, et sommé, sous peine de déchéance sociale, de prendre rang parmi les persécuteurs.

Ce n'est pas tout.

Depuis la loi antichrétienne et antisociale du divorce, il n'est pas de père de famille qui ne soit obligé, en conscience, de tenir compte de la situation nouvelle à laquelle ce changement de législation vient de réduire la future épousée. L'Eglise catholique n'a plus à faire ses preuves en ce qui concerne l'indissolubilité du lien conjugal. Sa fermeté lui a coûté des martyrs, et aussi des peuples entiers. Il n'est donc pas question de voir apporter ici pour les fidèles aucun adoucissement à la doctrine. Dès lors la situation de la femme catholique devient singulièrement critique entre une loi civile qui autorise la dissolution du mariage et la religion qui la défend. La permanence de l'engagement conjugal rompue par le législateur ne trouve plus de sauvegarde que dans la conscience, et la partie cesse d'être égale entre l'esprit fort auquel un arrêt de la justice humaine se trouve rendre une entière liberté et la croyante, liée pour jamais par des engagements qu'elle se trouve seule à respecter.

Les persécutions dirigées contre le prétendu cléricalisme, c'est-à-dire contre la religion chrétienne, ont donc eu cet effet, bien peu prévu par la haine religieuse, de communiquer aux âmes des fidèles une nouvelle ardeur, de resserrer les liens qui les rattachent à leur foi. Il n'est guère permis aujourd'hui aux mieux disposés et aux plus faciles de se montrer tolérants, comme on pouvait le faire jadis, sans s'exposer à des inconvénients cruels ou sans accepter des responsabilités odieuses.

Toutefois, en dépit de ces considérations dont chacun saisit la portée, il ne manque pas de gens qui passent par-dessus cette divergence des âmes. L'Église elle-même n'interdit point ces unions entre un libre-penseur et une croyante. Comme me le disait un jour un prêtre vénéré : « Notre mission n'est pas de forcer les gens au bonheur, et il n'est défendu à personne de choisir la tâche la plus lourde. »

C'est bien en effet la tâche la plus lourde pour la femme que celle d'avoir pour mari un homme dont l'âme est en dehors du divin.

Je ne crois pas du tout qu'il soit possible, même au logicien le plus subtil ou au métaphysicien le plus complaisant, de défendre avec quelque succès d'arguments la thèse de la morale indépendante. Malgré les efforts récents des philosophes de la nouvelle école en Angleterre, il n'est aucunement prouvé qu'on puisse établir une règle de conduite en dehors de toute responsabilité humaine envers un Dieu Juge et Créateur.

Admettons toutefois, contrairement à la vérité, qu'on puisse fonder un semblant de morale sur l'exposé philosophique d'un tel système. Il n'en demeure pas moins vrai que ces considérations alambiquées et complexes n'ont rien à démêler avec la vie pratique ; sur de pareilles données, il n'est point possible d'assurer son courage ni sa vertu. La croyance en Dieu ne serait qu'une hypothèse, et, si l'on veut encore, la moins probable de toutes les hypothèses, qu'elle n'en demeurerait pas moins la plus conforme à la dignité et à la grandeur de l'homme, à la délicatesse de sa conscience, à l'inspiration de son héroïsme. Tout le reste est inférieur ; et ces motifs d'une philosophie athée auxquels on se plaît à attribuer tant de mérite et de désintéressement ne sont, après tout, qu'une supériorité dont on peut se donner le luxe mais dont il n'est pas moins facile de méconnaître la prétendue obligation.

Cette différence dans le commandement moral entre les systèmes que la libre pensée se forge et les devoirs que la loi de Dieu impose, éclate d'une façon odieuse dans beaucoup de ménages où la femme croit pendant que le mari nie. Ce même homme qui s'arme contre la loi religieuse ou de sarcasmes mal déguisés ou tout au moins de silencieux mépris, quelquefois d'une autorité tyrannique et impie, ne laisse pas, lorsque son intérêt l'exige, de se montrer fort instruit des préceptes qui peuvent commander l'obéissance ou même soulever des scrupules. Il ne manque pas de femmes qui se trouvent exposées ainsi au supplice d'une perpétuelle inquisition et aux tortures d'un véritable martyre. L'époux saisit avec un soin jaloux les jours, les heures, les moments où la pauvre créature essaie de se recueillir et de calmer son âme devant Dieu, où elle est le plus jalouse de la maintenir à l'abri de toute faiblesse, où elle ne voudrait pour rien au monde contrevenir à la plus stricte observation de la justice et de la vérité. C'est ce moment psychologique bien connu de lui, que ce mari indigne choisit lâchement pour venir inquiéter, interroger, solliciter celle que le plus vulgaire respect commanderait de laisser à son silence et à son recueillement. C'est alors qu'il l'accable de questions captieuses pour surprendre quelque secret, pour arracher quelque concession, pour faire entendre des paroles dures et amères, sans s'exposer à quelque réponse, sans avoir à craindre quelque défense. Cette odieuse exploitation de la vertu est une des conséquences les plus fréquentes et les plus tristes d'un mariage divisé sur la question religieuse. Les libre-penseurs qui tiennent si fortement à épouser une femme croyante et pratiquante n'en sont pas à ignorer le bénéfice qu'ils en retirent et le moyen d'oppression qu'ils s'en feront.

Si les maris libre-penseurs trouvent quelque commodité dans cette façon d'agir, il est probable qu'ils ne se rendent pas un compte assez exact de l'infériorité à laquelle ils se condamnent vis-à-vis de l'épouse qu'ils oppriment ainsi, et par des moyens aussi peu délicats. Les tyrans de toute espèce s'imaginent trop facilement triompher : ils prennent trop aisément le silence de leur victime, sinon pour une approbation qu'elle leur accorde, au moins pour une défaite qu'elle subit. Ces hommes de chair et de sang, habitués par leur grossièreté même à ne rien voir au delà de ce qui frappe leurs sens, ne discernent point, derrière cette physionomie calme et résignée, l'âme ramassée en elle-même et qui les juge au nom du droit et de la vérité. Delà, chez beaucoup de femmes, je parle des plus tendres et des plus pieuses, une sentence intérieure, et comme un décret de bannissement. Elles font le départ entre leur devoir qu'elles remplissent, et leur cœur qu'elle ferment. Le sentiment n'entre plus dans la communauté. Elles se montrent d'autant plus strictes et irréprochables dans l'accomplissement de leurs obligations, qu'elles les contemplent pour ainsi dire du dehors par un regard froid de leur raison ; elles s'y contraignent par un effort de leur conscience mais elles n'y mettent pas leur âme. Si elles y portent quelqu'ardeur, c'est toujours une ardeur de sacrifice et jamais de contentement.

A mesure que cette situation réciproque s'accuse et se confirme, la déchéance de l'homme va en se prononçant de plus en plus. Il ne saurait avoir la fermeté et le détachement nécessaires pour résister à la supériorité de ce dévouement. Il ne manque jamais d'en abuser ; et à mesure qu'il tient plus de place par ses commandements, il en tient moins par son autorité. Il ressemble assez bien à ces monarques sans valeur et sans énergie auxquels on faisait, dans l'intérêt de la patrie et pour sauvegarder la tradition, l'aumône de son respect et de son obéissance.

Lorsqu'un mari en est venu là, il perd tout le bénéfice des vertus de sa compagne. Celle-ci marche à la perfection pour son propre compte ; mais si elle avance dans la vertu, c'est en grande partie aux dépens de son mari. Il lui sert d'épreuve ; et tous les sacrifices qu'elle lui concède deviennent pour lui la confirmation de ses faiblesses et la satisfaction de ses caprices. Il est ainsi invité à ne plus se contenir, par la facilité même avec laquelle il se sent supporté.

La femme est assez généreuse et assez vaillante pour soutenir, sans être vaincue, les peines et les douleurs qui ne regardent qu'elle. Il n'en va pas de même lorsque ses enfants sont en jeu. Elle est toute prête alors à prendre l'initiative de révoltes qui lui sont inspirées en définitive par de véritables devoirs. Cette perspective des nécessités, ou, pour parler plus exactement, de l'impossibilité de l'éducation, dans le cas d'un désaccord religieux, est bien fait pour arrêter les plus intrépides et pour provoquer leurs réflexions. Aucun exil dans les pensions, aucune séparation, aucun silence de la mère, aucune précaution du père, ne sauraient prévaloir contre le sentiment profond et instinctif de la jeune famille. Elle devine, sans que personne le lui dise, sans peut-être que jamais elle en témoigne rien, cette séparation absolue entre les auteurs de ses jours. Heureux encore si les enfants, les fils surtout, s'en sont aperçus assez tôt pour s'y habituer et pour en prendre leur parti! Autrement ils éprouveraient, précisément à l'heure troublée de leur adolescence, une déception et une tentation bien faites pour mettre leur âme en un irrémédiable péril. Il leur semble, au moment où leurs croyances religieuses subissent le redoutable ébranlement du doute et de l'exemple paternels, que tout va périr avec elles. Les préceptes de la morale leur paraissent à la fois moins sûrs et plus pénibles que les vérités divines, et vous ne leur ferez point admettre que ce prétendu affranchissement de leur raison ne doive pas entraîner la même indépendance pour leur volonté. De là cette complaisance aux orages, ce découragement mêlé d'ironie, cette réaction contre les enseignements maternels, réaction poussée trop souvent jusqu'à la révolte et à l'ingratitude.

La mère de famille s'est plus d'une fois défendue contre ces conséquences terribles par des moyens cruels et périlleux. Malgré le respect extérieur qu'elle professe pour le chef de la famille, elle ouvre trop profondément son âme aux fils de ses entrailles pour que ceux-ci n'entrent pas, même d'une façon involontaire, en partage de ses vrais sentiments. A mesure que les enfants grandissent, ils sentent la blessure et l'oppression de leur mère; sans en bien comprendre toutes les inquiétudes, ils ne laissent pas d'en éprouver les souffrances. D'ailleurs, malgré toute sa réserve et tout son parti pris de soumission, la femme chrétienne est bien obligée de défendre la foi de ses fils et de ses filles contre les attaques qui ressortent de la vie même, sinon des paroles de son mari. Il n'est point possible, quelqu'effort que puisse faire dans la conversation l'homme le mieux intentionné et le plus résolûment discret, qu'il ne lui échappe pas des opinions contraires à la foi et à la morale chrétiennes. Ceux qui ne croient pas s'imaginent volontiers qu'il suffit de s'abstenir et de ne point entrer en lice contre la religion prise en gros. Faute de connaissances sur la portée philosophique et sociale du Christianisme, ils ignorent que tous les problèmes, ceux-là même qui lui sont en apparence le plus étrangers, y trouvent une solution prévue et une réponse arrêtée. Il n'est donc pas possible qu'on disserte et qu'on affirme avec tous les hasards, toutes les incertitudes, toutes les témérités de la libre-pensée, sans s'exposer, pour ainsi dire à coup sûr, à des attaques ou à des allusions indirectes contre ses enseignements. Tous les écarts de la raison, toutes les extravagances des systèmes, toutes les faiblesses et toutes les complicités morales n'ont jamais cessé de l'avoir pour adversaire. Il n'est donc pas étonnant qu'au premier mot lâché, à la première théorie soutenue à l'encontre du spiritualisme et de l'orthodoxie, le jeune homme reconnaisse, à ne pouvoir s'y méprendre, le libre-penseur. Celui-ci peut se taire par un principe de conscience, mais il n'en demeure pas moins hostile par la seule force de la logique.

En présence d'un pareil état de choses, la mère se décide presque toujours à un sacrifice dont elle est la première à déplorer la nécessité. Elle prend le parti d'amoindrir tacitement l'autorité du père. De la même façon qu'elle a été entraînée à le laisser hors de son cœur, elle est conduite, par une conséquence inévitable, à le mettre en dehors de sa propre famille. Elle n'a pas besoin pour cela de rien dire qui contrevienne à ses affirmations, ni d'engager contre lui une lutte. C'est même pour prévenir cette extrémité qu'elle l'écarte de longue main et laisse tomber tout doucement ses opinions sans jamais les discuter. C'est là la plus péremptoire et la plus invincible de toutes les réfutations : aucune force ne saurait prévaloir contre ce silence sans dédain, et ce respect sans réponse. Il en résulte que le père ne compte plus. Vous avez sous vos yeux ce spectacle particulier aux ménages ainsi divisés qu'après avoir obtenu une permission ou entendu un conseil de leur père, les enfants tournent un regard silencieux du côté de leur mère : ils ne se sentent suffisamment autorisés qu'à la condition d'avoir obtenu son consentement tacite.

Voilà la situation inévitable que la séparation religieuse crée entre les deux époux. Il n'y a rien là qui dépende du prosélytisme et qui regarde le mutuel désir que les époux pourraient avoir chacun de son côté de convertir l'autre à sa propre pensée. Je n'ai parlé jusqu'ici que des inconvénients inhérents à la situation elle-même. Tous les efforts du monde pour les faire disparaître ne réussiront jamais qu'à les adoucir.

Que serait-ce donc si je voulais décrire les secousses qu'entraîne dans un ménage le penchant naturel que chacun des deux époux éprouve à se prévaloir de sa propre opinion, et à établir ainsi sa supériorité dans sa tolérance même ?

La partie n'est pas égale et la conduite n'est pas la même, lorsqu'il s'agit du libre-penseur désireux de débarrasser sa femme de ses croyances religieuses, ou au contraire, comme il arrive le plus souvent, de la femme pieuse, impatiente de ramener Clovis au Dieu de Clotilde.

Je ne crois pas qu'il existe beaucoup d'hommes qui,

après avoir promis la tolérance et le respect avant les noces, aient médité la résolution honteuse de manquer à leur parole et se soient promis d'entreprendre la sécularisation de leur femme. Il y a là un manque de justice et de loyauté dont peu de gens sans doute sont capables; mais il est malheureusement certain qu'on finit souvent par céder à beaucoup d'actions dont on n'aurait pu d'abord soutenir la pensée. Ces mêmes hommes qui regarderaient avec raison comme un crime et une lâcheté de forfaire à leur parole en attaquant la piété de la femme livrée sans défense à leur honneur, sont bien rarement assez maîtres d'eux pour ne pas éprouver et ne pas manifester le désir de la voir renoncer à ses croyances. Il n'y a rien dans leur langage qui ressemble à une polémique organisée non plus qu'à un dessein suivi; et cependant, après avoir lutté comme ils le devaient contre eux-mêmes, ils ont pris, avec le temps, l'habitude de ne plus se retenir et de ne plus se taire. La guerre d'escarmouches n'est pas moins terrible et moins efficace que celle des batailles rangées; elle use à la longue les patiences les plus affermies et surprend les positions les mieux défendues. La vie, hélas, nous offre trop de déceptions, trop d'amertumes, des occasions trop fréquentes de souffrir, pour que la tentation du doute et du découragement soit jamais bien loin de notre âme. Le mari est là toujours présent : il assiste à ces crises; il traverse lui-même ces difficultés. Il a donc sous la main les rencontres les plus favorables pour placer une objection, provoquer un murmure, marquer une contradiction. C'est à l'heure de la détresse, au moment où la femme est le plus disposée à se réfugier dans sa foi, qu'il intervient sans se savoir odieux et qu'il la poursuit sans pitié jusqu'à l'abri de cet asile. C'est pour cet instant critique qu'il a réservé d'instinct toutes les armes de sa polémique, toutes les insinuations de sa haine. C'est au moment où elle chancelle qu'il la pousse, avec l'intention bien arrêtée de la voir tomber.

Il faudrait cependant, une fois pour toutes, que le libre-penseur prît la peine de descendre au fond de lui-même pour y discerner ce qu'il veut et ce qu'il poursuit. On a bientôt fait de mettre en avant les grands mots d'*émancipation*, d'*affranchissement*, d'*indépendance*, et autres vocables qui peuvent, j'en conviens, faire le meilleur effet dans une proclamation politique à l'usage du populaire. Mais ici, ce n'est pas là de quoi il s'agit : à ne prendre les choses qu'à un point de vue purement humain, et j'oserais le dire purement économique, la femme qui croit et pratique se trouve par là même investie d'un capital moral de sécurité, de paix et de force dont elle recueille jour par jour le bénéfice : elle se sent plus heureuse et plus vaillante, plus protégée contre son imagination, plus soutenue contre sa faiblesse : la vie devient ainsi pour elle plus calme, plus douce, plus aisée. C'est là assurément un résultat ; et puisqu'on parle si volontiers de liberté et d'affranchissement, la première des libertés ne consiste-t-elle pas à se posséder soi-même dans le sanctuaire de son cœur ?

Voilà ce que le libre-penseur enlève à l'épouse chrétienne, lorsqu'il entreprend de la ramener à l'incrédulité qu'il professe. C'est là un bien véritable dont il la dépouille ; et il est permis, sans vouloir faire de controverse théologique et sans transformer la remarque en un argument religieux, de lui demander ce qu'il lui rend en compensation. Je n'ai pas entendu dire que la libre-pensée, même philosophique, fournît à personne un oreiller commode pour s'endormir au moment de la mort. Les précautions que prend l'incrédule pour se garantir contre lui-même et d'avance s'ôter impitoyablement, à l'heure suprême, toute liberté de retour, sont bien faites pour provoquer les réflexions. Il est donc convaincu lui-même que le souvenir de son enfance n'a pas cessé d'habiter au fond de son cœur : il est hanté de cette vision, au point de la redouter comme un spectre et de l'écarter comme un remords.

Il ne saurait donc, sans mauvaise foi, ignorer ni méconnaître l'état moral de la femme séparée de son Dieu. Moins envahie par les affaires, moins soutenue par le respect humain, moins forte, plus sensible à l'amour-propre qu'à l'orgueil, elle éprouve, à chaque heure du jour, quelque chose de cette anxiété et de cette terreur que son mari redoute si justement pour lui-même. Rien ne remplace pour elle les croyances qu'on lui arrache ; elle peut se laisser aller à l'illusion de les croire fausses, mais elle ne s'essaie même pas à la conquête d'une autre vérité. Le jour où la demeure de son âme se trouve ainsi détruite, elle s'assied sur le sol sans vouloir et sans pouvoir en édifier une autre.

Si par rencontre la femme convertie à la libre-pensée est assez complètement retournée pour n'avoir plus de ces ressouvenirs ni de ces regrets, il arrive alors presqu'infailliblement que cette âme révoltée et militante entre, non pas dans l'indifférence qui lui était peut-être conseillée, mais dans cette haine que le poète a décrite :

> « Ce temple l'importune, et son impiété
> « Voudrait anéantir le Dieu qu'*elle* a quitté. »

La femme pousse à bout son changement ; et comme il était dans sa nature de faire du prosélytisme pour le Dieu du Calvaire et pour la Vierge Marie, elle entreprend, sans arrière-pensée comme sans mesure, une guerre implacable contre tout ce qui, de près ou de loin, touche à la religion. Le mari qui l'a déchaînée la regarde plus d'une fois avec un étonnement mêlé de terreur ; il regrette peut-être le temps où il la voyait encore aller à la messe.

Il faut bien le reconnaître : cette conquête de la

femme par l'incrédulité de l'homme est le cas le moins fréquent. Il est trop commode pour lui d'user à son profit des vertus chrétiennes sans avoir besoin de les pratiquer soi-même : c'est là un avantage personnel auquel des considérations abstraites ne font pas renoncer aisément.

Il arrive au contraire tous les jours que la femme ramène l'homme à la foi et aux habitudes religieuses. Pour beaucoup de gens éloignés de la pratique, sans autre motif qu'une négligence commode, le mariage est une échéance qu'ils s'assignent d'avance. « Je retournerai à la messe avec ma femme. » C'est là un mot qui se répète ou se pense souvent.

La femme est loin de rencontrer toujours cet esprit de condescendance et de bonne volonté, quoiqu'elle en nourrisse toujours la secrète espérance. Lorsqu'elle se décide à donner sa main à un libre-penseur, il n'arrive jamais, pour peu qu'elle soit vraiment croyante, qu'elle ne se flatte pas de ramener son fiancé à ses propres sentiments. Sa confiance est sans bornes, parce qu'elle compte beaucoup plus sur la force de l'amour que de la vérité : elle met volontiers les pratiques religieuses au nombre des concessions qu'on ne saurait lui refuser. Toutes les insinuations qu'on a pu lui faire entendre, les réserves même qu'on a pu lui poser, ne tiennent pas un seul instant devant l'emportement et la passion de son désir. Il lui semble, au point de vue de la tendresse, que la violence de son attente doive en assurer l'accomplissement.

Cette situation est pénible, et elle amène infailliblement entre les deux époux cet éloignement des âmes et cette tension des rapports que nous décrivions plus haut. Il semble à la femme que, pour se ménager l'indépendance de sa pensée, l'homme réserve aussi la possession de son cœur.

Une religion tolérante et éclairée recommande ici à

la femme de ne point métamorphoser le foyer domestique en une école de théologie. Elle ne doit pas employer, pour convertir son mari, d'autre moyen que l'ascendant de ses vertus et la contagion de son exemple. Elle doit avant tout le supporter : elle n'est pas même chargée absolument de le rendre meilleur. Sa foi lui recommande un moyen plus direct et plus efficace : elle peut prier et mériter pour lui.

Ce rôle d'Antigone invisible est l'honneur de bien des femmes du monde, dont Dieu seul connaît les larmes. Elles vont, dans leur désir de complaire à de simples caprices, jusqu'à s'interdire les satisfactions pieuses dont leur âme a le plus besoin, jusqu'à se réduire au plus strict nécessaire dans les pratiques de leur dévotion. Elles se refusent, par esprit de condescendance et de paix, les consolations qui leur seraient les plus douces; et il arrive souvent qu'une parole échappée à leur mari, une boutade, un caprice, un simple mouvement de mauvaise humeur auquel il ne pensera plus, les aura privées de leurs joies les plus innocentes et les plus légitimes.

Dans un grand nombre de cas, le bon Dieu entend et exauce les larmes de ces femmes qui se sont faites victimes volontaires pour leur mari. Au bout de vingt-cinq ou de trente années peut-être, après avoir dévoré toutes les difficultés que cette incrédulité leur a imposées dans l'éducation de leurs enfants et dans la conduite de leur propre vie, elles aboutissent, aux approches de la mort et lorsque leur vieillesse est déjà avancée, au même résultat qu'un mariage chrétien leur aurait assuré dès le premier jour, à voir leur mari croyant au même Dieu et répétant avec elles les mêmes prières.

On serait porté à penser qu'à cette heure dernière tout est fini, et qu'elles pourront en pleine sécurité goûter ce bonheur tardif. L'union des âmes est en effet rétablie, et il ne leur reste plus, paraîtrait-il, qu'à en jouir.

Ici, l'égoïsme et la personnalité de l'homme s'affirment d'ordinaire une fois de plus, par une dernière persécution.

Cet homme qui pendant toute sa vie conjugale s'est plaint du zèle et du fanatisme de sa femme, qui avait tant de peine à supporter en elle les pratiques les plus inoffensives et les plus étrangères à sa personne au point de tout lui interdire ou au moins de tout lui contester, se trouve tout d'un coup transformé par sa conversion nouvelle en surveillant et en persécuteur. Après s'être tenu durant tant d'années en dehors de toute prescription religieuse, il pousse tout d'un coup sa ferveur et son prosélytisme jusqu'à une intolérance ouverte.

C'est lui maintenant qui reproche à sa pauvre femme des joies innocentes et une honnête liberté. Non seulement il ne voudrait plus manquer une heure d'office à l'église, mais il ne souffre pas qu'elle s'en absente. Volontiers lui chercherait-il querelle de son prétendu manque de dévotion, alors que, si peu auparavant, il trouvait sa religion intolérable et extravagante.

Il faut donc en revenir au mot de ce prêtre que je citais plus haut : « Il n'est pas défendu de choisir la tâche la plus lourde. » On voit que, dans toutes les éventualités possibles, le désaccord sur ce point fondamental amène bien des complications et bien des froissements entre les époux. Sans doute il n'y a rien là de forcé ni de fatal ; mais contracter de sang-froid un mariage dans de telles conditions, ce n'est assurément pas mettre les chances de son côté.

Ici se terminent les premiers préliminaires du mariage.

Tant que le parti n'est point pris, tout se passe encore dans l'âme des intéressés.

Au contraire, dès que le mariage est résolu en principe, dès qu'on sort du monde des idées pour entrer dans le domaine pratique des faits, le point de vue change.

Etudions les différentes phases par lesquelles s'accomplit le mariage, de la même façon que nous avons assisté aux délibérations par lesquelles il se résout.

CHAPITRE VIII

La question des entrevues.

Toutes réflexions faites de part et d'autre, on en vient à une entrevue.

Avant de suivre l'accomplissement d'un mariage dans ses différentes phases et d'en décrire les péripéties, il n'est pas hors de propos de rappeler ce que nous avons dit plus haut, afin d'avoir présente à l'esprit, pour prévenir tout découragement, la solution des difficultés de toutes sortes que nous allons avoir à faire ressortir.

Nous estimons, pour les raisons que nous avons données et dont le lecteur peut se souvenir, que la prétention de ne s'en rapporter qu'à soi-même et à son propre jugement, lorsqu'il est question d'un mariage, est l'une des plus douloureuses chimères de la jeunesse. C'est pour elle le plus sûr moyen de substituer à la vue impartiale de la réalité le fantôme de ses illusions, l'idéal fantastique de ses propres désirs. On croit aisément ce qu'on attend et ce qu'on espère; on fait plus que de le croire, on le tire du néant par la force complaisante de son imagination; et lorsqu'on étend les bras pour saisir l'apparition, il ne reste plus rien de l'ombre qu'on avait non pas reconnue mais rêvée.

Le seul remède capable de prévenir cette déception nous a paru être l'intervention d'une personne discrète, impartiale, dévouée, laquelle puisse, dans le sang-froid de sa pensée et par une connaissance suffisante du jeune homme et de la jeune fille, se rendre compte de l'harmonie de ces deux âmes. Tout en effet, là comme ailleurs, repose sur la connaissance du cœur humain. C'est en vain que vous vous appuierez sur toutes les autres convenances, c'est au fond d'eux-mêmes et dans le plus intime de leur nature réciproque qu'il faut chercher les conditions durables de l'accord et du bonheur des futurs époux.

Le jugement d'un intermédiaire qui vous avertit n'a rien de commun avec une autorité qui s'impose. L'intelligence humaine a tout à gagner à recevoir des indications sages, prudentes, faites pour vous mettre sur la voie. Il n'est pas rare, en l'absence de toute donnée, que l'esprit se méprenne du tout au tout et qu'il s'engage dans quelque chemin de traverse.

Il arrive alors assez souvent qu'à moins d'être d'une fermeté extraordinaire, on dépense, à défendre sa première erreur, toutes les ressources d'observation et de raisonnement qui vous auraient conduit à la certitude la plus lumineuse. Ces indications ne sont, après tout, qu'une des innombrables applications d'un principe aujourd'hui partout nié et partout combattu, le principe de l'autorité traditionnelle, lequel se réduit, en définitive, à faire profiter le présent des découvertes et même des fautes du passé.

Il n'y a donc rien d'attentatoire à l'indépendance la plus ombrageuse de la jeunesse, que de lui conseiller quelque déférence envers l'expérience et la tendresse de ceux qui l'aiment. Elle a beau avoir en elle-même toute la confiance qui sied à son âge, elle n'en est pas à ce point d'aveuglement et de présomption de croire qu'ici la vérité soit facile à découvrir et qu'un peu de conseil soit superflu.

Au reste, en dépit des susceptibilités de l'orgueil et des résistances de l'entêtement, tout, dans les préliminaires actuels du mariage, est arrangé de telle sorte que, si une vérification est à la rigueur possible, une étude en règle n'est guère praticable. Là comme ailleurs, il faut tout à la fois s'en rapporter pour une part, et se constituer juge pour l'autre.

Je proposais ces jours derniers à un homme de la seconde jeunesse, et veuf depuis quatre années d'une femme qu'il avait tendrement chérie, de se marier de nouveau dans l'intérêt bien entendu de sa jeune enfant. Je lui avais mis sous les yeux les raisons de l'ordre moral qui pouvaient le décider à une entrevue. « Rien ne vous engagera, lui disais-je, et vous ne laisserez pas de conserver votre liberté. » — « Vous vous trompez, » me répondit cet homme de bon sens; « et il me faut faire toutes mes réflexions avant de me décider à voir cette jeune veuve. D'après ce que vous me dites, il est impossible qu'elle ne me convienne pas, et mon premier consentement sera aussi le dernier. »

Le jeune homme et la jeune fille auxquels on ménage, avec plus ou moins d'adresse, l'occasion de se voir et de se rencontrer, seraient bien surpris, et peut-être bien révoltés, si l'on osait leur dire que l'entrevue sur laquelle ils comptent tant pour se connaître et se juger réciproquement n'est au fond qu'une illusion, pour ne pas dire une plaisanterie. Comment voulez-vous qu'il puisse y avoir quelque examen sérieux et quelque doute sur l'issue, lorsque le jeune homme et la jeune fille y arrivent chacun de leur côté, ornés de tous leurs avantages et résolus à tout pour se plaire l'un à l'autre?

Lorsqu'on veut se conformer aux susceptibilités modernes et garder pleinement l'incognito, on se contente de montrer une jeune fille à distance, au milieu d'une foule et dans des circonstance telles qu'elle peut être aperçue, mais non pas abordée. C'est un moyen assez fugitif et assez insuffisant de se renseigner sur son aspect général, sur sa démarche, sur sa tournure, sur ce je ne sais quoi qui constitue la physionomie propre d'une personne.

Une telle exhibition s'accomplit dans les conditions les plus diverses, dans une église, au théâtre, dans un concert, sur une promenade.

Si cette occasion de voir votre future vous est ménagée par quelque ami soucieux de la faire valoir à vos yeux, souvenez-vous qu'il y a un art de vous la montrer, lequel aboutit à vous empêcher de la voir. La beauté de la femme ressort bien différemment suivant la façon dont elle est présentée, et le choix du cadre comme des accessoires n'est pas ce qui préoccupe le moins les artistes.

Il n'est donc pas étonnant que la jeune fille soit offerte aux regards sous le jour qui lui convient le mieux. Aux unes, l'éclat du grand soleil et les franches révélations de la pleine lumière. C'est dans cette atmosphère de clarté et de rayonnement que triomphe la grâce resplendissante de la fraîche jeunesse. Aux autres, le reflet plus doux et moins brutal des lampes et des lustres. Le teint fatigué se rallume, les traits un peu effacés semblent se ranimer, la langueur elle-même retrouve une nouvelle vie dans le milieu discret des salons. Vous verrez passer à cheval, inclinée sur le cou de sa monture, cette jeune amazone au buste gracieux laquelle perdrait peut-être tous ses avantages en mettant pied à terre. Une autre, assise sur un fauteuil un peu élevé ou penchée au balcon d'une loge, reprend la taille qui lui manque et paraît au niveau des autres, malgré sa stature microscopique. Une troisième enfin, diminuée par un siège un peu bas, ne se dresse plus dans sa hauteur démesurée.

Il ne faudrait pas s'imaginer que, malgré leur simplicité un peu naïve, de pareils artifices soient inefficaces. C'est surtout en matière de sentiment et lorsqu'il s'agit seulement d'une impression générale, que la première vue est toute puissante pour saisir, dominer, prévenir la pensée. Il est bien peu d'hommes qui gardent longtemps leur entière liberté de jugement; ils sont aisément conquis, ou du moins inclinés. Une fois que leur âme est orientée dans tel ou tel sens, ils ne font plus guère que suivre la pente où ils se sont laissé gagner.

C'est ainsi que s'explique, de la façon du monde la plus naturelle et la plus philosophique, la confiscation exercée sur tant de cœurs dès le premier coup d'œil. L'imagination se fait la complice des désirs. En vain l'expérience montre-t-elle plus tard des défauts visibles que les sens attestent, l'esprit n'est plus en mesure de les reconnaître et de s'y arrêter; il s'est fait à lui-même une première esquisse; il faut que tout le reste s'y plie et y rentre, quelles que soient les imperfections de la réalité. L'esprit, une fois prévenu, a beau en toucher les difformités, il a perdu la faculté de les apercevoir et de se les représenter dans sa pensée.

La puissance de l'imagination est telle que les laides elles-mêmes franchissent assez aisément ce pas difficile: elles résistent aussi bien que les autres à l'épreuve d'être données en spectacle aux regards. Il suffit, comme chacun le sait, d'aller avec une certaine affectation au devant de l'impression qu'on redoute, pour en préserver celui qu'on veut conquérir. Si vous êtes le premier à reconnaître et à proclamer que votre jeune fille manque de grâce ou de beauté, si vous faites entendre au futur, avec une habileté discrète, qu'il n'est pas homme à passer par-dessus quelque imperfection esthétique, qu'il n'est pas capable de rendre à la grâce morale un juste tribut d'admiration, il ne manquera pas de prendre le contrepied de votre jugement et de s'armer contre vous d'une impression tout opposée. La jeune fille qu'on lui aura montrée lui apparaîtra alors dans les conditions les plus heureuses pour plaire, puisqu'il admirera en elle les beautés qu'il aura lui-même découvertes et peut-être imaginées. La Rochefoucauld l'a dit depuis bien longtemps : « Ce sont les laides qui font les grandes passions. »

Souvent cette première entrevue ne se borne pas à une simple apparition, comme serait un défilé sous le porche d'une église ou sur l'escalier de marbre du Grand Opéra ; elle se passe dans un musée où des familles amies se rencontrent comme par hasard et suivent ensemble un ou deux salons, dans quelque assemblée publique ou privée, sur les banquettes d'une tribune de courses, dans les groupes d'une soirée, auprès de la tasse de thé que vous offre discrètement un ami.

La première des conditions qu'exige toujours de son intermédiaire le jeune homme ou la jeune fille, c'est que *l'autre* ne soit pas prévenu. Chacun tient à se ménager le bénéfice de l'incognito ; chacun se propose d'observer impunément, et au besoin de faire poser devant soi au moyen de quelque question captieuse, son partenaire pris au dépourvu. Avons-nous besoin de dire qu'il n'est pas honnête de faire aux deux parties une position aussi inégale ? Il y a peut-être dans le monde des natures assez heureuses et assez parfaites pour se laisser voir impunément dans toute l'insouciance de leur abandon. Il y a certainement des jeunes filles dont l'âme est assez belle et assez limpide pour transparaître avec d'autant plus de charme, qu'elles sont plus inopinément saisies et plus profondément pénétrées. Le nombre en est bien petit, et leur éducation actuelle ne les prépare guère à ce genre de succès. Il y a trop de convention dans leurs manières, trop de caprice dans leurs allures, trop de pédantisme dans leurs idées, pour qu'il en ressorte naturellement un bien grand charme. Elles sont, pour la plupart, bien supérieures à ce qu'elles se montrent : plus d'une fois elles confondent une certaine tenue un peu factice et un peu gourmée avec le véritable bon ton. Il ne serait pas suffisamment juste de ne voir en elles que cette attitude dédaigneuse et morose ; et parce qu'elles font le tour du Bois sans un sourire des lèvres ou du regard, il ne serait pas équitable d'en conclure que leur froideur n'est pas capable de s'adoucir ou leur dédain de s'humaniser.

Il vaut donc mieux, de toutes façons, que la jeune fille et le jeune homme soient l'un et l'autre dans le secret. S'il n'y a plus lieu, dès lors, à ces surprises et à ces pâmoisons, à ces extases dans lesquelles se délectait la littérature de nos pères, si l'homme et la femme se trouvent ainsi, dès le premier moment, engagés dans une crise où chacun d'eux a intérêt à faire la conquête de l'autre, au moins les positions sont égales : la reconnaissance se poursuit de chaque côté avec les mêmes chances de succès.

Dans ce combat à armes courtoises, dans cette véritable lutte pour l'existence, l'attitude de l'homme et de la femme n'est pas la même. Elle se ressent de part et d'autre de la différence de leur nature.

Il va sans dire qu'il n'est pas question ici des comédies infâmes où se joue, avec préméditation, une série plus ou moins bien préparée et réussie de scènes destinées à tromper et à surprendre le principal spectateur. Ces scènes, qui flottent entre l'odieux et le ridicule, relèvent plutôt des tribunaux que de la philosophie morale. Tout au plus ces manœuvres d'escroquerie sont-elles dignes de fournir la matière de quelque feuilleton à succès dans les journaux à un sou.

Presque toujours, dans ces préliminaires de la vie commune, l'homme s'impose et la femme se dissimule.

Il faut rendre cette justice au caractère masculin que le sentiment de l'honneur et de la loyauté y tient une grande place. Beaucoup de jeunes hommes seraient désespérés que la fiancée dont ils recherchent la main rêvât en eux des qualités qui n'y sont pas ; ils regarderaient comme une honte, si, au lendemain de leurs noces, leur caractère ne tenait pas les promesses de la première entrevue. Voilà pourquoi les plus honnêtes songent, par un scrupule qui les honore, à laisser transparaître leurs défauts aussi bien qu'à produire leurs qualités. Ils ont en eux-mêmes cette noble et honnête confiance qu'ils seront acceptés pour ce qu'ils sont. Ils rougiraient de montrer des avantages qu'ils n'ont pas, ou de dissimuler des imperfections qu'ils se reconnaissent. Il leur répugne de mentir, et ils se plaisent à croire qu'ils n'en ont pas besoin.

Avec cette disposition d'esprit et cet abandon de lui-même par la sincérité, l'homme n'est point en général trop emprunté et n'a pas trop de peine à se tirer de ces entrevues. Du moment où il se livre, son rôle devient facile, et il n'est pas possible que la femme se méprenne sur ce parti-pris de franchise et de loyauté. Les jeunes filles, si elles veulent m'en croire, feront bien de se défier des taciturnes, ou de ceux qui parlent de tout excepté d'eux-mêmes et des leurs. Elles peuvent être sûres que ceux-là ont quelque chose à cacher, ou pour dire moins, quelque chose à ne point faire connaître. En pareil cas, la ressource de la timidité n'est pas de mise ; elle ne saurait excuser le silence. La timidité peut bien être un défaut de caractère dont on souffre ; elle ne peut à aucun titre dominer notre conduite ni justifier nos actions.

Cet aveu de lui-même vis-à-vis de la femme dont il veut se faire accueillir ne tient pas tout entier à la générosité de l'homme, mais aussi, dans une certaine mesure, à son orgueil.

Il ne lui déplaît pas d'être accepté tel qu'il est, c'est-à-dire avec des imperfections dont il est le premier à avoir la conscience avant d'en faire l'aveu. En revanche, il lui semble, sans qu'il puisse le dire, peut-être même sans qu'il se l'avoue, il lui semble qu'il a d'autre part assez de qualités pour satisfaire au bonheur d'une femme. Il estime que la puissance d'aimer suffit pour compenser tout le reste, et que lui-même il sera chéri tel qu'il est.

Il n'est pas bien étonnant que, dans cette situation

morale, ce même homme qui aurait tant d'intérêt à se montrer en beau exagère souvent et grossisse les défauts dont il a résolu de faire la révélation. Souvent il ne prend pas la peine de mettre en relief ses plus précieuses qualités, et il arrive parfois à ce singulier résultat de se faire voir en laid. Ajoutons qu'en pareil cas, le cœur de la jeune fille se laisse bien rarement induire en erreur par cette maladresse. Elle n'est point troublée de ce qu'elle voit. Le véritable amour présente avant tout, chez la femme, ce noble caractère qu'elle ne désespère d'aucune perfection pour son mari ; il n'est rien qui lui semble pouvoir résister à sa tendresse.

Il faut dire à l'honneur de la femme, et aussi à l'honneur du mariage, qu'il y a beaucoup de vérité dans ce haut jugement. L'homme qui tient tant à s'imposer tel qu'il est ne se doute guère, la plupart du temps, que la jeune fille l'accepte ainsi, mais seulement à la condition tacite de le changer.

La femme n'a point de ces audaces, de ces confiances, de ces ouvertures. Elle ne rêve point ces coups de force. Elle garde par devers elle un sentiment trop vif et trop intelligent de sa faiblesse. Seulement, elle se dit, non sans raison, que cette faiblesse elle-même est faite pour devenir à la longue une puissance. Elle commence donc, dès la première entrevue, à mettre en œuvre, d'instinct, ce système qui réussit toujours, de réserver ses impressions, de garder le silence et, qui plus est, de l'imposer à son regard et à sa physionomie. La jeune fille, à ce moment même où elle paraît encore indécise dans son choix et incertaine de sa destinée, met déjà de côté, dans ses souvenirs, les remarques dont elle ne fera usage que bien longtemps après avec son époux. Déjà elle sait sur quel point porteront les réformes de son intérieur, et pour être différées, aucune de ces réformes ne sera perdue.

La fiancée comprend, sans que personne l'avertisse, combien toute controverse, toute critique, toute observation même serait déplacée. Elle se tait : elle consent à se laisser voir, non pas telle qu'elle est, mais telle qu'on la souhaite ou plutôt qu'on l'imagine. Il ne serait pas suffisamment exact de dire qu'elle se compose un rôle dans toutes ses parties, et qu'elle met son art à le jouer de façon à faire illusion. Tout au plus, se prête-t-elle à la réplique. Elle discerne avec un merveilleux sang-froid ce qu'on attend d'elle, et son tact féminin la sert ici mieux que ne saurait le faire la diplomatie la plus consommée. Il m'est arrivé bien des fois de demeurer confondu de ce que je voyais. Des jeunes filles que je connaissais de longue main pour inconsidérées et pour frivoles apparaissaient aux yeux de leur grave futur avec la dignité précoce des matrones ; ou bien les natures les plus pensives et les plus mélancoliques prenaient tout d'un coup, par un sentiment supérieur de la situation, les allures vives et légères de la gaîté et même de l'étourderie.

Il est donc bien vrai que la femme se dérobe dans ses traits essentiels, sauf à prendre plus tard sa revanche. Elle se fait un plan de conquête et de domination, Rien ne demeurera sans emploi de tout ce qu'elle aura pensé. Il y aura toujours une occasion où ce dedans de son âme se montrera, ne fût-ce que dans un moment de découragement, d'impatience ou de colère. Le plus souvent, ce travail intérieur de la pensée s'atteste par un certain nombre de règles de conduite auxquelles elle se conforme, et il est bien rare qu'elle ne gagne pas singulièrement sur l'homme avec le temps. L'homme, au contraire, satisfait d'avoir pris ses aises et d'avoir fait accepter ses manières comme ses discours, ne manque guère de faiblir et d'entrer en composition lorsqu'il faut en venir à l'usage de la vie. Il en résulte qu'il perd du terrain presqu'infailliblement ; et pourvu que sa souveraineté nominale soit honorablement respectée, il ne se soucie guère d'en exercer les droits.

On attache d'ordinaire une grande importance aux entrevues, comme si elles devaient décider de tout. La vérité est qu'elles sont, pour l'ordinaire, le signe et la consécration d'une résolution déjà arrêtée. Chacun y apporte un parti-pris sur lequel il est bien rare qu'on revienne. Il y a sans doute beaucoup de mariages auxquels il n'est point donné suite après que les futurs ont été mis en présence, et l'on est tout prêt à s'imaginer que cette courte et douteuse expérience l'un de l'autre a suffi pour motiver un refus. La vérité est que, dans plus d'une circonstance, l'entrevue, acceptée par force ou par condescendance, n'est qu'une occasion honnête de rompre et de couper court aux négociations. Souvent, c'est un intermédiaire fâcheux, exigeant, inconsidéré, envers lequel on ne saurait se dispenser de certains ménagements. Il est bien peu de gens qui soient parfaitement raisonnables dans cette matière des mariages : beaucoup en font une affaire d'amour-propre, plutôt que de sympathie et de dévoûment envers les personnes auxquelles elles prétendent rendre service. Il convient donc, pour ne point les offenser, de consentir à cette comédie. Il est censé que les futurs ne se sont point convenus, alors qu'avant tout rapprochement l'un des deux au moins avait pris le parti implacable de ne donner aucune suite à l'affaire.

Il arrive encore, en plus d'une occasion, que, par une imprudence regrettable des parents, l'entrevue a lieu avant que des renseignements suffisants aient été pris par l'une des deux familles. Il n'est pas sans exemple que, par une véritable trahison, on ait compté du côté du jeune homme sur l'heureux effet qu'il pourrait produire, pour faire accepter quelque particularité fâcheuse dont on avait soigneusement différé la révélation. De tels calculs ne réussissent pas toujours ; et ici encore, lorsque la fermeté et la raison l'emportent pour écarter ce prétendant peu délicat, il est censé que les deux futurs ne se sont pas entendus.

Pour moi, en dépit du paradoxe, je n'hésite pas à croire qu'un jeune homme et une jeune fille dignes l'un de l'autre, se cherchant pour la première fois avec la mutuelle espérance de se rencontrer et de se convenir, ne manqueront jamais de se trouver sympathiques et de s'aimer comme ils en ont réciproquement l'honnête désir.

CHAPITRE IX

Les entrevues avant la décision du mariage.

Il ne suffit pas de considérer en général le rôle des entrevues par rapport à l'accomplissement des mariages, il convient encore d'entrer dans le détail. En quel lieu et de quelle façon se passeront-elles? Quel en sera le nombre et la durée jusqu'à l'heure décisive du mariage?

J'aime peu, je l'avoue, une affectation déplacée de mystère et une recherche trop raffinée de précautions. Sans doute, il n'est pas absolument sans inconvénient qu'un jeune homme et une jeune fille se rencontrent, même de la façon la plus discrète et la plus lointaine, avec l'arrière-pensée réciproque de se convenir et de s'épouser. Il peut arriver en effet, en plus d'une occasion, que l'un ou l'autre des deux futurs se trouve pris tout d'un coup d'une aversion dont il n'est pas le maître; ou seulement d'une impression défavorable contre laquelle il ne veut pas réagir. Par contre, il peut fort bien se faire que celui-là même dont la personne a déplu ait été précisément attiré et conquis. La sympathie qu'il éprouve se proportionne alors à la répugnance qu'il inspire.

Bien que cette rencontre malheureuse soit de fait assez rare, il suffit qu'elle compte parmi les éventualités imaginables pour alarmer à bon droit un père de famille et tenir son inquiétude en éveil. Le danger existe, et les âmes, sans être mortellement blessées, peuvent fort bien garder d'une rencontre, quelles que soient sa rapidité et sa réserve, une souffrance et un froissement dont elles se ressentiront longuement. Ce sont là les épreuves de la vie, épreuves dont on doit courir la chance au risque d'en subir les inconvénients. Il ne faut jamais rechercher pour personne, pas même pour ses enfants, une existence idéale laquelle n'aurait ni traverses, ni douleur : c'est assez d'apporter dans sa conduite une prudence suffisante et un courage égal aux situations qui peuvent se produire.

S'il faut passer par-dessus l'inconvénient de déplaire peut-être à qui vous plaira le plus et de conserver ensuite un regret sans remède, il faut prendre garde, en revanche, de ne point s'engager dans cette première démarche, sans avoir pris, comme on doit le faire, tous les renseignements utiles.

La plupart des gens suivent, conseillent, et parfois voudraient vous imposer ici une marche absolument contraire aux principes du bon sens et aux obligations du devoir.

Ces gens-là viennent vous demander une entrevue avec votre fille, comme ils vous demanderaient un acte insignifiant de politesse. On sera toujours à temps, disent-ils, si à la première vue les jeunes gens se conviennent, de prendre les renseignements nécessaires et d'entrer dans les pourparlers indispensables. A quoi bon des questions indiscrètes et des informations toujours difficiles, si le jeune homme n'a point encore entendu la voix ou rencontré le regard de celle dont on veut faire sa fiancée ?

C'est sur ce bel argument que la plupart des pères se décident à montrer leur fille comme on montrerait un objet dont on voudrait se défaire, sauf à s'entendre plus tard et à débattre les conditions. On comprend que des entrevues aussi légèrement consenties imposent des conditions de réserve et d'incognito toutes particulières. Il y a là une lutte sourde et peu avouable entre les deux parties. Il arrive, en plus d'une occasion, que chacun de son côté se propose *in petto* de tirer parti d'une situation mal définie et mal éclaircie. On compte souvent sur les beaux yeux de la jeune fille, sur le charme personnel du garçon, pour faire plus tard, à l'heure des éclaircissements et des accords, accepter bien des choses qu'on avait laissées dans une ombre prudente et trop habile.

Cette façon d'agir est bien conforme à la paresse et à l'indécision de la nature humaine. A mesure que la civilisation multiplie les occupations à accomplir, elle diminue le nombre des résolutions à prendre. Beaucoup d'existences sont ainsi montées qu'elles marchent pour ainsi dire par une impulsion du dehors, et presque sans que l'initiative personnelle y soit pour rien. Avec ce régime de vie, la volonté va en s'affaiblissant. Beaucoup d'hommes regardent comme le dernier mot de leur repos et de leur bonheur de n'avoir point à se résoudre, à plus forte raison de n'avoir point à mettre la main sur les autres.

Voilà pourquoi tant de parents, sans renoncer à leurs velléités passives de tendresse pour les enfants qu'ils doivent établir, finissent par se laisser faire. Ils se donneront volontiers après coup des airs d'avoir tout médité et tout conduit : la vérité est qu'ils ont été pris dans une sorte d'engrenage dont ils ne se sont pas doutés. Les circonstances se sont enchaînées de telle sorte qu'ils ont été dominés et ont fini par recevoir l'impulsion au lieu de ne demander leur inspiration qu'à leur libre arbitre.

Les parents doivent prendre pour règle de conduite de ne jamais autoriser, même d'une façon tacite et détournée, ces entrevues qui excipent de leur incognito pour se faire trouver innocentes, et qui se targuent ensuite de leurs succès pour se proclamer décisives. Il ne faut jamais s'écarter de cette règle absolue : tout demander, tout vérifier, tout savoir, comme s'il s'agissait de signer un contrat, avant de rien admettre qui ressemble à une entrevue, c'est-à-dire à une rencontre concertée en vue d'un mariage possible.

La stricte observation de cette règle est faite pour ajouter beaucoup au devoir des pères de famille. Cette même civilisation qui nous écrase de tant de besognes chimériques ne nous laisse pas toujours assez de temps pour nos obligations les plus essentielles. Il ne manque pas de familles où l'on trouve du loisir pour les occupations les moins nécessaires, pour les passe-temps même les plus frivoles, tandis qu'il ne paraît point possible d'entreprendre une enquête, de conduire des informations jusqu'au bout avec l'activité et le secret qu'une telle vérification demande. On se laisse aller tout doucement à reculer cette tâche, et l'heure arrive où l'on aime mieux croire que voir, plier que rompre.

Lorsque les entrevues ont été précédées, comme elles doivent l'être, de ces mesures de précaution, elles peuvent sans inconvénient jouir d'une certaine liberté, et trouver dans cette garantie des convenances réciproques une facilité d'allures qui ne compromet plus rien. On peut ainsi se dispenser de ces rendez-vous bizarres et peu séants d'une comédie, d'un concert, d'un musée. Ces occasions de parler et d'agir sont beaucoup trop loin de la vie réelle, pour ne pas augmenter encore l'apprêt de l'entretien et le vague des discours. L'existence réelle ne se déroule point dans de pareils endroits, et la jeune fille comme le jeune homme ont tout avantage à s'apparaître l'un à l'autre dans des milieux plus vrais et plus usités.

C'est ici que s'accentue ce rôle de l'ami dont la présence et l'action ne sortent point de notre pensée.

En France, il n'est guère d'usage en effet que, malgré toutes les facilités et toutes les convenances possibles pour le faire sans inconvénient, on admette chez soi un prétendant avant l'heure où il est définitivement agréé. Un sentiment de haute délicatesse ne permet point qu'il approche d'aussi près la jeune fille, et qu'il la voie dans le cadre de cet intérieur qui peut devenir le sien. Cette réserve s'étend jusque sur les parents, et personne ne saurait trouver rien à reprendre à cette espèce de pudeur domestique. Le foyer garde ainsi, même chez les plus mondains, quelque chose d'un sanctuaire.

La maison d'un ami n'a plus rien de ces inconvénients intimes : elle présente en outre cet avantage de laisser aux rapports leur caractère habituel d'aisance et de bonne société. C'est vraiment une rencontre qui garde une apparence fortuite, et qui, en raison de la présence de l'amphytrion, se trouve avoir tout de suite une certaine allure d'intimité et d'abandon. Il suffit que le maître du logis soit un homme d'un peu de tact et d'autorité pour qu'il conduise toute l'affaire. C'est à lui à prêter la main, comme par hasard, à des rapports plus faciles, à suspendre ou à détourner une conversation gênante, à ménager à l'entretien des ouvertures favorables de façon à faire surgir quelques-unes de ces tirades où, sous un faux air de théorie, on se raconte soi-même jusque dans ses plus intimes profondeurs.

La règle suprême de ces entrevues, c'est qu'elles doivent à tout prix conserver l'anonyme et demeurer dans les termes de la plus stricte et de la plus exquise politesse. Il n'en faut pas davantage pour que toutes les convenances soient respectées, et toutes les occasions fournies pour le but qu'on se propose des deux côtés.

Le jeune homme doit se garder avant tout, comme d'un acte de mauvais goût et d'insigne maladresse, de laisser entrevoir aucune préférence, de marquer aucune attention pour la personne en présence de laquelle on lui fait l'honneur de l'admettre. Il n'oubliera pas un seul instant que c'est là une affaire de haute confiance et de chevaleresque loyauté. C'est ce qu'on appelle un contrat tacite dont les engagements sont fondés sur l'honneur même. Tout ce qui pourrait être pris pour une insinuation, une allusion, une mise en demeure, même la plus indirecte, va contre la bonne foi de ce traité et sort du respect convenu. Ce pourrait être sans doute de la part du jeune homme une imprudence ou un entraînement : malheureusement pour lui rien ne ressemblerait plus de sa part à une exploitation et à une manœuvre.

Il se dira donc que, dans le bon ordre, il doit rendre la jeune fille spectatrice de son âme et de son esprit, sans la mettre directement en cause elle-même. Il est là pour s'offrir aux jugements et aux interrogations de toute une famille. Il est donc tenu de se prêter de bonne grâce non pas seulement à la généralité de la conversation, mais encore aux entretiens particuliers dont on lui laisse entrevoir le désir. Tout enfin est de mise, excepté ces tête-à-tête prématurés dont quelques intéressés imposent autant qu'ils le peuvent la contrainte dans l'espérance de s'en faire une victoire.

Il est essentiel encore qu'aucune parole indirecte, qu'aucune allusion embarrassante, même de la part d'un tiers ou d'un indifférent, ne vienne modifier tout d'un coup le caractère de l'entrevue. Tant que la solution demeure intacte, tant que la convention d'un silence commode est respectée, chacun jouit de l'aisance et de la liberté : aucune parole n'engage; rien ne saurait être pris ni pour une démarche ni pour une réponse : ce sont toujours propos de salons qu'on échange dans la pleine indépendance et à travers les hasards d'un entretien. Au contraire, si un mot se trouve prononcé qui remette chacun à sa place, qui force les personnages à reprendre, même malgré eux, leur rôle officiel, vous n'avez plus devant vous une réunion d'honnêtes gens qui devisent entre eux sans que leurs paroles soient censées tirer à conséquence, mais bien deux familles qui s'observent avec une défiance, ou tout au moins une réserve réciproque. Ce ne sont plus propos de table qu'on puisse au besoin désavouer, mais formules de protocole dont il faut prévoir le commentaire et peser en conséquence les expressions.

Il arrive un moment où le futur est présenté et admis dans la réunion de la famille à titre de prétendu. Ici, son rôle change. Par la force des choses et par le devoir même de sa nouvelle situation, il est tenu à une plus grande assiduité vis-à-vis de sa fiancée : il est autorisé à causer avec elle à demi-voix, et chacun dans le salon contribue de bonne grâce à créer autour des futurs époux un certain intervalle de solitude qui favorise la liberté de leur entretien.

Je conseille fortement ici aux jeunes promis de ne point se laisser absorber trop aisément par la douceur si naturelle de cette conversation. Ce serait manquer tout à la fois et de bon goût et d'adresse que de se concentrer perpétuellement dans ce tête-à-tête et de tenir pour non avenus et la famille et les amis. On a beau avoir l'amour-propre de triompher par soi-même, il ne suffit pas de plaire à la jeune fille seule. L'homme tire une grande partie de son succès de l'opinion que les autres peuvent avoir de lui. C'est donc toujours une extrême imprudence de laisser à la jeune fille le soin de vous défendre ou la tâche de vous faire accepter. Quelque vif que puisse être son premier sentiment de sympathie, quelque durée qu'on s'en promette, quelque solidité qu'on lui attribue, il n'est pas très sage de laisser les jugements indécis, et peut-être les sympathies incertaines. La jeune fille, à ce premier moment déjà, attache le plus grand prix à l'estime qu'on peut faire de son futur époux. Elle lui sait beaucoup de gré de conquérir, ou tout au moins de justifier auprès de tous la situation qui lui est faite. Elle discerne avec une sagacité rare le compliment banal imposé par la politesse, et l'admiration vraie qui témoigne de la conviction.

Je ne ferai pas aux prétendus l'injure de leur donner des indications sur les sujets d'entretien qui peuvent être abordés dans de telles entrevues. Cette question étrange m'a été cependant faite une fois, et je soupçonne fort le bon jeune homme qui me l'adressait d'avoir en plus d'une occasion préparé la veille son esprit du lendemain. En pareil cas, il faut que la provision soit considérable. On est bien vite réduit à la famine lorsqu'on est dans l'impossibilité de rien tirer de son propre fonds.

Ces conversations particulières sont, en plus d'une rencontre, l'écueil des jeunes gens. Beaucoup d'entre eux, avec la meilleure éducation du reste, ne sont point préparés au contact ni au gouvernement de la vie.

Confinés de bonne heure dans un internat où ils sont, pour la plupart, restés de longues années, ils n'ont qu'une idée vague et insuffisante de la réalité. Beaucoup d'entre eux, isolés dans la vie de garçon, n'ont point acquis d'expérience vraie. Ils se sont trouvés détournés des pensées sérieuses et pratiques; ils ont suivi leur vocation, occupé leurs heures, contracté leurs habitudes : très peu se sont tournés du côté des choses de l'âme. Il en résulte que leur conversation est singulièrement bornée, en même temps que singulièrement superficielle. Ces sujets vagues et mondains qui comblent l'oisiveté des riches, ces considérations techniques qui se rattachent à la carrière des laborieux, n'ont plus d'intérêt dès que le jeune homme et la jeune fille se trouvent en face l'un de l'autre dans un isolement discret et prémédité. Je connais des hommes qui, après avoir passé dans le célibat presque toute leur première jeunesse, se sentent retenus au seuil du mariage qu'ils souhaitent, uniquement par la nécessité pénible de franchir l'intervalle et d'affronter l'épreuve de tels entretiens.

Beaucoup de jeunes gens croient se tirer de cette difficulté par un redoublement d'aplomb, pour ne pas dire d'audace. C'est là une des ressources les plus périlleuses en toute occasion et particulièrement en celle-ci. Il ne manque pas de gens dans le monde qui se laissent prendre à la prétention et à la pose : on aime mieux se rendre à des affirmations ainsi carrément posées que de prendre la peine de les vérifier : alors même que l'auditeur en rabattrait quelque peu par prudence, il ne laisse pas, la plupart du temps, d'en accepter la majeure partie. Avec la femme, il n'en va pas de même, surtout lorsque son attention est éveillée et sa prudence sur ses gardes. Elle a, au plus haut degré, le sentiment du ridicule. Malgré l'art et l'étalage du poseur, ce qui ressort toujours en lui, c'est une disproportion grotesque entre les qualités qu'il affiche et son néant qui transparaît. Ce contraste est la nature même du comique. Tout vaut mieux auprès d'une femme que de lui paraître ridicule; elle s'accommoderait plutôt de l'odieux.

Ce qu'il y a de plus terrible en pareille circonstance, c'est que le sentiment, même le plus vif de cette imperfection, n'empêche point d'ordinaire la jeune fille de maintenir son consentement. Elle prend son parti; elle se résigne; elle sourit même à ces propos qu'au dedans d'elle-même elle juge déjà avec tant de sévérité. Elle lutte pour accepter cette impression, et non point pour en revenir. Elle est décidée au mariage; les premiers accords sont faits; sous beaucoup d'autres points de vue, il n'y a rien à dire. Elle passe par-dessus ce désagrément qui rend bien peu favorables à l'homme la fréquence et la durée de ces entretiens préliminaires.

Le fiancé qui se croit obligé de parler avec si peu de mesure et qui se donne souvent avec tant de mauvaise grâce l'attitude présomptueuse de venir en aide au silence de la fiancée, ferait mieux, en plus d'une occasion, de se taire et d'écouter davantage. Cette supériorité d'écouter vraiment est malheureusement donnée à bien peu de personnes. Elle est particulièrement nécessaire auprès des femmes, et encore plus auprès des jeunes filles. Leur situation, les habitudes qu'on leur a de bonne heure inculquées, leur nature presque toujours mélancolique et rêveuse, les disposent dans le monde à une sorte de recueillement. Elles ne laissent point de penser, et elles le font peut-être avec d'autant plus d'indépendance et de hardiesse qu'elles sont plus sûres de n'en rien laisser paraître au dehors. Voilà pourquoi rien n'est plus charmant, et j'ajouterai plus instructif, que les confidences de jeunes filles. C'est tout un monde qui se révèle, tout un horizon qui se découvre : ce n'est plus un épanchement mais une véritable explosion.

Quels que soient ses desseins antérieurs, la jeune fiancée est perpétuellement à la veille de ce moment psychologique. Elle a beau avoir résolu, sinon de se dissimuler jusqu'à disparaître, au moins de demeurer prudemment dans l'ombre discrète d'un demi-jour, dès que son cœur a battu, elle est toute prête à s'échapper en aveux et en confidences. Cet épanchement de la femme ne ressemble point à celui de l'homme : l'homme s'impose en ceci comme dans tout le reste. Le premier pas peut lui coûter; mais une fois qu'il a commencé, il poursuit sans désemparer, sans qu'on le sollicite et peut-être sans qu'on l'écoute. Il n'en va pas de même de la femme. A moins qu'elle ne soit remuée par quelque grande douleur ou emportée par quelque irrésistible passion, elle ne parle guère qu'à la condition d'être entraînée par le silence lui-même. Elle sent si on l'écoute. Il n'est point dans ses habitudes de saisir un intervalle pour placer ce qu'elle voudrait dire : elle a besoin d'une pause, d'un arrêt de quelque durée; et lorsqu'elle aura pris la parole, son interlocuteur ne doit pas même se douter de ses incertitudes ni de ses hésitations.

Lorsque le jeune homme et la jeune fille en sont arrivés là, lorsqu'ils en sont au chapitre des confidences, ces rapports de conversation et d'intimité s'appellent encore des entrevues, mais c'est là une pure similitude de mots. Il ne s'agit plus, en effet, de savoir si les futurs se conviennent; les rencontres et les entretiens qu'on leur ménage sont déjà un commencement de vie commune. Ce sont autant d'occasions qui leur sont fournies pour se mieux connaître et se mieux apprécier. Le malheur est que, loin d'y trouver un moyen de préparer et de commencer leur bonheur commun, bien des fiancés, par suite de leur imprudence et du manque de tact de ceux qui devraient les avertir et les diriger, n'en gardent que des impressions pénibles, souvent même des commencements invisibles de désaccord.

CHAPITRE X

Les entrevues après la décision du mariage.

Lorsqu'après les pourparlers et les vérifications nécessaires, les présentations et les entrevues suffisantes, il est bien constaté que les familles consentent à l'union projetée et que les fiancés se conviennent de part et d'autre, il leur reste à traverser une période singulièrement difficile. Durant tout le temps qui s'écoule entre l'annonce officielle d'un mariage et sa célébration, les jeunes gens sont dans une situation flottante, transitoire, on pourrait presque dire fausse. Ce sont là des rapports temporaires et mal définis : les familles s'ignorent, ou au moins se connaissent mal; malgré leur désir réciproque de se céder et de se complaire, ce premier contact ne laisse pas d'être délicat. Il est conforme à la raison et à la sagesse que cette situation dure peu. Au fond, personne n'a rien à y gagner, les fiancés pas plus que les autres.

Quelque intérêt que les deux familles puissent avoir à hâter le dénouement une fois que leur parti est pris et leur parole donnée, il faut bien reconnaître que, dans le plus grand nombre des cas, les conseils de cette sagesse ne sont point écoutés; et, qui plus est, ces conseils sont méconnus pour une raison qu'on me trouvera peut-être bien indiscret d'oser avouer ici.

La question de la toilette tend à prendre de plus en plus dans la vie des femmes un développement exagéré.

Il n'est pas nécessaire d'être admis dans le secret des boudoirs ni de trahir aucune confidence, pour connaître, jusque dans ses derniers détails, la mise des danseuses qui figurent dans les réceptions les plus courues. Ce n'étaient là jadis que des indiscrétions de journalistes osant à peine risquer la première lettre du nom. Encore fallait-il que l'occasion fût considérable, le travestissement extraordinaire, la publicité naturelle en raison de l'éclat et de l'affluence de la fête. Le costume, décrit sous le voile de l'anonyme, pouvait tout au plus réveiller les souvenirs des assistants, seuls capables de soulever le masque de l'incognito. Pour les autres, cette description n'avait pas d'autre prix qu'un croquis ou une vignette. Jamais une femme du vrai monde n'aurait toléré que le nom de ses ancêtres servît de réclame à une toilette ou de recommandation à une fête. Encore moins qu'on se permît d'y trouver une raison pour parler dans une feuille publique de sa grâce ou de sa beauté.

En plein règne de Louis-Philippe, un spéculateur digne de vivre de notre temps avait imaginé une publication intitulée : *Les belles femmes de France.* Il s'était permis, à côté de celles qui en étaient désireuses et ravies, de donner le portrait d'une dame dont le nom n'était point prononcé ni la famille indiquée. Ce fut, dans ce milieu où régnaient la dignité chaste et la réserve pudique des femmes chrétiennes, une indicible indignation ; le malencontreux éditeur dut détruire ces exemplaires hardis au moyen desquels il s'était permis d'attirer ainsi les regards du public jusque dans l'intérieur du foyer domestique.

Aujourd'hui, les mœurs ont bien changé. Ce ne sont plus seulement les bals et les grandes fêtes auxquels est réservé le privilège de défrayer la chronique ; une personne un peu bien posée ne saurait donner un dîner sans faire mettre dans le journal du lendemain matin la liste de ses convives masculins et féminins, en ajoutant pour les derniers la forme et la nuance de leur robe. On prend des abonnements pour la publicité dans les maisons où l'on reçoit souvent. Chacun envoie lui-même sa note, comme on envoie de sa main l'article élogieux sur son propre roman. C'est en effet le plus sûr moyen d'éviter des redites, des omissions ou des incertitudes.

Cette soif maladive du bruit s'est étendue aux trousseaux de mariage. Sous ce rapport-là, je ne pense pas qu'on puisse jamais dépasser ce qui se fait aujourd'hui sous nos yeux. On trouvait jadis qu'admettre chez le marchand un petit nombre de femmes choisies, connues, à contempler les merveilles de la confection, c'était trop consulter peut-être des intérêts commerciaux; qu'il y a quelque chose de peu séant à souffrir dans ces objets intimes des regards inconnus; qu'on n'a pas besoin de servir de pancarte ou de mannequin à une industrie dont, après tout, on paie convenablement le travail. Cependant, comme les noms n'étaient pas livrés en toutes lettres, comme cette exposition se faisait dans les magasins eux-mêmes avant que la livraison de la marchandise l'eût remise entre les mains de l'acheteur, cette petite licence d'une publicité discrète n'était pas refusée au fabricant : c'était là comme un supplément de paiement accordé par la bonne grâce de la famille.

Chacun sait aujourd'hui que ces exhibitions s'annoncent dans les journaux à la bonne place, et qu'elles font concurrence à la journée des *Chapeaux* ou des *Coupons* dans les grands magasins en vogue.

Ce n'est pas tout. Il ne suffit pas que les regards du premier venu aient pu s'égarer à loisir dans ces jupes, dans ces corsets, dans ces pantalons; l'exposition recommence à domicile. Il ne faut pas qu'il y ait, même parmi les plus indifférents et les plus hostiles, parmi les plus indiscrets et les plus corrompus, une seule personne qui n'ait été conviée à profaner de son regard avide et sans retenue toutes les parties de ces vêtements qu'une honnête femme rougirait de laisser entrevoir sur le coin d'un meuble. Ajoutons, pour dernier trait, que la fiancée est ordinairement présente, et qu'elle consent par sa présence à faire à cette garde-robe ainsi étalée les honneurs de sa propre personne.

On comprend de reste que le respect d'une telle coutume et la poursuite d'un résultat aussi important décident les familles à passer par-dessus les inconvénients de toutes sortes qu'entraîne pour les fiancés le retard de leur mariage.

Il n'est pas très facile, en effet, que ces longues entrevues se passent toujours à l'avantage du jeune homme et de la jeune fille. Ni l'un ni l'autre ne se montrent dans leur vrai milieu. Quelque envie qu'ils puissent avoir en apparence de tout se dire et de tout prévoir, il est bien entendu qu'ils ne se raconteront et ne se proposeront pas ce qui pourrait leur déplaire. Il en résulte entre eux une sorte d'abandon factice, un ton de convention qui, une fois adopté par chacun d'eux, devient assez vite une sorte de rôle, un costume moral qu'ils revêtent au moment de se voir, comme l'on met ses gants et son habit pour aller dans le monde.

Lorsque les entrevues se multiplient et se prolongent, il est trop visible qu'elles pèsent aux deux fiancés. Ils auront beau ne pas vouloir en convenir, ni l'un ni l'autre n'échappe à la difficulté de cette situation.

En effet, comme il est bien entendu que le jeune homme doit *faire sa cour*, et qu'il ne doit point cesser de plaire avant l'heure du mariage, ce temps qui leur est donné pour se connaître et pour se révéler l'un à l'autre les confirme tous les deux dans la plus parfaite dissimulation.

Dans les premières entrevues, tant que la décision à prendre demeurait encore indécise, il était bien juste et bien naturel que le jeune homme et la jeune fille demeurassent l'un et l'autre sur la réserve. Ils n'étaient point là pour se choquer et pour se contredire : leur première pensée était naturellement de faire la conquête l'un de l'autre. La conversation ne pouvait guère sortir de ces généralités ou banales ou brillantes, suivant le degré de virtuosité des intelligences engagées dans l'entretien. Sous cette forme élevée et abstraite, les idées se rencontrent sans se heurter, les jugements s'opposent sans se contredire, les nuances adoucies se fondent dans une même harmonie au lieu de se nuire et de s'éteindre réciproquement.

Il ne saurait en être de même lorsqu'une connaissance de jour en jour plus intime se noue entre les fiancés. A mesure que se déroulent les petits événements de la vie, ils ont de plus en plus l'occasion d'exprimer leurs sentiments et de manifester leur manière de voir. Sans qu'ils se trouvent encore dans leur ménage, ils ont à prendre certaines résolutions en commun. Il ne leur est point possible, ne fût-ce que sous forme de plaisanterie ou à propos des faits de chaque jour, d'une personne dont on parle, d'un article de journal qu'on cite et qu'on commente, il ne leur est pas possible de ne pas laisser entrevoir leurs pensées et leurs sentiments.

Cette révélation s'accomplit dans des conditions qui la rendent bien périlleuse pour tous les deux.

Il est évident que le mari et la femme ne sauraient avoir la prétention ni le désir de s'ignorer l'un l'autre pendant les longues années qu'ils auront à passer ensemble. Ils ne peuvent pas non plus espérer, avec la diversité nécessaire des jugements et des impressions, qu'il leur sera donné d'avoir sur toutes choses la même façon de voir et de sentir.

Il est donc absolument certain que la communauté de la vie, en les retenant constamment en présence l'un de l'autre, leur révélera infailliblement les divergences qu'ils apportent chacun de leur côté, divergences qui doivent se fondre, avec le temps et la pratique de la vie, dans une entente commune.

Pour que ce résultat soit atteint sans trop de sacrifices, il est nécessaire que cette communication de deux âmes se fasse sous le bénéfice d'une entière liberté, et non sous l'empire d'un sentiment qui adoucisse ou dissimule d'abord le désaccord.

Ce sont bien là les conditions dans lesquelles se trouveront les deux époux au lendemain de leur mariage. Ils s'appartiennent en effet; et il résulte de cette situation nouvelle établie entre eux une intimité à laquelle rien dans le monde ne saurait se comparer.

Au contraire, lorsque le temps des fiançailles se prolonge et crée entre les promis cette intimité ambiguë et indécise dont nous sommes tous les jours les témoins, il faut avoir la fermeté de reconnaître que ces rapports incertains et incomplets ne sont point sans péril pour l'avenir du futur ménage.

Le plus grand danger de désunion que courent les âmes ne vient point des dissentiments qui se prononcent entre elles et qui s'expriment ouvertement. C'est dans le silence des cœurs que ces divisions fermentent et s'aigrissent. A l'origine, ces deux pensées étaient plus voisines l'une de l'autre qu'il ne leur a été donné de s'en apercevoir : quelques bonnes paroles d'explication et de laisser-aller auraient prévenu tout différend. La paix demande qu'avant tout, on parle pour éviter une querelle, et qu'on se taise pour la terminer.

Il est trop visible que ces conditions sont l'antipode de celles que les nécessités mêmes de leur situation imposent aux fiancés. Leur véritable manière de s'entendre est de prévenir entre eux tout débat et de garder le silence; très particulièrement lorsqu'ils entendent dire par le futur conjoint quelque chose qui leur paraît exorbitant et inadmissible.

Il se produit alors un phénomène des plus fâcheux,

et qui ne laisse pas d'avoir en plus d'une occasion son côté véritablement comique.

Il arrive que le jeune homme ou que la jeune fille prend le silence de l'autre pour un acquiescement, peut-être même pour de l'admiration. Sur cette donnée, le discours se donne carrière : le jeune homme ne tarit plus sur tel récit qui semble à la fiancée mortellement ennuyeux ; il insiste sur des critiques qui paraissent à celle-ci déplacées, sur des plaisanteries qu'elle trouve froides. Faute d'avoir laissé paraître au premier mot quelque signe d'improbation dont l'interlocuteur aurait pu faire son profit, elle lui a donné ainsi pleine licence de s'enferrer et de se montrer de plus en plus déplaisant.

Il arrive alors à ce pauvre jeune homme d'entrer dans ces développements de convention, dans ces insistances d'explication, dans ces excès d'esprit qui ont absolument besoin, pour passer sans encombre, d'être pris du bon côté. Je laisse à penser quelles impressions éprouve la jeune fille. Elle en est déjà, pour le supporter, à faire même avant le mariage des emprunts à son capital de tendresse. Il est heureux qu'on se sente pour lui quelque chose dans le cœur : il ne paraîtrait pas seulement ridicule comme il l'est, mais il ne tarderait pas à sembler odieux.

Je n'écris pas au hasard ce mot : *odieux*. Quelque singulier qu'il puisse paraître, alors que ces deux âmes en sont encore à la préface même de l'amour, rien n'est plus fréquent que de voir la fiancée prendre véritablement en grippe certaines façons de parler et d'agir de son futur époux. Jour par jour, elle accumule lentement dans son esprit les imperfections qu'elle se propose de réformer plus tard, les lacunes qu'elles veut combler, les idées qu'elle est impatiente de combattre. Singulière disposition à apporter dans le mariage que la prétention de refondre et de recommencer cet homme de plus de trente années ! Le pauvre garçon ne devine guère dans la complaisance de cet imperturbable sourire les résolutions hostiles et les invincibles entêtements que lui prépare la franchise intempestive de ses aveux. Le jour prochain où, dans un moment d'abandon et d'épanchement, sa jeune femme se laissera aller à lui dire, ou seulement lui laissera deviner qu'elle l'a trouvé déraisonnable, pour ne pas dire odieux, où, ce qui lui sera plus sensible que tout le reste, moquable et ridicule, il se sentira blessé comme un fauve pris au piège. Si son orgueil n'éclate pas alors en reproches, il ne manquera point de s'armer d'entêtement pour soutenir ses jugements et continuer les actions dont on le blâme.

Ces fréquentes entrevues, ces longs délais ne sont guère moins inopportuns pour la fiancée. Sous ce rapport, elle ne court pas de moindres risques de déplaire et de choquer. Elle s'y trouve même plus particulièrement exposée, en raison de certains usages dont beaucoup de jeunes filles ne soupçonnent guère la perfidie.

Un mariage comporte toujours ce qu'on appelle *une corbeille de noces*, c'est-à-dire l'offrande d'un certain nombre de cadeaux destinés à l'usage personnel de l'épousée. Ces cadeaux sont en rapport avec la fortune des deux mariés, et plus particulièrement avec le chiffre de la dot attribuée à la jeune fille.

Dans le bon vieux temps, et même jusqu'à une époque dont nous avons encore pu être le contemporain, la corbeille de noces avait gardé son caractère antique. C'était vraiment un présent offert de bonne grâce à la jeune fille, et non plus un tribut d'argent levé sur la bourse du mari.

Le jeune homme tenait à honneur de choisir lui-même la plupart des objets qu'il destinait à sa future épouse. Il s'empressait de saisir cette première occasion de s'occuper d'elle, de lui montrer son bon goût, et aussi de prendre en quelque sorte possession d'elle par ce premier acte conjugal. En effet, s'il mettait tous ses soins à prévenir, à deviner les préférences de la jeune femme, il ne laissait pas que d'attester en même temps ses propres prédilections. Le choix des toilettes, des bijoux, des mille accessoires qui donnent sa physionomie et sa signification particulière à l'ensemble de la mise, devenaient comme un programme de sa façon d'entendre la vie. En même temps, toutes ces parures, au lieu de rester de simples objets de frivolité destinés à afficher l'amour-propre et à satisfaire la coquetterie, se changeaient en autant de témoignages d'affection, de souvenirs, de présages. Tout au plus, pour les achats les plus importants, le jeune homme faisait-il délicatement pressentir sa nouvelle famille : tout au plus, s'aidait-il des conseils de quelque parente plus entendue dans l'art de ne pas payer trop cher. La corbeille de noces n'en demeurait pas moins une surprise, un témoignage de l'âme, un premier lien entre le jeune homme qui prenait la peine de la choisir, et la jeune fille qui goûtait dans cette première possession toute la saveur d'une découverte.

On ne se soucie plus guère aujourd'hui de toutes ces délicatesses. La corbeille de noces représente, à l'heure actuelle, non pas un acte moral de bonne grâce, non pas une somme de pensées, d'actions, de prévenances mises au service de la personne qu'on aime ; ce n'est plus vis-à-vis de la famille de la femme que le remboursement d'une partie de la dot au profit de la future. On ne demande plus au jeune homme aucun acte personnel ; et ce qui le prouve mieux que tout le reste, c'est qu'en plus d'une occasion, le chiffre de cette libéralité obligatoire se débat comme tout le reste entre les grands parents, les fondés de pouvoir, les gens d'affaires. La corbeille de noces finit par n'être plus qu'une brutale somme d'argent, un simple chèque dont la jeune fille n'a plus qu'à régler l'emploi, sans que le fiancé ait à prendre la peine de s'en mêler.

Ce sont là des extrémités auxquelles on n'en vient

pas toujours : dans la pratique, les choses se font encore le plus souvent d'une façon moins cavalière.

Le jeune homme est censé faire son choix comme au temps jadis, et la jeune fille est censée également s'en rapporter au choix qui a été fait par lui. Seulement, sous cette apparence simultanée d'initiative et d'abandon, se cachent des difficultés et des complications de toutes sortes. Il ne faudrait pas que le jeune homme eût la vanité de croire à cette confiance qu'on lui témoigne si haut et qu'il prît sur lui de décider. Quelque âme charitable ne manquerait point sans doute de le remettre dans le chemin de la réalité.

Il convient en effet qu'aucun objet ne soit définitivement acquis sans un consentement formel et sans un choix effectif de la jeune fille. Le pauvre malheureux, à l'heure où les préoccupations morales, le noble souci de son avenir, l'inquiétude inévitable de l'inconnu, le trouble d'une responsabilité imminente, assiègent à bon droit son âme et le jettent dans les plus sérieuses pensées, le pauvre malheureux est obligé de consumer la plus grande partie de ses jours, les courtes heures qu'il passe auprès de sa fiancée, à discuter sur les couleurs ou la forme d'un ajustement, l'épaisseur ou la matière d'un tapis, le dessin d'une dentelle, le style d'un bijou. Il est obligé, non pas même de choisir la parure qui lui paraît la plus séante à sa fiancée, mais de se mettre en quête pour s'en procurer plusieurs, afin d'en discuter les mérites ou les inconvénients comparatifs. Il faut qu'il institue ainsi chaque jour une exposition des produits de l'industrie au petit pied.

Les jeunes filles, faute de réfléchir, et il faut bien le dire encore, faute d'être suffisamment averties, ne se représentent pas assez l'impatience, l'aigreur, qui sait peut-être ? le mépris qu'elles provoquent dans l'âme fière et occupée de l'homme. Je suppose, bien entendu, chez lui, une jeunesse passée à autre chose qu'à tirer des pigeons, à cultiver le saut du tremplin, ou à pasticher les pirouettes d'une danseuse. De ceux-là qui recommencent à un degré plus bas les exhibitions des amphithéâtres romains, il ne conviendrait pas de parler, car, suivant l'expression du philosophe Aristote, ce ne sont pas des hommes, ce sont des végétaux.

Dès que nous nous replaçons au niveau de l'âme humaine et d'une âme qui a pris le soin de préparer sa vie par le travail de l'action et de la pensée, il est trop facile de se représenter quel effet doit produire à cette nature fière, délicate, sérieuse, la nécessité inouïe et imprévue de concentrer soudainement toutes ses facultés sur des chiffons et des ameublements, sur le spectacle peu attrayant d'une jeune fille, plus soucieuse de la nuance de ses meubles que curieuse du passé ou de l'avenir de son mari.

Ce qui peut arriver de plus heureux, ce que le fiancé peut faire de plus clément et de plus miséricordieux, c'est de prendre cette frivolité et cet oubli alarmant des vraies conditions de la vie plutôt en pitié qu'en indignation. Au lieu de s'irriter de cette misère et d'en faire l'amer reproche à l'abaissement volontaire de la femme, il se calme lui-même par cette miséricorde du mépris. Il se classe silencieusement dans une catégorie supérieure; et tout l'intérêt qu'il feint de lui témoigner se réduit à une condescendance dont il s'arme d'avance contre elle. Il se dit qu'il a devant lui une enfant qui, malgré le nombre de ses années et le développement de son esprit, a beaucoup gardé des caprices, de l'inattention, de la légèreté de la première jeunesse. Il lui semble, par une conséquence toute naturelle, qu'il aura facilement raison d'une nature chez laquelle une question de meubles ou de chiffons tient une place si considérable. Il redouble d'avance d'indulgence et de bonne volonté pour supporter cet état de choses; mais il a beau faire, il sent bien qu'il se produit au plus profond de son âme une vraie déception, un découragement amer, et comme une irritation sourde contre cette vie étrange dont il entrevoit ainsi les perspectives inattendues.

Ce n'est donc point sans raison qu'on prend soin de s'élever ici contre les entrevues trop fréquentes et trop prolongées, contre des délais fâcheux apportés à la conclusion du mariage. Les impressions que nous venons de signaler ne sont point des faits accidentels, se produisant dans des circonstances rares et exceptionnelles. Ces méprises de jugement tiennent à la nature de l'homme et de la femme, aux habitudes de leur éducation, à l'affaiblissement des mœurs publiques : elles sont à peu près inévitables, et les plus fermes esprits n'y échappent qu'imparfaitement.

Ces impressions sont d'autant plus fâcheuses que, la plupart du temps, elles sont inexactes et ouvrent de faux jours sur l'avenir. Lorsque viendra l'heure de l'existence sérieuse, en face du devoir à accomplir et des enfants à élever, ni ce jeune homme ni cette jeune fille ne se montreront tels que l'entraînement de leurs paroles et les illusions des entretiens les avaient fait apparaître. Le jeune homme ne gardera plus rien de ce sentiment exagéré de lui-même, de cet esprit de dénigrement qui parfois le rendaient bien difficilement supportable. La jeune fille perdra vite cette affectation de recherche dans sa mise et ce souci immodéré de la nouveauté, cette préoccupation de faire partie d'un certain troupeau et d'en porter le mobile uniforme. Ils ont tous deux, lui comme elle, des qualités précieuses sous lesquelles ils n'ont point su se montrer l'un à l'autre. Ils se sont apparu comme des fantômes dont chacun s'efforçait de susciter à l'autre la vision, et non point du tout comme des personnes naturelles qui chercheraient bonnement à faire connaissance. En dépit de toutes les recherches de l'art et de toutes les ressources de la comédie, la créature humaine, à son grand honneur, vaut presque toujours mieux que ce qu'elle paraît.

Il n'est pas jusqu'aux arts d'agrément dont on occupe

souvent les longues heures de ces soirées qui n'emportent avec eux leurs inconvénients. Souvent le répertoire de la pianiste est un peu court. Il lui faut recommencer des morceaux qu'on a déjà entendus, ou bien en risquer de nouveaux dont elle est moins sûre. Ce tout petit détail ne laisse pas de causer quelque souci et quelque embarras à plus d'une jeune personne.

Il est encore une considération dont les familles doivent tenir compte et qui leur conseille d'abréger autant que possible la durée du temps qui s'écoule entre la décision du mariage et son accomplissement.

Je veux parler de la solitude qui se fait nécessairement dans une certaine mesure autour des fiancés, à mesure que les entrevues se multiplient et que le jour de la conclusion semble s'éloigner. Autant la famille, les connaissances, les amis mettent, comme ils le doivent, d'empressement à peupler les soirées, à se rendre aux petites réceptions, à faire cortège à la fiancée ; autant il est impossible que cet empressement se prolonge. Il faut que chacun soit rendu à ses occupations habituelles, et il n'est plus possible que chaque jour voie se renouveler les réunions qui accompagnaient les premières entrevues.

Il en résulte que le jeune homme et la jeune fille se trouvent dans un cercle de parents de plus en plus restreint, et que leurs conversations deviennent de plus en plus fréquentes et intimes. Ils courent déjà, avant l'heure, tous les périls des entretiens conjugaux, les froissements, les réserves sourdes, les interprétations malveillantes, sans avoir pour adoucissement et pour correctif le charme de l'intimité et le bénéfice de l'union vraie.

Il est donc grand temps que ce faux apprentissage de la vie prenne fin et que les deux jeunes époux soient livrés l'un à l'autre dans une pratique sérieuse de la vie. Ils ne doivent plus se quitter qu'à l'heure de la mort.

FIN DU LIVRE PREMIER

LIVRE SECOND

LA VIE DANS LE MARIAGE

CHAPITRE PREMIER

Le contrat et le mariage civil.

Les premiers temps de la lune de miel ne se passent point de nos jours de la même façon qu'en usaient nos pères.

Dans cette matière délicate, il est demandé bien peu de conseils. On a souvent parlé de la fameuse devise de l'Italie qui tenait à honneur de *faire par elle-même*. Cette maxime n'est-elle pas surtout celle des nouveaux mariés, jaloux de leur liberté nouvelle, rebelles aux traditions, indifférents à l'expérience d'autrui ?

C'est donc en apparence une entreprise bien chimérique que la prétention de leur présenter la moindre réflexion sur ce sujet. Peu importe que les remarques soient sensées s'il ne se trouve personne pour les suivre, pas même pour les écouter.

Ajoutez, que, sur ce sujet, contrairement à ce qui se

passe pour le reste de la vie, personne ne se soucie de faire part aux autres de ce que l'expérience lui a appris. Les leçons qu'on a reçues de la réalité restent dans les cœurs sous forme de regrets, et ne se changent point dans les entretiens en avertissements.

J'offre à ceux qui prendront la peine de me lire un moyen de vérification bien facile.

Je les prie de mettre les lignes qui vont suivre sous les yeux d'un homme et d'une femme mariés et faisant ensemble bon ménage. Ne leur demandez pas comment eux-mêmes ont employé ces premières semaines; ne les forcez pas à un aveu; ne les provoquez pas à une discussion : contentez-vous d'entendre de leur bouche le jugement qu'ils porteront sur la vérité de nos observations. S'il se trouve dans le monde un seul ménage uni et régulier qui ne nous donne pas raison sur tous les points, nous passons volontiers condamnation, et nous sommes prêt à reconnaître que nous nous sommes trompé sur tout le reste.

Je ne sais quels changements les mœurs futures pourront apporter encore aux façons d'agir actuelles; mais ce que je sais bien, c'est que nos usages nouveaux n'ont plus rien de commun avec les traditions dont on tenait encore à honneur de ne point se départir à l'époque de notre jeunesse.

Il est curieux de marquer ces changements, et plus intéressant encore de constater à quelles dispositions d'esprit et à quelles transformations des mœurs ils répondent.

Parlons d'abord du contrat.

La cérémonie du contrat n'était pas jadis une fête; elle gardait un caractère rigoureusement privé et domestique. C'était, dans toute la force du terme, une communication confidentielle et en même temps solennelle des parents.

Par là se trouvait établie et cimentée la solidarité des

deux familles. C'était comme une confession publique dans ce sanctuaire étroit. Chacun de ceux qui prenaient ainsi connaissance du véritable état des deux patrimoines sentait au fond de son cœur que cette révélation lui était faite en raison de la tendresse qu'il devait porter aux deux fiancés. Le nombre des assistants était restreint, car le premier venu, ou tout au moins les indifférents, ne sauraient être admis à participer ainsi aux secrets d'une famille. Voilà pourquoi aussi, un tout petit nombre de personnages éminents signaient au contrat et pouvaient conséquemment en prendre connaissance. Ils y figuraient à titre de protecteurs reconnus des conjoints : une fois qu'on les regardait et qu'on les proclamait comme tels, il ne pouvait plus être question de rien leur laisser ignorer.

Indépendamment de toutes ces raisons qui s'entendent d'elles-mêmes, c'était encore une délicatesse de ne point regarder le mariage comme fondé principalement sur ces arrangements d'affaires, ni sur ces accords d'argent et de fortune. On maintenait la convention des dots et des apports au rang plus décent de dispositions subalternes. Il n'aurait pas été suffisamment séant de regarder le mariage comme terminé au point d'en faire un prétexte de fête, seulement parce que les notaires en étaient venus à n'avoir plus rien à démêler entre eux.

C'est peut-être un des signes du temps présent, et comme un aveu public de l'importance toute nouvelle accordée à l'argent dans notre présente civilisation, que cet éclat avec lequel on proclame et on célèbre cette première étape, cette consécration financière des futures amours. Dans plus d'une occasion, les fêtes mêmes du mariage ont à peine ce retentissement et cette solennité.

Quant à la lecture solennelle du contrat en famille, telle que cette lecture se pratique maintenant encore dans toute l'Europe et dans le monde civilisé, il faut bien reconnaître qu'elle tend de plus en plus à disparaître de nos mœurs. Les témoins eux-mêmes, contrairement aux convenances du plus simple bon sens et aux exigences mêmes de la loi, j'entends les témoins dont la signature est nécessaire et dont les noms sont mentionnés au protocole, se trouvent exclus, et ne savent rien de ce que contiennent les pages qu'ils sont censés avoir lues ou entendues. Ce désordre que les notaires supportent et quelquefois provoquent tient d'ordinaire à ce que l'une des parties, et parfois toutes les deux, ont quelque chose à cacher. Il y a en effet un art, même pour les gens honnêtes, de mentir à sa propre conscience. On oublie trop aisément aujourd'hui qu'en de pareilles matières, l'honnêteté elle-même ne suffit pas, et qu'il faut pouvoir défier toutes les susceptibilités de la délicatesse.

Un vieil usage, observé encore dans la plupart de nos provinces, mentionne la célébration future du mariage religieux. Les familles chrétiennes en sont réduites aujourd'hui, la plupart du temps, à faire une certaine violence aux notaires de quelques grandes villes, et en particulier de Paris, pour obtenir l'énonciation de cette clause, laquelle leur paraît en dehors des stipulations légales. Sans vouloir soulever ici de controverse religieuse ni traiter *ex professo* la question du mariage civil, il faut bien, pour l'honneur de la vérité et de la justice, reconnaître que nous nous trouvons précisément ici en présence d'une des iniquités les plus odieuses et les moins justifiables de la législation française.

A ne prendre le contrat et le mariage lui-même que pour un traité entre les parties, il est évident que ce traité par devant notaire contient un certain nombre de stipulations que le mariage rend valides et qui en sont les conditions écrites et prévues. Au nombre de ces stipulations, se trouve mentionnée par devant ce même notaire et reconnue par la signature des parties, de leurs parents et de leurs témoins, la clause librement consentie de la célébration du mariage religieux. Il est dit, en termes exprès, que la célébration civile du mariage sera suivie de la célébration du mariage religieux.

Or, tandis que la loi garantit comme elle doit le faire le strict accomplissement de tous les articles portés au contrat sans qu'aucune stipulation, aucun arrangement, aucun consentement ultérieur puisse revenir sur ce qui a été ainsi arrêté d'une façon irrévocable, l'époux qui sort de la mairie se trouve nanti du droit exorbitant de se refuser à l'accomplissement du mariage religieux malgré la promesse solennelle qu'il en a faite. La société, qui repose sur le respect des contrats et le maintien de la foi jurée, est prête à s'armer en sa faveur de tout son pouvoir pour l'aider à l'accomplissement de cette infamie. Il y a là un tel renversement de tous les principes de la morale, qu'on en est à se demander si la législation moderne n'a pas regardé ce crime comme impossible, de la même façon que la vieille législation grecque s'était d'abord refusée à prévoir le parricide. Il est malheureusement trop certain que ce piège a été tendu à des jeunes femmes; et l'histoire de notre droit français mentionne quelques-unes de celles qui se sont trouvées aux prises avec cette terrible situation.

Voilà pourquoi, sans prétendre résoudre en passant une question de cette importance, il est permis peut-être de se demander pourquoi notre code, institué pour défendre et pour maintenir tous les droits, fait une exception aussi malheureuse dans un cas où toutes les délicatesses de la conscience se trouvent soulevées et compliquées des scrupules religieux les plus légitimes. Serait-ce trop demander que de réclamer pour le mariage l'application de la bonne foi et de la loyauté la plus élémentaire ? « Le mariage est un contrat, » dites-vous, « et à notre époque exclusivement laïque nous ne voulons absolument pas lui reconnaître un autre caractère ». — « Soit, » répondrai-je à mon tour; « mais alors pourquoi ce contrat, semblable, comme vous le dites, à tous les autres, présente-t-il cette exception funeste qu'on y puisse stipuler par écrit authentique la condition de la cérémonie religieuse, et se soustraire par après à cet engagement sans que le mariage cesse d'avoir judiciairement son plein et entier effet ? » Il n'est pas nécessaire d'être ni croyant ni jurisconsulte pour penser que la loi demande ici à être réformée au nom de la bonne foi et de la justice.

Les libre-penseurs se donnent à l'heure présente beaucoup de mal pour remplacer par une mise en scène convenable à la mairie la cérémonie religieuse dont ils envient à bon droit l'éclat et le recueillement. Ils commandent des tableaux pour orner les salles; ils garnissent de fleurs et de tapis les marches de l'escalier; ils sont allés, à défaut d'un maire et d'un adjoint suffisamment éloquents, jusqu'à passer la parole à un personnage de l'assistance qui leur semblait plus en mesure de prononcer l'épithalame sous forme d'exhortation. Ils se sont donné le mot pour se rendre en habits de fête à la salle des mariages. Cette tentative n'a point réussi, et tout son succès jusqu'à présent s'est borné à provoquer l'admiration du concierge et des garçons de bureau.

C'est qu'il n'est pas très facile en effet de changer la nature des choses. La loi est une conception abstraite, impersonnelle, uniforme. Elle a pour premier devoir et en quelque sorte pour essence de ne tenir aucun compte des individualités. Il n'est donc pas admissible à aucun titre que cette formalité légale parle bien haut au cœur et à l'âme des assistants. Cette stipulation froide des droits réciproques, ce soin de marquer leurs limites, même en cas de mort et de testament, n'est pas fait pour provoquer des réflexions bien souriantes et des émotions bien paisibles. Je laisse de côté bien entendu tout autre motif de parallèle avec les cérémonies religieuses. Personne n'a jamais entendu demander à l'homme qui porte l'écharpe réglementaire ni un conseil ni une parole de grâce et de bénédiction.

Cette amplification du mariage civil, cette importance qu'on a essayé de lui donner au moyen d'accessoires d'un goût douteux, cette majesté d'emprunt à laquelle personne n'ajoute créance, n'ont pas réussi jusqu'ici à faire une concurrence même mondaine à la cérémonie du mariage religieux. Cette tentative pour transformer un acte légal en une profession de foi libre-penseuse n'a guère abouti jusqu'ici qu'au plus inattendu de tous les résultats : c'est d'ôter à ces formalités civiles beaucoup de la convenance et de la tenue avec lesquelles elles s'accomplissaient. Depuis que la question est ainsi posée et que les passions ont engagé le combat sur ce terrain qu'on avait jusqu'ici laissé neutre, beaucoup de familles chrétiennes ne veulent pas être soupçonnées de prendre la moindre part à cette campagne laïque, à cette manifestation par la toilette. Il en résulte qu'on évite d'amener avec soi à la mairie personne en dehors des témoins rigoureusement nécessaires, pas même les plus proches parents. On s'astreint à choisir ses vêtements les plus simples, les plus accoutumés, afin de ne point paraître célébrer dans le bureau municipal la fête véritable dont on réserve les joies pour le temple.

Il serait à souhaiter que ces intentions si avouables et si légitimes ne fussent point dépassées. Il n'est pas raisonnable, il n'est pas séant de se présenter à la mairie, comme l'ont affecté certaines personnes, dans un costume inférieur à sa condition, et dans lequel l'on aurait recherché à dessein la négligence et le manque de tenue. On a vu même des personnes, au mépris de toute convenance et de toute justice, affecter des airs d'indifférence et d'ironie, promener des regards moqueurs ou marquer en les étouffant mal des sourires de pitié. Il y a là une grave erreur de jugement. Il n'est point licite en effet d'instituer sans but et sans motif une véritable révolte contre les lois de son pays. Autant il est légitime de maintenir son droit et de témoigner la différence que l'on met à bon escient entre l'union religieuse et le contrat purement civil, autant il est contraire aux obligations mêmes du devoir chrétien de jeter le mépris et le blâme sur les stipulations de la loi que la conscience n'oblige pas à combattre.

CHAPITRE II

Le mariage religieux.

Il y aurait un livre très curieux à faire sur le mariage religieux et sur la diversité des cérémonies qui l'accompagnent chez les différents peuples. Non seulement il a partout des rites qui répondent à l'état moral de chaque nation, mais, dans chaque ville et à chaque époque, des traditions particulières. Aucune de ces traditions ne peut se modifier sans que ce changement atteste une véritable métamorphose dans les mœurs.

Il n'y a pas bien longtemps encore, cette cérémonie semblait, dans beaucoup de villes de France, un acte pudique, mystérieux, réservé à l'intimité de la famille et dont il fallait, autant que possible, interdire l'accès aux indifférents, aux curieux, à quiconque n'était pas disposé à venir véritablement prier pour les époux. Le temps qui s'écoulait entre les fiançailles et la bénédiction nuptiale était, particulièrement pour la jeune fille, comme un temps de retraite et de recueillement. Elle évitait de se montrer en public; les parents n'acceptaient pas d'invitations : elle se rendait à l'église aux heures matinales. On partait de ce principe délicat et vrai qu'une fiancée, en raison du bruit qui se fait autour de son prochain mariage et de l'intérêt qui s'y attache, se trouve plus spécialement exposée à la curiosité du public. Il paraissait donc tout naturel de se dérober à cette curiosité et de ne point se livrer en pâture aux regards. Il va sans dire que nous parlons du temps passé, ou tout au plus de quelque localité reculée; car, à l'heure présente où le besoin de paraître, de se faire voir, de se faire regarder, l'emporte sur toute convenance, on ne manque point, après avoir fait insérer la nouvelle du futur mariage dans tous les journaux du matin, d'installer le même soir la demoiselle à la place la plus en vue de sa loge à l'Opéra afin de recueillir le bénéfice de son annonce et de profiter de la circonstance pour attirer les regards.

C'est d'après ce même principe de retenue et de modestie qu'on entourait d'un certain mystère la messe du mariage. Dans beaucoup d'endroits, elle se célébrait dès l'aurore, et l'on ne dérangeait pour y assister que les plus intimes amis. Dans d'autres villes, il était passé en coutume de dire, avec la permission de l'évêque, une messe de minuit. Visiblement, toutes ces précautions tendaient au même but, écarter d'une cérémonie si intime et si recueillie la foule importune des curieux et n'avoir pour assistance que des cœurs fidèles et dévoués. C'est un ressouvenir de cet ordre de choses, qui conseille à beaucoup de familles de s'assurer pour cette fête domestique quelque chapelle privée, laquelle n'est point, comme la paroisse, ouverte à tous venants.

Les mœurs modernes n'ont pas habitué nos jeunes filles à un si grand besoin d'obscurité et de retraite. Il en est plus d'une qui n'est pas fâchée de profiter jusqu'au bout des avantages de publicité, de mise en scène, d'importance mondaine que lui assurent tout d'un coup son titre de fiancée et le bruit du mariage qu'elle va contracter. Aussi n'est-il plus question d'une messe basse, célébrée sans éclat de grand matin ou à minuit. Il est bien entendu et bien convenu qu'on ne laissera point passer maladroitement, sans en tirer avantage, cette occasion si naturelle de rappeler ou d'apprendre au monde son nom et son existence. Il ne s'agit pas seulement de s'acquitter de ce qui peut être convenable et séant ; mais, autant que possible, de faire de cette noce une *attraction*, d'en composer le programme, d'en multiplier la publicité.

Cette dernière satisfaction est aujourd'hui la plus abordable de toutes : c'est une affaire d'argent. La régie des annonces ne ménage à personne l'espace ni la *réclame* dans les feuilles publiques. C'est ainsi qu'on peut faire répéter à plusieurs reprises le *fait divers* de son mariage, l'avant-veille, la veille et le matin, comme on peut en insérer le compte rendu le lendemain et le surlendemain, dans les termes qui vous plairont. Beaucoup d'artistes qui sont embarrassés pour faire figurer leur nom dans un journal trouvent ici un moyen commode et bien porté de se recommander à la gloire.

Ce ne sont pas seulement les artistes qui profitent de l'occasion pour *faire de la publicité*, comme on le dit si bien dans un langage aussi incorrect qu'expressif. Les deux familles ne sont pas fâchées de ce bruit qu'elles organisent elles-mêmes et dont, par après, elles tirent vanité, comme un acteur au théâtre se figure toujours être applaudi lorsque la claque le rembourse. Ce besoin de paraître est un des tourments du temps présent ; c'est une faiblesse des caractères même les plus fermes. On s'excuse sur la nécessité de faire comme les autres ; on se croirait déshonoré si l'on avait moins d'attroupement dans la rue, moins d'écrasement à la sacristie que n'en ont pu avoir vos parents et vos connaissances.

Ajoutez à cet appétit naturel de renommée et d'éclat certains avantages non moins solides que plus d'une famille ne laisse pas d'avoir en vue. Il est tel marchand, banquier, industriel qui compte bien sur la magnificence de la fête et la libéralité de ses dépenses pour faire parler de lui et de son commerce et pour augmenter le nombre de ses chalands. Il n'est pas le seul ; et ce n'est pas seulement dans le but d'écouler les produits de son industrie qu'on use de la réclame matrimoniale. Le médecin, l'avocat, l'homme de lettres, n'en sont pas à ignorer le parti qu'on peut tirer de la situation. Ils y attachent d'autant plus d'importance que la dignité professionnelle des carrières libérales leur laisse moins d'occasions d'employer ces moyens indirects d'action auprès du public.

Il ne faut donc plus parler aujourd'hui de recueillement, de silence, d'une cérémonie discrète et en quelque sorte intérieure. Les jeunes mariés eux-mêmes, habitués dans notre société moderne aux éblouissements du grand jour, au retentissement des moindres actions, n'éprouvent aucune répugnance à se laisser mettre en scène. Ils se prêtent de bonne grâce à cette exhibition un peu théâtrale ; ils composent d'avance leurs gestes et leur démarche ; oserais-je dire *leur effet*. Volontiers se *feraient-ils une tête*, comme on le dit au théâtre. Ils ne trouvent point mauvais que des lettres d'invitation aillent chercher non seulement l'arrière-ban des connaissances les plus lointaines, mais souvent même des rélations tellement éloignées que cet étrange invité en est réduit, au moment où il ouvre sa lettre, à faire des efforts de mémoire inouïs, souvent même à instituer une enquête pour retrouver dans ses souvenirs la trace à peu près effacée de la famille qui le convoque.

Un ancien usage voulait que la mariée arrivât à l'autel au bras de son père ou de celui qui en tenait la place. Au moment où le prêtre demande au jeune homme et à la jeune fille s'ils consentent à s'accepter mutuellement pour époux, il était de tradition que l'un comme l'autre se tournât du côté de ses parents, s'inclinât avant de répondre et marquât ainsi, par cet acte de déférence, la soumission qu'il entendait garder vis-à-vis d'eux. Enfin, lorsque la cérémonie était achevée, le père du jeune homme prenait à son tour le bras de la nouvelle épouse pour la reconduire de l'église jusqu'à sa voiture. La jeune femme venue avec ses parents regagnait alors son domicile, non point seule avec son mari, mais dans une voiture où se trouvaient en même temps que lui ses père et mère, sous la tutelle desquels elle se montrait ainsi toute disposée à passer.

Nos mœurs actuelles ont bien peu gardé de ces anciens usages. Il ne faut pas trop s'en étonner, depuis que j'ai entendu dire en plein salon par un jeune mari de la veille que c'était aux enfants à conduire leurs parents, vu que ces derniers n'étaient pas au courant des choses nouvelles. Cette expression de lettré me reportait malgré moi à mes souvenirs de la langue latine, et particulièrement aux plus belles pages de Salluste et de Cicéron racontant chacun à son point de vue la conjuration de Catilina : *res novæ, les choses nouvelles*, c'est-à-dire ce qui est suspect et criminel, ce qui s'écarte de la tradition. Les Romains avaient compris que la loi morale n'est pas semblable à la science physique du monde matériel : comme on n'y peut rien découvrir, on n'y doit rien changer. Le jeune et inconscient révolutionnaire dont je parle ne voyait pas que le mal de l'heure présente vient précisément de la tentative insensée de rompre la suite de la tradition domestique dans les familles, après avoir brisé la solidarité de la tradition nationale dans le pays.

Quoi qu'il en soit, il ne faut plus s'attendre à ces habitudes de déférence et de respect. Elle se sont affaiblies ou même évanouies dans la proportion où diminuait, comme on peut le constater, le véritable amour filial. Il n'est pas étonnant que les mœurs extérieures s'en soient ressenties.

Aujourd'hui, le père et la mère jouent, il faut bien le reconnaître, un rôle assez médiocre à l'église.

Vous voyez la mère, en dépit de la majesté de son âge et de l'émotion de la cérémonie, préoccupée et absorbée par la toilette de sa fille et par les mouvements qui pourraient compromettre cette toilette. Elle tend les mains pour soulever le voile, rabattre une étoffe qui s'écarte, défriper des plis en révolte. Je songe involontairement à ces assistants d'un pontife qui veillent sur les vêtements sacerdotaux, de façon à ce que l'évêque puisse demeurer dans sa contemplation et sa prière. Seulement, ce sont pour lui des subalternes qui figurent à titre d'auxiliaires. On ne saurait les comparer avec la mère, laquelle devrait être tout entière à la gravité de la situation, à la méditation de l'avenir, aux grands sentiments que comportent cette métamorphose et ce couronnement de sa propre existence.

On n'a pas renoncé tout d'un coup et sans transition à la coutume antique qui réservait au père du marié le droit de donner le bras à la jeune femme devenue sa fille par le mariage. C'était là un symbole touchant qui répondait à la fois au devoir du respect et aux besoins de la tendresse. Elle passait ainsi d'une famille dans l'autre. De même que son propre père en l'amenant à son bras au pied de l'autel avait exercé jusqu'à la dernière heure le doux devoir de la protéger et de la conduire, le père du jeune homme à son tour l'acceptait pour son enfant et faisait acte d'autorité sur elle ; aux yeux de tous, il l'introduisait lui-même dans sa propre famille. Il faisait ainsi, en la ramenant de l'autel, le même usage du pouvoir et de la tendresse paternelle, que le propre auteur de ses jours en l'y conduisant.

On s'est écarté de cette tradition peu à peu et par une série de changements successifs.

Les jeunes mariés ont voulu d'abord donner le bras à la nouvelle épouse pour la conduire de l'autel à la sacristie. Il semblait que cette marche dans l'église, au son des orgues et dans un ordre solennel, fût comme un complément et un achèvement de la cérémonie religieuse. Au départ de la sacristie, la jeune femme reprenait le bras de son beau-père, lequel avait sa place toute marquée dans le carrosse du retour.

Ce dernier vestige de l'ancienne coutume a été détruit par l'institution du *coupé*, lequel emmène maintenant le jeune couple.

Ce coupé, d'invention moderne, constitue aujourd'hui, il faut bien le dire, une des grandes préoccupations de la jeune fille.

Rien de plus naturel pour les personnes dont la fortune comporte un équipage, que le soin délicat de mettre la jeune femme en possession d'une voiture qui lui appartienne et qui reste ensuite à sa disposition. Il n'en faut pas moins remarquer ce signe du temps : *le coupé*, c'est-à-dire la voiture du célibataire, de celui qui n'a pas de famille. L'ancien carrosse avait des allures patriarcales ; il était particulièrement séant à l'homme qui allait continuer une dynastie et fonder sa propre race.

Autrement, dès qu'avec une fortune plus modeste, on se trouve dans la condition commune de louer à la journée les équipages dans lesquels la noce sera transportée, on ne voit pas trop ce que vient faire dans le cortège ce coupé destiné à jouer pour ceux qui ne sont pas suffisamment au courant le rôle d'une voiture de maître. Ce faux luxe de parvenu qui se réduit, moyennant un supplément de quelques pièces de cent sous, à faire monter à part les nouveaux époux dans une voiture à deux places, ne me paraît ni de très bon goût ni de très bon aloi. Il me rappelle un peu ce commis de magasin qui, pour poser les gentilshommes, ne manque jamais de sortir de sa poche, aux yeux du garçon de restaurant ébahi, un cure-dents en or qu'il fait miroiter aux bougies. Cet étalage d'un bijou de quinze ou vingt francs ne lui donne point le reste du luxe que ce petit instrument a pour mission de faire supposer.

Voilà ce que les jeunes filles n'ont pas le courage et le bon sens de se dire. Elles montent donc dans leur coupé, le plus ordinairement tendu de satin bleu.

Dans les premiers temps du coupé, le jeune mari ne manquait point de donner au cocher l'ordre de partir sur-le-champ. Il pratiquait ainsi une sorte d'enlèvement légal, semblable à celui du paysan breton ou hongrois qui, au sortir de la messe, assied sa femme sur le cou de son cheval et s'enfuit avec elle jusqu'à son domicile au risque de lui rompre les os. Il professe ainsi hautement son impatience et le désir qu'il a de la voir enfin maîtresse et souveraine dans son logis.

Cette fièvre du départ, cette résolution prise d'avance de couper court à la cérémonie et de fausser compagnie au reste de la noce, a été en effet le premier prétexte de cette dérogation aux usages traditionnels. Le jeune couple prenait ainsi son essor du seuil de l'église : il partait, et on ne le revoyait plus.

Aujourd'hui le fameux coupé fait quelques pas en avant pour permettre aux autres voitures d'embarquer leur cargaison. Les mariés attendent patiemment que le cortège se forme, afin que tout le monde s'en aille ensemble de la même façon que l'on est arrivé.

On ne saurait trop protester contre certaines tentatives peu séantes et peu goûtées, de se marier en tenue du matin, en gilet ou en pantalon de fantaisie, peut-être même en simple redingote boutonnée. On cite à cet égard des noms et des exemples. Il faut bien reconnaître en même temps que ces excentricités et cette désinvolture n'ont pas trouvé d'imitateurs.

En effet, ces laisser-aller de tenue, ce déshabillé de cheval, ne paraissent guère de mise, lorsque la jeune fille prend la peine de se présenter devant l'autel dans ses plus beaux atours, dans un costume combiné pour réunir toutes les richesses et toutes les élégances. Le jeune homme qui se dispense de l'habit de cérémonie et de la correction officielle témoigne d'un manque de savoir-vivre et d'un oubli des convenances tels que si, en effet, il ne s'en doute pas, il faut désespérer de les lui faire comprendre. On en peut dire autant de celui qui paraît rougir de sa situation dans le monde; de celui, par exemple, qui se présente en tenue civile lorsqu'il a le droit de porter l'uniforme français; de celui qui ne juge pas la circonstance assez importante pour exhiber les décorations de ses ordres. Le juste respect qu'on doit à sa fiancée devrait suffire pour déconseiller de semblables écarts.

Il y a une autre raison encore, et cette raison n'est pas la moins grave.

Depuis que les passions anticléricales ont pris cette recrudescence, dont nous sommes les témoins et les victimes, il ne manque pas d'hommes qui subissent la cérémonie religieuse comme une contrainte. Ceux-là ne songent qu'à une chose, c'est à en diminuer l'importance, à l'amoindrir, en attendant le jour espéré où ils réussiront à la supprimer et à la faire disparaître.

Il n'est donc pas bien étonnant qu'avec une pareille disposition d'esprit, avec ces intentions cachées, ils se plaisent à regarder la célébration religieuse comme une de ces affaires dont on s'acquitte dans le courant de la matinée, avec les gants qu'on trouve dans sa poche et le vêtement qu'on a passé au saut du lit. Il est entendu qu'on fera toilette plus tard, lorsque les heures du soir et des occupations plus solennelles commanderont une tenue officielle et respectueuse.

Je ne m'étonne point que les libre-penseurs prêchent cette mise, et que, dans la mesure où ils le peuvent, ils la mettent en pratique; mais ce qui doit surprendre, c'est que des fils de famille du meilleur et du plus haut monde soient tombés dans ce piège, et se soient faits ainsi les complices inconscients de ceux qui les prenaient pour dupes.

CHAPITRE III

Les fêtes de la noce : le lunch.

Il est beaucoup de provinces où la lettre de faire part envoyée à l'occasion d'un mariage renferme encore cette mention en gros caractères : ON PART.

La vérité est que la plupart du temps on ne *part* en aucune façon. Cette formule convenue a simplement pour but de débarrasser fort à propos le jeune ménage des importuns et des fâcheux.

A l'heure présente, si la lettre de faire part ne renferme plus la mention : *On part*, alors même qu'on restait parfaitement chez soi, en revanche on ne manque point de partir réellement sans prévenir personne et de disparaître à tous les regards.

C'est là ce qu'on appelle *le voyage de noces*.

Il est curieux et instructif d'examiner dans quelles conditions ce voyage s'accomplit, et surtout quelle influence il exerce sur la destinée et sur le bonheur des jeunes époux.

Nous n'en sommes toutefois encore qu'au sortir de l'église, au moment où le cortège revient au domicile des parents.

Il restait encore, au temps jadis, pour remplir cette première journée, le repas de noces — la soirée — le bal.

Rien de plus rationnel et de mieux entendu que cet ordre consacré par le bon sens de nos ancêtres.

N'était-il pas sage, en effet, de montrer un peu dans sa liberté, son bonheur, son abandon, ce jeune homme que la réserve nécessaire des entrevues avait fait paraître à la famille plus gourmé, plus silencieux, plus apprêté que ne le comportait sans doute son véritable naturel? De la même façon que la jeune femme trouve l'époux dans le fiancé, un époux plus sincère, plus charmant que le prétendu, il devenait tout simple qu'il en fût de même pour les autres membres de la famille. Chacun d'eux était appelé, durant le reste de cette première journée, à faire connaissance, dans des circonstances favorables et épanouies, avec son gendre, son neveu, son cousin, son allié. Le jeune époux prenait ainsi possession en une seule fois de son rang et de sa place dans sa nouvelle famille. Chacun en même temps le traitait avec le degré de familiarité auquel sa nouvelle situation lui donnait droit. Il établissait ainsi du même coup la série de ses rapports futurs avec tous ceux dont il devait cultiver les relations et partager la tendresse. La jeune épousée, reine de la fête, objet de tous les regards, de tous les respects, de tous les vœux, introduisait elle-même son mari de la matinée auprès de chacun des siens. Il y avait là un abandon, un charme de la première heure, auquel ne sauraient être comparées des présentations solitaires et individuelles, les rapports froids et cérémonieux des visites de noces.

Le dîner, dont l'usage était jadis si incontestablement maintenu, devait réunir les deux familles autour de la même table. Pour cette occasion unique, les parents étaient rappelés et revenaient des régions les plus lointaines. Il ne fallait donc pas songer à multiplier le nombre des invitations outre mesure : pour dresser la liste des convives, il ne pouvait être question, ni de fantaisie, ni de caprice, ni d'exclusion. La parenté conférait ici un droit qu'on ne mettait pas en discussion; les négligences, les froideurs, les oublis, les inimitiés elles-mêmes disparaissaient : la famille se reconstituait pour ainsi dire. Cette pensée intime et profonde d'une solidarité fondée sur les liens du sang donnait à ces réunions un caractère patriarcal. C'étaient là des heures fortunées dont chacun des assistants emportait la mémoire, et le mariage comme jadis l'humanité débutait ainsi par l'âge d'or.

A la suite du dîner, venait ordinairement une réunion, une soirée, un bal, auxquels on avait soin de conserver aussi un caractère d'intimité. On prenait garde de n'en point faire une de ces assemblées tumultueuses et presque ouvertes à tous venants dont nos pères commençaient déjà à se choquer.

On ne sortait point de son domicile ; on n'empruntait pas les salons de quelque restaurant pour y inviter indistinctement la ville et les faubourgs. On restait dans le cercle plus restreint de ses connaissances réelles. On n'aurait jamais imaginé d'adresser de lettre à une personne qui n'aurait point encore mis les pieds chez vous et que vous vous proposez d'avance de ne pas recevoir une seconde fois.

Grâce à cette sobriété et à cette discrétion, on pouvait sans inconvénient laisser à la fête un certain degré d'intimité. Les familles les plus hautes et les plus aristocratiques étaient peut-être celles où cette détente était le plus marquée. C'était le moment touchant et plein d'émotion où le grand'père et la grand'-mère quittaient d'un pas tremblant le fauteuil où demeure installée la majesté de leur vieillesse, pour ouvrir le bal et simuler une danse du bon vieux temps sous les yeux des enfants et des petits-enfants ébahis. Il y avait là une manifestation anormale et unique dont les jeunes témoins gardaient le souvenir pendant toute leur vie, et qu'ils se rappelaient encore, le jour où, devenus ancêtres à leur tour, ils renouvelaient dans leur personne cette tradition domestique des noces.

Ces coutumes n'étaient pas seulement touchantes et faites pour parler aux âmes : considérées à un point de vue philosophique, elles attestent une profonde connaissance du cœur humain. Nous avons tous un besoin secret de l'extraordinaire, de spectacles qui nous frappent et qui soient capables d'habiter à jamais notre pensée, pour entretenir en nous la paix et le contentement.

Ce qui restait de cette fête dans les esprits, c'était beaucoup moins l'éclat et le luxe matériels, la splendeur du festin, la magnificence des toilettes, que ces détails touchants et inouïs, ce grand'père et cette aïeule sortant de leur cadre habituel et rendus à une nouvelle vie par l'allégresse. On ne peut pas toujours renouveler la dépense de semblables réceptions ; mais, lorsqu'elles empruntent leur véritable prix et leur plus puissant attrait aux sentiments intimes de la famille, cette joie-là est toujours à notre disposition. Les fiancés y voyaient dès la première heure l'image de leur vieillesse calme et honorée, et le bonheur comblait dans leur pensée cet intervalle du temps.

Il n'est pas sans intérêt peut-être d'insister sur ces détails de mœurs. Le nombre de ceux qui ont vu cet état de choses va en diminuant, et il est de moins en moins question d'y revenir.

Il y a encore des familles où la tradition d'un dîner et d'une soirée s'est conservée et se pratique ; autrement ce qui se passe aujourd'hui ne ressemble plus à ce qui se faisait autrefois.

Et d'abord, à moins d'une circonstance exceptionnelle, comme serait un deuil dont on aurait à respecter les convenances, il n'est guère plus question, même avec l'appartement le plus vaste et l'installation la plus large, de donner cette fête dans sa demeure. On élargit si démesurément le cercle des invitations qu'il suffit d'un prétexte pour convier à son bal le plus indifférent et le plus inconnu des hommes. Ces sortes de réunions ont dégénéré en une telle cohue, qu'on se croit maintenant permis d'y amener avec soi un danseur, comme on le pratique communément à la première soirée venue. Tel qui se ferait tirer l'oreille pour vous accompagner à quelque soirée banale trouve fort piquant de venir tourner autour de cette mariée du jour; ne fût-ce que pour voir sa figure, sa démarche et la manière dont elle s'en tire.

Il résulte de ces façons d'agir et de ces appels à la foule, que la soirée des noces tend à prendre un caractère précisément opposé à celui que demanderait la circonstance. Cette multitude de personnes étrangères les unes aux autres, où chaque famille se croit en droit d'introduire des indifférents et peut-être des malveillants, comporte une réserve plus grande que d'habitude, sous peine d'avoir les inconvénients et peut-être même la tenue d'un bal public.

Sans insister davantage sur ces détails dont on voit assez la portée et à prendre les choses seulement au point de vue du sentiment, on ne contestera point ce qu'a de peu avenant et de peu gracieux cette nécessité d'en passer par les banalités d'une auberge pour les mille détails de la vie durant ces heures les plus décisives et les plus émues de toute l'existence.

Au reste, les dîners et les soirées de noces, même compris et organisés à la moderne, ne laissent pas de disparaître à leur tour. Beaucoup de familles, malgré leur fortune, reculent devant ces excès de dépenses : beaucoup d'autres que leur richesse met à l'abri de cette considération déclinent pour leurs enfants cette corvée aussi pénible qu'inutile. Il ne manque pas, dans ce monde-là, d'occasions de recevoir ; et l'on aime mieux transporter les grandes fêtes avant le mariage, au contrat par exemple. Quelquefois le bal se donne quelques jours avant le mariage. Il est difficile de trouver une combinaison plus maladroite et plus irrationnelle. Si la jeune mariée éprouve quelqu'embarras à paraître en public au milieu des félicitations, des danses, des présentations, le jour où pourtant sa situation est fixée, de quelle figure et de quel air pourra-t-elle affronter les regards, les discours, les compliments lorsqu'elle demeure encore la fiancée et la promise? Comment pourra-t-elle éviter tout à la fois une timidité aussi embarrassante pour les autres que pour elle, ou un aplomb qui passera si aisément pour malséant et déplacé?

Lorsque toutes les réceptions ont été faites d'avance, dans les conditions et aux époques plus ou moins heureusement choisies, il reste cependant, avant de partir et de quitter la famille, une dernière formalité mondaine à accomplir, c'est celle du *lunch*, assez récemment imaginée et aujourd'hui à peu près universellement répandue.

Il faut oser dire, malgré l'engouement avec lequel la mode l'a accueillie et la tyrannie avec laquelle elle s'impose, qu'il n'est pas possible d'imaginer une coutume plus malséante, plus vulgaire, plus malpropre.

On se moquait beaucoup des gens du peuple qui vous invitaient à venir sans façon *manger un morceau sur le pouce, casser une croûte, boire un coup*. C'est précisément là ce que fait maintenant la meilleure société.

En dehors de toutes les heures raisonnables et habituelles qui sont consacrées aux repas, c'est-à-dire sur les deux heures environ de l'après-midi, on vous prie, au retour de l'église, de venir faire au domicile des parents une collation, ce que l'on appelait jadis un *ambigu*, un *en-cas*, ce que l'on nomme maintenant, par une réminiscence des voyages en chemin de fer, *un tour au buffet*.

Au lieu du repas sérieux, assis, servi dans la vaisselle

de la famille par les domestiques de la maison, vous apercevez, comme dans un restaurant ou un café, une sorte de comptoir auquel il ne manque qu'une chose pour la propreté de la tenue et le charme de l'aspect, c'est d'être en zinc poli et luisant. Derrière ce rempart garni de gâteaux et de fruits plus ou moins recherchés, de pièces de viandes ou de pâtés au-dessus desquels les mains se croisent, les plats se promènent, les verres vides s'échangent contre des verres pleins, des servants à la tenue banale et cosmopolite, expédiés par le glacier en renom, font mécaniquement leur service avec cet empressement anonyme et incolore de l'homme qui passe et ne reviendra plus. On est obligé de dire à ce serviteur étranger qu'il a devant lui le père du marié; et à cet avertissement, il vous regarde d'un air investigateur pour être bien sûr qu'on ne le trompe pas.

Il va sans dire qu'il n'est plus question, dans ce désarroi et cet isolement des consommateurs, de rien qui ressemble à une conversation, à ces rapports agréables et abandonnés d'un repas assis, alors que chacun est installé commodément et définitivement, sans avoir à se mettre en quête de son assiette, de son couteau, de sa fourchette, de son verre. On voit d'ici ce tiraillement pour se procurer ce qui vous manque, cet embarras pour se démêler de l'encombrement des objets qui vous sont fournis.

Le parti le plus sage est encore celui des gens qui font semblant de manger et de boire, et se contentent de circuler sur les confins de la foule sans se mêler à la bagarre. Ceux-là étendent tout au plus la main pour recevoir une glace qui leur est offerte, ou prendre le verre de bordeaux qui se trouve à leur portée. Ils pensent avec raison qu'ils n'en sont pas réduits à se faire nourrir par personne. Ils consentent bien à accepter un dîner où l'on prend la peine de les recevoir et de les entretenir; mais il ne leur convient pas de venir chercher des aliments dans une assiette, comme les pauvres à la porte bienfaisante des monastères.

Pendant que les personnes plus âgées et plus respectables auxquelles il pourrait être utile de se réconforter répugnent à venir faire queue sur leurs pieds afin de parvenir au guichet et préfèrent, un peu malgré elles, rester dans leur fauteuil au salon, il commence à passer à l'état de coutume et de tradition que les jeunes gens, tenus, paraît-il, en raison de leur âge, à des égards moins stricts et à une politesse moins sévère, se précipitent et occupent les premiers le buffet dont ils interdisent ainsi les abords. C'est en vain que les valets, habitués à ce premier assaut, tentent de leur résister et de leur dérober une partie de l'approvisionnement. La bonne volonté des gens de service ne saurait résister à l'emploi de la force ouverte, à des ordres réitérés et impérieux. Il faudrait en venir à ce que proposait pour nos bals un maître d'hôtel initié aux mœurs modernes, il faudrait avoir des plateaux fermés et clos, pour traverser sans encombre les couloirs et les portes hantés par les messieurs en habit noir qui dévalisent la caravane et ne laissent plus rien arriver aux dames.

On le voit : il est difficile de s'écarter davantage des usages anciens et de détruire plus complètement le caractère d'intimité et de gravité que gardaient avec tant de soin ces fêtes domestiques. Au reste, les invités eux-mêmes le sentent bien, et il arrive avec ce laisser-aller de l'inconnu des choses inouïes. Des maîtresses de maison revenant d'une chapelle un peu lointaine, par exemple d'un mariage célébré à Paris dans l'oratoire de la Nonciature, ont trouvé installées chez elles, et mangeant à belles dents, des personnes qui, invitées au lunch après la cérémonie religieuse, avaient trouvé plus simple et plus commode de manquer la messe et d'arriver avant tout le monde au buffet.

Le lunch est fait pour les mariés qui partent par le

train du soir. Pendant que la collation se prolonge, le jeune mari et la jeune femme disparaissent. Ils revêtent leur costume de voyage, et sans prendre congé de personne les voilà en route pour le chemin de fer.

Ceux qu'une condition plus modeste et une fortune plus médiocre obligent à rester chez eux se trouvent la plupart du temps bien embarrassés de ce vide auquel la soirée finit par se trouver réduite. Ils n'ont personne autour d'eux, ni parents, ni famille; il n'y a plus ni dîner, ni repas, ni bal, ni aucun prétexte de réunion. Dans ces conditions, et plutôt que de se résigner au tête-à-tête, il devient assez fréquent dans un certain monde parisien de passer le reste de la journée au théâtre. Se figure-t-on ces deux personnes attachées l'une à l'autre par les liens les plus solennels, appelées à entreprendre et à poursuivre ensemble la longue et difficile carrière de la vie, se les figure-t-on assises côte à côte dans deux stalles de balcon, et condamnant elles-mêmes au silence leurs premières heures d'amour et de liberté? Au reste, il ne faut pas ici mettre en cause seulement les Parisiens, toujours ardents à satisfaire à tout prix leur vieille passion pour le théâtre; on pourrait citer plus d'une ville de France, où cette première soirée des époux se passe de même dans quelque café chantant à écouter des couplets grivois, ou au coin d'une table d'estaminet à faire la partie de cartes et de dominos.

Il faut donc en revenir à ce que nous disions tout d'abord, c'est que ces fêtes et ces réunions de famille répondent à un ordre normal. Dans ces premiers moments de la vie conjugale, il est bon que des parents et des amis soient présents et partagent les sentiments dont ces jeunes cœurs sont émus. Il est utile que les nouveaux mariés se sentent au milieu des leurs. Cette liberté et cette solitude qu'on leur ménage si vite ne laissent pas d'avoir quelque chose d'embarrassant; et la force des choses, comme on le voit, les attire dans les lieux publics où ils se trouvent soustraits à ce premier tête-à-tête.

La présence de la famille, si utile et si convenable la veille du mariage, n'est peut-être pas moins convenable ni moins utile le lendemain et les premiers jours. Ce n'est point ainsi cependant que les choses se passent, et le voyage de noces a précisément pour but de créer et de prolonger l'isolement des nouveaux époux. Entrepris dans ce dessein, exécuté dans ces conditions, le moderne voyage de noces entraîne après lui toutes sortes d'inconvénients dont il nous faut tout à la fois constater la réalité et montrer la raison.

CHAPITRE IV

Le voyage de noces.

Il a paru de tout temps naturel que les nouveaux époux fussent un peu livrés à eux-mêmes, qu'on respectât leur tête-à-tête, qu'on leur ménageât d'un consentement unanime une sorte de solitude. La première année du mariage a toujours comporté quelque excursion pendant laquelle ils échappaient, dans une certaine mesure, à leur milieu habituel, et se trouvaient ainsi dans cet heureux isolement prendre l'un de l'autre une possession plus paisible et plus complète.

Il ne s'agit donc pas de venir faire ici une critique absolue du voyage de noces, comme si c'était un crime irrémissible de quitter le foyer paternel. Notre but est seulement d'examiner les conditions dans lesquelles il est passé en coutume qu'il s'accomplisse aujourd'hui. Ces conditions nous paraissent outrées, exorbitantes, et capables à elles seules de compromettre à tout jamais le bonheur des futurs époux.

Il est entendu, à l'heure présente, que le voyage de noces doit se faire dans des conditions de bien-être, de luxe, de prodigalité qui n'ont pas le moindre rapport avec la fortune des mariés et avec la destinée normale qui les attend. Lorsqu'un homme dépense en trois semaines la somme qui, durant le reste de sa vie, est destinée à suffire pendant trois mois aux dépenses de toute sa maison, il est bien permis de dire, au sens le plus rigoureux du mot, qu'il est sorti de sa condition et qu'il s'est mis en quelque sorte en dehors de sa propre existence.

Voilà donc les nouveaux mariés qui, tous deux et particulièrement le mari, ont suspendu leurs occupations, arrêté pour ainsi dire le cours de leur vie habituelle, consacré au plaisir, aux réceptions, aux achats, aux fêtes une notable partie de leur temps et de leur fortune, qui ont dû se montrer l'un à l'autre pendant un intervalle de temps assez long perpétuellement couronnés de roses, la bouche en cœur et les bras arrondis comme les danseuses de ballets. Il semble qu'ils devraient être impatients de se laisser voir sous leur aspect véritable, original, solide, avec les vertus et les mérites de leur état : la jeune femme au milieu de sa famille dont elle est la joie et l'orgueil, dans son ménage naissant où elle apportera l'ordre et l'esprit de gouvernement qu'elle tient de sa mère; le jeune mari dans l'exercice de sa profession libérale ou industrielle, dans la sphère d'action où il est connu, apprécié, où il exerce une influence précoce, et recommandé déjà par la plus honorable notoriété.

Voilà, en effet, ce qui serait naturel et ce qui, j'ose le dire à leur louange, se trouve dès la première heure dans les vœux secrets de l'un et de l'autre. Ce n'est pas la première fois malheureusement que deux personnes s'accordent à vouloir ensemble ce qui répugne à chacune d'elles en particulier.

Ils partent donc pour aller passer en tête-à-tête trois ou quatre semaines en dehors de toutes les conditions normales de la vie. S'ils voulaient trouver un moyen de se révéler l'un à l'autre sous leurs plus médiocres aspects, ils ne pourraient pas s'y prendre mieux ni employer un moyen plus efficace. L'occupation et le travail constituent tellement le fond de la destinée humaine; ils sont pour elle une telle préservation, une telle bénédiction qu'ils suffisent pour montrer la nature par ses beaux côtés. En y renonçant, même pour peu de temps, on est sûr de mettre en relief tous ses défauts et toutes ses faiblesses. L'homme et la femme ont beau avoir reçu une éducation solide et achevée, ils n'en gardent pas moins en eux-mêmes certains germes d'imperfection inévitables dans leur condition et à leur âge. Ce sont ces défaillances que le bien-être et le laisser-aller du voyage ne manqueront point d'accuser et de grossir.

Le jeune mari, la plupart du temps, malgré la vaillance avec laquelle il a pu se tirer de la vie, malgré l'achèvement que le contact et la pratique du monde ont pu donner à la rudesse de son adolescence, malgré la retenue que la politesse et le savoir-vivre ont imposée à ses instincts, ne laisse pas, la plupart du temps, d'avoir subi dans une certaine mesure les atteintes de cet égoïsme froid et inconscient dont se ressentent la plupart des hommes. Ils ont beau professer des dehors chevaleresques, multiplier lorsqu'ils y pensent les prévenances extérieures, se montrer attentifs, empressés, ils n'ont pas le don de s'oublier véritablement eux-mêmes. Le calcul de l'intérêt, l'emportement de la passion, le désir de plaire peuvent leur communiquer pour un temps plus ou moins durable les dehors les plus significatifs du détachement : ils n'en demeurent pas moins tout à fait personnels ; et pour peu qu'ils soient rendus à eux-mêmes, ils ne tardent guère à faire rentrer tout ce qui les environne dans les limites étroites de leur propre individualité.

Faut-il ajouter d'autres détails encore et confesser d'autres faiblesses du sexe fort ? Il est bien rare, ou, pour ne rien dire de trop, il est plus rare qu'on ne le pense, de trouver des natures d'homme qui se soient mises tout à fait en dehors et au-dessus d'une certaine sensualité : je veux parler de celle de la table, du lit, des habitudes personnelles. Il n'est pas nécessaire d'avoir fréquenté beaucoup les réunions et les parties de plaisir des jeunes gens pour savoir quelle importance exagérée, j'oserais dire pénible et ridicule, beaucoup d'entre eux attachent aux détails matériels. Je pourrais citer tel homme de vingt-cinq années, né dans un monde supérieur et appelé par sa profession à soutenir l'honneur du nom français, qui ne peut absolument pas se mettre à table et prendre la nourriture la plus ordinaire sans se livrer à des dissertations sur les mets qui sont placés devant lui, sur leur nature, leur apprêt, leurs condiments, sur les plats analogues, sur les mérites et les défauts de la cuisine et des cuisiniers. Lorsque l'époque des congés le ramène à la maison paternelle, le chef, les pâtissiers, les marmitons, se sentent saisis de terreur : rien n'échappera à ses commentaires, et tout l'office se demande comment se passera l'examen de chaque nouveau repas.

On comprend de reste que les dîners des tables d'hôte ou des restaurants à la carte soient faits pour provoquer assez naturellement un contrôle solennel. Le jeune marié, qui ne réfléchit pas toujours à la nature et à la portée de ses effets, n'est pas trop fâché de déployer sa littérature gastronomique. Il met une certaine complaisance à entretenir sa jeune femme des déjeuners succulents, des dîners fameux, des soupers exquis auxquels il a pris part. Il tire vanité de savoir chez quel hôtelier se confectionne le mieux tel ou tel plat, dans quel restaurant il faut aller chercher la cave la mieux montée. La femme écoute sans rien dire ces tirades malheureuses : elle se tait, mais au fond de son âme elle est loin d'en faire sortir des conclusions bien favorables à l'orateur. Alors même qu'elle pourrait être, pour son propre compte, un peu portée sur sa bouche et friande de bons morceaux, elle n'en apporterait que plus de sévérité dans son jugement. C'est à quoi l'homme aimé devrait prendre garde. On ne le supporte et on ne l'excuse pas toujours autant qu'il le croit. On trouve tout naturel de le prendre pour un idéal, mais on veut alors qu'il réponde à cette attente avantageuse. On lui ferait volontiers un crime de ressembler au reste des hommes, et les exigences de cet orgueil conjugal finissent par lui demander plus de mérites que les complaisances de la tendresse ne sauraient lui en prêter.

Une des qualités que la femme apprécie peut-être le plus, c'est la douceur : sans doute parce que la douceur est la qualité tout à la fois la plus rare et la plus charmante dans un homme.

Il faut bien avouer que les incidents, les contrariétés, les petites inquiétudes inévitables pendant un voyage de quelque durée, ne sont pas faits pour écarter les occasions de perdre patience. Souvent l'homme qui paie et qui trouve autour de lui une soumission intéressée, coûteuse et servile, a le commandement un peu bref, un peu dur. Il a d'ailleurs, par devers lui, une raison fort honorable et fort décente pour s'excuser à lui-même les emportements de son caractère : il ne veut pas que Madame manque de rien ; il faut qu'elle ait tout sous la main à point nommé ; elle ne doit pas même être exposée à dire comme Louis XIV : « J'ai failli attendre. »

C'est sur ce beau raisonnement que le jeune mari est disposé à donner carrière à sa méchante humeur, à parler haut, à laisser échapper des mots pénibles. Il est bien difficile que l'âme se remette instantanément de ces secousses auxquelles elle s'abandonne, de ces ébranlements qu'elle tolère ou provoque en elle. La voix garde quelque chose d'aigre, la physionomie de rude : l'homme n'a pas deux visages qu'il puisse substituer l'un à l'autre si vite et si commodément. Il en résulte que la jeune femme, malgré toute l'attention qu'il peut y mettre, reçoit le contre-coup de ces scènes, et qu'elle en garde d'ordinaire la plus fâcheuse impression. Elle pressent, avec beaucoup de vérité, qu'un jour, de semblables orages s'abattront sur elle-même. L'homme n'a pas divers caractères dont il puisse user à son gré et tour à tour, avec ses égaux et avec ses inférieurs : tout ce qu'il montre de dureté, d'égoïsme, d'impatience, constitue un fond d'infériorité, et j'oserais le dire de sauvagerie dont il n'y a plus trace dans les natures supérieures et achevées.

La femme, elle non plus, ne résiste pas toujours d'une façon bien heureuse à l'épreuve de cette oisiveté, de ce luxe, de cette recherche des plaisirs, à ce long et dangereux tête-à-tête de trois ou quatre semaines.

La jeune mariée ne manque guère cette première occasion de se jeter à corps perdu dans des plaisirs que depuis bien longtemps peut-être elle en était à rêver tout bas. Elle s'y abandonne avec cette frénésie naturelle que la femme met d'ordinaire aux distractions et aux divertissements. Quelle raison pourrait-elle avoir de se modérer, d'y apporter la moindre réserve ou le moindre scrupule, lorsque son mari est là à côté d'elle, tout heureux de la voir goûter avec tant d'enthousiasme et d'ivresse les plaisirs de toutes sortes qu'il se met en peine de lui procurer?

Les jeunes femmes ne sont point philosophes : elles n'ont ni la pensée, ni la puissance de pénétrer dans les secrets du cœur humain. Autrement, s'il leur était donné d'entrer dans les réflexions qui ne tardent guère à suivre le plus complet et le plus heureux abandon, elles ne manqueraient pas de s'apercevoir qu'au milieu de toute cette satisfaction de la voir sourire et s'abandonner à l'heure présente, le jeune époux ne laisse pas de faire des retours intérieurs et d'agiter en lui-même de mélancoliques pressentiments.

Sans doute, cette existence tissée d'or et de soie est pleine de charme et d'enivrement ; sans doute, c'est une douceur suprême de vivre ainsi en dehors de tous les devoirs et de tous les soucis, comme si l'on ne tenait par aucun lien à la terre. Ainsi le papillon bat des ailes et, soutenu dans les airs, s'enivre en passant du calice des fleurs. L'homme a vu de trop près la vie pour se laisser prendre sérieusement à cette illusion, quelque passagère et quelque enchanteresse qu'elle puisse paraître. Il ne se complaît pas assez dans les ravissements et les extases, dans les avidités et les oublis d'une âme fraîchement éclose à la réalité, pour n'avoir pas des pensées plus pratiques et plus en harmonie avec la vie véritable.

Alors, sans rien laisser paraître, il s'isole par la pensée de ce milieu factice où il a l'air d'être retenu ; il détache de son cou ces bras qui l'enlacent pour regarder à distance ce jeune front, pour chercher dans ces yeux naïfs et ardents la connaissance future de cette âme. Il ne pourra pas en effet l'entretenir toujours dans cette existence anormale et agitée qui la retient et qui l'absorbe tout entière. Il lui faudra bien en venir à penser à autre chose qu'aux promenades et aux excursions, aux points de vue pittoresques, aux monuments curieux, aux représentations de gala. Alors il relève avec un empressement parfois injuste certains symptômes d'une curiosité et d'une avidité qu'il trouve excessives. Lui-même a déjà trop d'expérience de la vie et de ses plaisirs pour y trouver, malgré le charme de la lune de miel, une nouveauté bien piquante et une satisfaction bien durable. Sans témoigner encore aucune lassitude, il ne laisse pas de se dire tout bas qu'il serait temps peut-être de sortir de cette période fantastique, de rentrer dans des conditions plus appropriées à leur devoir, peut-être aussi de compter un peu avec les sommes qu'ils ont emportées. Il est malheureusement bien rare que la femme ait le tact de sentir ce premier moment de satiété, la raison de comprendre ce qu'il faut faire, et surtout le courage de l'exécuter.

Il se produit ici dans l'esprit de la femme une méprise

contre laquelle il serait sage de la mettre en garde. Elle devrait, au premier symptôme de fatigue et de lassitude, entrer d'elle-même dans les impressions de son mari et se montrer disposée à retourner au repos et au calme. Celui-ci lui saurait gré de le comprendre à demi-mot et de le retirer de ce tourbillon.

Les choses ne se passent point ainsi.

La jeune femme ne manque point de transporter la question sur le terrain de l'amour-propre, et peut-être de la jalousie. Elle écoute son imagination plutôt que la raison. Elle est toute disposée à croire que si son mari s'intéresse moins à ces visites et à ces promenades, si cette vie nomade de chemin de fer et de restaurant finit par lui paraître insupportable, s'il aspire après son retour et le confortable de son installation domestique, c'est sans doute parce que le premier sentiment de tendresse s'est évanoui, parce que l'amour qui animait pour lui tous ces spectacles a déjà disparu. Au lieu de se raisonner elle-même pour se rendre un compte vrai de la situation, au lieu de se prêter de bonne grâce aux explications et aux désirs de son mari, elle est toute prête à se désoler de ce qu'on lui refuse, à insister, à imposer sa volonté et, pour tout dire, à transformer en une contrainte cet abandon qui tirait tout son charme du consentement mutuel et de la liberté.

Les jeunes femmes devraient, ce me semble, un peu mieux connaître l'économie politique de la tendresse. Certaines victoires sont plus onéreuses que des défaites; elles consument en pure perte, ou pour des résultats qui n'en valent vraiment pas la peine, ce capital de tendresse donné à l'homme et à la femme dans leur premier amour pour les aider à se rendre meilleurs l'un par l'autre.

La méprise de la jeune femme est ici d'autant plus regrettable qu'elle est de bonne foi. C'est la vivacité même de son affection qui en fait la susceptibilité et la défiance. Il lui suffirait en pareil cas d'être avertie. La plus simple indication, la moindre parole rassurante et sensée lui rendraient toute sa clairvoyance et toute sa justesse d'esprit. Au lieu d'afficher par un amour-propre déplacé ces exigences et cette tyrannie, elle serait la première à se détacher de cette sorte de frénésie et à rentrer dans une vie plus normale. La femme est bien rarement égoïste. Quel que soit l'excès auquel il lui arrivera peut-être de pousser plus tard sa propre personnalité, ce n'est jamais par là qu'elle débute. Elle commence toujours par rêver le dévoûment et par ambitionner le sacrifice.

Cette remarque est si vraie, qu'en plus d'une occasion la jeune fille accepte sans mot dire des expéditions et accomplit des dépenses de force physique telles que sa santé s'en trouve atteinte cruellement. Il ne manque pas de mariés sans expérience et sans conseils, qui prennent en eux-mêmes la mesure des forces féminines et qui, sans y penser, surmènent leur jeune compagne. Il ont fait, durant leurs vacances d'étudiants, tel exercice, telle ascension, telle campagne, qu'ils trouvent particulièrement doux de recommencer dans un aussi agréable tête-à-tête. Seulement, tout entiers à l'ardeur de leur plaisir, ils ne prennent pas garde que leur compagne ne s'accommode pas aussi bien qu'eux de ces longues étapes le bâton à la main, de ces nuits sans sommeil, de ces réveils avant l'aurore. Le pauvre garçon va se trouver confondu de ramener souffrante et anéantie cette jeune fille qu'on lui avait confiée pleine de vaillance et de fraîcheur.

CHAPITRE V

Le voyage de noces (suite).

Les inconvénients dont il vient d'être parlé jusqu'ici ont en quelque sorte un aspect physique, et se rattachent d'une façon plus ou moins directe à l'aménagement de la vie matérielle.

Les inconvénients intellectuels et moraux ne sont pas moindres : peut-être ont-ils pour l'avenir des conséquences plus marquées et plus graves encore.

Les saintes Écritures ont dit : « Il n'est pas bon que l'homme soit seul. »

Ne pourrait-on pas ajouter : il est nécessaire en revanche que, par intervalles, l'homme soit seul; qu'il puisse en quelque sorte s'assimiler par la réflexion les événements de sa propre vie.

Il n'est pas possible que, du jour au lendemain, les deux nouveaux époux pensent de même sur toutes choses. En réalité, le mariage met en commun deux existences déjà vécues séparément et dont chacune représente un certain contingent d'idées, d'informations, de réflexions, comme aussi d'illusions, d'erreurs et de préjugés. Quelque disposition qu'on veuille bien leur supposer à se mettre d'accord et à s'en rapporter l'un à l'autre, quelque facilité que leur assure à cet effet leur mutuelle tendresse, ils ne laissent pas de s'apparaître sous des aspects imprévus et avec des idées contraires. En admettant même que l'identification soit certaine et inévitable, concession qui excède, hélas! la réalité, il n'en faut pas moins un certain temps pour qu'ils soient suffisamment informés l'un de l'autre, et suffisamment pénétrés l'un par l'autre.

Il résulte de cette situation psychologique, si délicate et si précaire, une sorte de, tension invisible, une dépense constante d'attention et de condescendance mutuelles dont on peut bien ne pas s'apercevoir mais dont on ne laisse pas de souffrir. Ce n'est pas sans un certain soulagement que l'un comme l'autre des deux époux se retrouve seul durant quelques heures. Si d'un côté l'habitude déjà prise et le sentiment de la vie commune lui font éprouver un vide, il ne laisse pas, malgré toute la ferveur de ce premier attachement, de goûter une sorte de repos.

Il est assez d'usage, pendant le temps de la lune de miel, d'exécuter ensemble quelqu'un de ces voyages classiques dont le désir flotte dans l'imagination des jeunes filles. Ce sont, par exemple, les musées de Belgique et de Hollande ou les paysages d'Ecosse; c'est le ciel de Naples; ce sont les palais de Venise; c'est le séjour divin et humain de la Ville éternelle.

Il est bien entendu, grâce à la civilisation moderne, qu'on trouve partout maintenant des guides et des cicérones, de la même façon que dans les collections italiennes vous avez à votre disposition, dans chaque salle, un carton malpropre et crasseux où vous pouvez lire l'indication des sujets à examiner dans cette salle d'une façon plus particulière. Il faut avoir quelque connaissance et quelque goût en matière d'art, quelques notions et quelques souvenirs historiques et littéraires, pour se bien figurer ce qu'on souffre de ces explications mécaniques et de cette admiration communiquée aux voyageurs à raison de quatre ou cinq francs l'heure.

Il est donc assez naturel qu'une jeune femme préfère l'entretien de son mari au boniment peu attractif de ces démonstrateurs à gages. Elle ne pense pas qu'il doive ou puisse ignorer rien de ce qu'il est nécessaire de savoir pour s'expliquer le sujet d'un tableau, retrouver l'époque d'un monument, reconnaître le style d'une décoration.

De la meilleure foi du monde et sans prévoir en aucune façon son embarras, elle l'accable de questions imprévues, capables de décourager le pédantisme le mieux pourvu et de confondre la critique la plus subtile. Je sais plus d'un jeune mari qui, pour s'être trouvé pris au dépourvu plus souvent et plus complètement que de raison, a vu diminuer singulièrement le prestige de ses diplômes.

Pour comble de malheur, la jeune fille, en plus d'une occasion, est en mesure d'apprendre à son compagnon beaucoup des choses qu'elle lui demande. La conversation se prolonge; et le bachelier de la veille s'aperçoit avec une stupéfaction mêlée plus d'une fois de mauvaise humeur que les connaissances scolaires pâlissent à côté d'une certaine érudition mondaine et artistique avec laquelle il n'est pas en mesure de lutter. Vous voyez alors, à la Tribune de Florence comme au Salon carré du Louvre, des jeunes femmes qui font la leçon à ces écoliers mal dégrossis et mal informés.

Il n'est pas étonnant que, dans ces conditions, certaines visites perdent une notable partie de leur charme pour l'homme. Il est tout entier aux froissements de son amour-propre; et il prend le parti d'avouer franchement sa répugnance pour l'audition de tel chef-d'œuvre musical, pour telle collection de tableaux qu'il se vante alors de ne pas vouloir comprendre et de ne pas savoir goûter.

Ces dissentiments en matière d'art sont trop naturels, les circonstances qui les provoquent sont trop multipliées pour qu'on y puisse échapper. Chose étrange! c'est sur ce terrain où les goûts devraient être libres et les préférences tout excusées, que les froissements sont plus vifs parce que les sentiments sont plus tenaces. La nature humaine présente cette étrange faiblesse qu'il est plus facile d'obtenir la tolérance et la liberté pour les désaccords d'opinion dans les plus graves matières et relativement aux plus hauts principes, tandis qu'une dissonance ou une disparate dans les nuances les plus voisines choque, irrite et soulève des tempêtes de difficultés. La même personne qui s'accommode des plus graves contradictions sur le terrain de la religion et de la métaphysique, a toutes les peines du monde à supporter la façon dont vous pliez votre serviette ou dont vous serrez votre mouchoir de poche.

Il arrive alors, avec cette continuité de la présence réelle sans une heure d'interruption, sans une minute de répit, qu'aux moments inévitables de mauvaise humeur, tous ces froissements minuscules, toutes ces manières anormales dont on n'aurait même pas osé parler, cessent d'être des singularités dont on sourit pour devenir des contrariétés dont on s'offusque. C'est au moment où, par suite de quelque impatience réciproque, de quelque incident malencontreux, de quelque surprise pénible, les âmes sont montées à un diapason un peu aigu, qu'on devient plus exigeants l'un vis-à-vis de l'autre, et qu'on s'impose réciproquement plus de patience et de résignation.

Le meilleur moyen pour arrêter ce différend et prévenir toute aggravation dans ce désaccord serait de suspendre pour un moment ces relations qui se tendent jusqu'à faire craindre une rupture. Pour rester, pour garder le silence et se donner ainsi par un effort héroïque les apparences soudaines d'avoir tort, il faut peut-être plus d'énergie et de fermeté que n'en possèdent la plupart des hommes, un mépris de son amour-propre, un désir de la paix, une puissance de sentiments dont la jeunesse ne connaît guère la perfection. Le plus simple et le plus sûr est encore d'isoler pour quelques instants ces deux caractères qui se menacent et qui vont infailliblement se heurter.

La situation est bien délicate, même alors qu'on en aurait le sentiment le plus complet, le plus exact, le plus pacifique; même alors qu'on serait bien résolu de ne rien épargner pour prévenir tout éclat. Le fait de se quitter et de sortir, de céder ainsi la place à son conjoint peut être aisément interprété, dans la mauvaise foi inévitable de l'irritation, comme une provocation ou une rupture. Il n'est pas aussi facile qu'on pourrait le croire de s'éloigner pour quelques instants l'un de l'autre et de se ménager ainsi une rentrée plus heureuse et plus pacifique.

La présence d'un tiers serait bien nécessaire en pareil cas.

Il n'est pas question, bien entendu, d'une présence pénible et indiscrète, faite pour imposer la contrainte et pour prévenir tout abandon, telle que serait par exemple l'intervention d'un étranger. Je parle d'une personne amie, capable de discerner à la lumière de sa tendresse les moindres symptômes de froissement et de lassitude, résolue à prévenir tous dissentiments, assez habile pour les apaiser, assez forte de sa situation pour les combattre.

Nous entrons ici dans le domaine du ridicule convenu; et comme nous voici en présence d'un des préjugés les plus absurdes, les plus délétères, les moins justifiés, il faut en dire notre avis avec une absence particulière de ménagements.

Jadis, lorsqu'on partait pour son voyage de noces, ordinairement quelques jours ou quelques semaines après la célébration du mariage, il était passé en usage d'emmener avec soi sa belle-mère, j'entends la mère de sa femme. Elle vous accompagnait, non pas seulement dans la tournée de vos parents et de vos amis, mais jusque dans vos excursions les plus lointaines, jusque dans vos voyages à l'étranger. Elle n'était peut-être pas toujours assez ingambe pour vous suivre dans certaines promenades plus aventureuses, pour prolonger ses veilles au théâtre, pour abréger son sommeil dans les départs avant l'aurore, mais elle n'en était pas moins présente chaque soir au moment du retour. Elle accueillait sa fille avec la sollicitude éclairée d'une longue expérience; elle savait quelles étaient les précautions les plus favorables à son repos, la nourriture la plus appropriée à sa santé, à ses malaises; elle connaissait de longue main ses défaillances ou ses échappées. Elle possédait l'art de lui faire comprendre à demi-mot un avertissement, de l'interpréter, de l'excuser, de la faire revenir. Il y a, dans tous les rapports de l'existence humaine, une large part à faire à l'habitude. Nous n'y tiendrions véritablement pas, s'il fallait, à chaque instant du jour, délibérer, prendre une décision, soutenir et exécuter notre volonté. Nous nous exonérons de toute cette dépense morale, de tout ce déploiement d'activité, parce que nous avons la plupart du temps le bon esprit de nous en remettre aux coutumes prises. Il n'est pas besoin, ni de s'interroger perpétuellement sur ce qu'on doit résoudre, ni de se mettre en peine des difficultés qu'on pourrait rencontrer : les choses vont d'elles-mêmes : nous prenons sans peine notre place dans ce train convenablement réglé : nous nous bornons à entrer dans le mouvement, et nous profitons de la force acquise, sans avoir à nous orienter et à ramer toujours.

Cette belle-mère sur laquelle les plaisanteries de la basse littérature ne tarissent pas, au point de toucher et d'émouvoir ceux-là même qui devraient avoir à cet endroit le bénéfice de leur intelligence, cette belle-mère représente en définitive le véritable lien moral entre l'avenir et le passé. Son expérience de la vie lui permet de se rendre compte de ce qui se passe dans l'âme de sa fille. Elle est mieux placée que personne pour ne pas se faire d'illusions et pour exercer au besoin au nom de son passé une autorité salutaire. Rien de plus naturel pour exciter le rire du gros public que de faire de la belle-maman une Mégère, une Furie, une Tisiphone, dont tout le rôle, toute l'occupation, toute la joie seraient de déchirer à belles dents la paix du ménage. La vérité est que nul plus qu'elle dans le monde n'est intéressé à cette paix, nul plus disposé à la maintenir et à écarter avec une vigilante inquiétude toutes les occasions de différend et de discorde.

Le vulgaire se laisse aller ici à une méprise dont il est facile pourtant de prévenir l'illusion. En effet, lorsque, par suite de disputes et d'altercations, de propos imprudents et de procédés fâcheux, la guerre s'est allumée entre les deux époux et qu'ils en sont venus à se regarder comme des ennemis, il est trop naturel que la mère, demeurée étrangère aux causes de cette division intestine, mal informée par le témoignage passionné et exclusif de sa propre enfant, prenne fait et cause pour son sang et sa chair, qu'elle épouse sa querelle, et souvent que, sous prétexte de peser en faveur de la justice, elle envenime la querelle. Ce sont là les partis-pris de la dernière heure, auxquels on se laisse acculer faute d'avoir agi et intervenu à temps.

A l'origine et au premier moment, le jeune mari n'a pas d'appui plus sûr, d'intermédiaire plus complaisant et plus adroit, de complice plus discret et plus actif de ses desseins que cette belle-mère dont on lui fait si méchamment un épouvantail. Elle est d'avance du parti de son gendre. Elle tient à sa disposition tous les renseignements dont il a besoin pour s'éclairer; elle se met à ses ordres pour faire arriver à son enfant tous les avertissements et tous les conseils qui peuvent asseoir et consolider la paix commune. Une femme qui a une fille de cet âge a trop d'expérience du mariage et de la vie réelle pour ne pas comprendre, jusqu'à quel point il importe de donner à ce jeune ménage des allures régulières, des habitudes pacifiques, un mutuel sentiment de tolérance, un esprit de concorde, en dehors desquels ils n'ont tous deux rien à espérer et tout à craindre.

Il serait peut-être bon de ne pas s'en tenir si aisément sur ce sujet aux préjugés vulgaires, et de voir un peu les choses comme elles sont, non pas dans l'imagination des romanciers ou les joyeuses inventions des vaudevillistes, mais dans le vrai fond du cœur humain.

Il est entendu que l'amour aveugle les mères et que l'ours lui-même n'a rien vu de si beau que ses petits. Est-on bien sûr, en dépit du crédit que peut rencontrer ce préjugé, que les parents se fassent illusion à ce point? Est-on bien sûr que cette férocité de leur tendresse, incapable d'accueillir une observation ou de prêter l'oreille à une critique, représente bien le fond même de leur pensée? Le père et la mère ont eu trop d'efforts à faire pour élever cette jeune fille et combattre en elle cette part de défauts que le bon Dieu n'épargne à aucune créature humaine; le plus souvent, ils en ont eux-mêmes trop souffert pour ne pas savoir à quoi s'en tenir. En dépit des éloges convenus dans le langage du monde, ni la mère ni l'aïeule n'ignorent quel fond de raideur et peut-être de dureté dissimule le sourire empressé de cette enfant; quelle indifférence et quelle paresse se cachent sous les apparences gracieuses de cet intérêt banal et bruyant; quelle incurable frivolité, quelle funeste étourderie, quelle profonde ignorance voile avec grâce cette superficie habilement ménagée de connaissances scientifiques et littéraires, cette tenue décente et discrète.

Une mère, pour si peu qu'elle puisse avoir de bon sens, ne saurait avoir cette prétention insensée de dissimuler à tout jamais au jeune époux des imperfections de cette importance. On a beau peindre l'amour un bandeau sur les yeux, les poètes les plus passionnés n'ont jamais osé représenter ainsi l'Hyménée. Il vient donc un moment inévitable où ces défauts transparaissent; soit que l'illusion se dissipe et vous mette en demeure de vous en apercevoir, soit que la patience se lasse pour avoir eu trop longtemps à les supporter. Aussi rien n'est plus maladroit que la politique de l'obstination et du mensonge. Il est bien dangereux de vouloir argumenter un homme et de nier devant lui par raisons démonstratives les défauts dont il a chaque jour à souffrir. Alors il se refuse, il se révolte, il se persuade de plus en plus à lui-même les imperfections sur lesquelles on a entrepris de lui fermer violemment les yeux; alors toutes les preuves qu'il prend soin d'accumuler et de faire ressortir sont autant d'aliments qu'il fournit à son désenchantement et à sa colère.

Voilà pourquoi la plus vulgaire prudence conseille aux mères une politique tout opposée. Au lieu de défendre leur fille à outrance et de soutenir vis-à-vis du mari ce fantôme d'idéal qu'elles ont pris à tâche d'accréditer auprès du public, elles jouent un autre jeu et procèdent par une autre méthode. Elles vont au-devant des déceptions et des critiques du jeune époux : elles s'arrangent pour l'avertir doucement des imperfections qu'il aura à supporter, pour les lui rendre acceptables, pour les lui faire voir sous un jour complaisant de façon à ce qu'elles ne lui semblent pas trop onéreuses. Elles insinuent avec une bonne grâce engageante que le mari doit poursuivre et achever la tâche commencée par elles-mêmes au foyer domestique. Elles se mettent ainsi du côté de leur gendre; et bien loin de lui disputer l'empire, leur vraie force et leur meilleure manœuvre consiste à abdiquer entre ses mains, à offrir seulement leur bonne volonté pour l'aider dans l'exercice de son influence et de son autorité conjugales.

Cette communauté et cette harmonie d'action demande avant tout des rapports fréquents, l'intimité des premiers jours, la continuité de la présence et des services. C'était là le rôle inappréciable de la belle-mère, lorsqu'elle se trouvait en tiers dans le jeune ménage. Être en tiers, cela ne veut pas dire mêler une intervention maladroite et une présence indiscrète à tous les événements et à toutes les heures du jour, mais seulement se tenir à la disposition morale du nouveau couple, pouvoir s'entretenir avec chacun d'eux séparément, et faire parvenir ainsi de l'un à l'autre bien des pensées, des réflexions, des avertissements pour lesquels il vaut mieux n'être pas pris au dépourvu, la réflexion tournant toujours en pareil cas au profit de la paix et de la sagesse.

Le jeune mari ne se livre pas d'ordinaire à toutes ces méditations; il se laisse aller au torrent. Dans son ivresse, il ne voit guère qu'une chose, c'est la joie de se trouver dans un tête-à-tête indéfini. Il ne réfléchit pas assez pour en soupçonner les inconvénients; et de plus, il n'a peut-être pas une idée assez élevée de la vie pour en comprendre encore tous les devoirs. Il faut voir maintenant comment va s'accomplir la double éducation de la femme par l'homme et aussi de l'homme par la femme.

CHAPITRE VI

La démoralisation de la femme par l'homme : le théâtre.

On n'entend point parler ici de certaines jeunes filles dont la civilisation présente a malheureusement augmenté le nombre, si elle n'en a pas créé le type.

Il ne manque pas en effet, dans notre société, de jeunes personnes qui prennent de bonne heure les allures, les façons, les discours d'une femme mariée. Volontiers braveraient-elles nos mœurs françaises au point de sortir seules, ou accompagnées de leur fiancé comme cela se pratique en Amérique. Si, par un reste de concession à nos traditions de susceptibilité et de réserve, elles n'osent point encore en venir là et se lancer dans le monde comme un étudiant des Universités, elles prennent singulièrement leur revanche de liberté par leurs paroles, leurs lectures, leur tenue. Elles ont peu de scrupules et ne font guère de choix parmi les romans qui leur tombent sous la main. Elles ne s'inquiètent pas de savoir si cet écrivain scientifique a bien destiné ses explications et ses gravures à des lectrices aussi jeunes et faites pour être respectées. Celles-là sont conduites au théâtre par des parents qui ne s'informent point de la pièce. Elles y voient ce qu'elles y rencontrent; et leur air embarrassé à certains passages plus significatifs montre assez qu'elles saisissent les allusions et entrent dans le double sens.

On ne plaindra jamais assez l'homme qui épouse une telle femme. Cette initiation précoce à ce qu'elle doit ignorer change du tout au tout l'âme de la jeune fille. Elle sort de l'ordre, et retranche ainsi de sa propre vie ces années d'innocence gracieuse pendant lesquelles elle devait s'affermir dans la possession de l'idéal. Le parfum de cette première poésie manquera à toutes ses pensées, et elle aura connu avant l'heure les inquiétudes et les désenchantements.

Lorsque la jeune fillle se crée ainsi, d'une façon prématurée, une situation d'esprit qui ne doit pas être la sienne, non seulement elle arrête sur ses lèvres ce premier sourire de l'innocence à la grâce et à l'émotion duquel chaque année ajoute un nouveau charme, mais cette vue anticipée de la réalité jette son âme dans une tristesse inévitable, souvent même dans une véritable langueur de découragement. Il faut être plus âgé et savoir faire avec plus de fermeté la part de l'expérience et le discernement des mérites individuels, pour ne pas envelopper le monde dans un commun anathème. Les jeunes filles mondaines et évaporées, pour ne rien dire de plus, regardent la vie comme un chemin rude et fangeux ; elles ne savent plus prendre par les sentiers couverts de fleurs.

La vraie jeune fille arrive au mariage, préservée par ceux qui l'aiment de toute occasion compromettante, de toute vue suspecte, de toute lecture périlleuse, préservée plus encore par sa propre volonté et par cette puissance des âmes droites qui discernent et écartent les pensées à éviter. Lorsque son mari demande à cette fiancée chrétienne comment elle s'était représenté, expliqué ce que le temps seul devait lui apprendre, elle lui répond, dans la candeur de son innocence et la fermeté de son cœur, qu'elle s'est toujours interdit de telles pensées.

En effet, la difficulté de résoudre certains problèmes n'existe pas pour quiconque a la sagesse et le courage de ne les point poser.

Il suffit à la jeune fille de devenir femme et de passer ainsi de sa première existence à la seconde, pour se trouver en mesure d'apprendre ce qu'elle doit savoir. Le point de vue nouveau auquel la place l'accomplissement même de ses devoirs l'initie à tout un côté de la vie qu'il lui était à peine donné de soupçonner.

Ici on ne saurait trop regretter et trop blâmer l'imprudence avec laquelle un grand nombre de jeunes époux jettent leur femme, sans transition et sans ménagement, au milieu de tant de pensées et de tant de révélations faites sans doute pour exciter son étonnement et soulever ses répugnances, mais capables aussi, une fois surmontée cette première révolte de la pudeur, de créer en elle un état moral fâcheux, d'éveiller des instincts inassouvis, de susciter des tentations et des besoins dont l'imprudent, s'il en avait le soupçon, serait lui-même épouvanté.

C'est ordinairement par le théâtre que cette démoralisation commence.

Le jeune mari, dans son ignorance de la nature humaine, se plaît à répéter, avec un sourire de triomphe sur les lèvres, que rien n'est dangereux pour une femme mariée ; qu'elle peut impunément tout voir et tout entendre ; qu'elle est au-dessus des tentations et des mauvaises pensées.

Sur ce bel argument, il ne se contente pas de l'initier à ce qu'on pourrait appeler la littérature courante, de la conduire aux pièces en vogue, de lui faire connaître ces classiques dont le seul tort est de serrer la nature de trop près et de la révéler trop tôt aux jeunes filles. Il semble prendre un plaisir particulier à mener cette épouse si chaste et si pudique à des représentations que lui-même ne se permettait peut-être pas sans rougir ou du moins sans hésiter. Aucune intrigue ne lui paraît trop scabreuse, aucun langage trop cru, aucun costume trop décolleté. Il trouve, dirait-on, je ne sais quelle satisfaction à absoudre ces divertissements d'une jeunesse un peu inconsidérée, en les faisant partager à sa compagne. Il lui semble qu'il se débarrasse de tout reproche vis-à-vis de lui-même, le jour où cette âme pure et sans tache est venue assister à ces mêmes folies et entendre ces mêmes grossièretés.

Rien de plus curieux et en même temps de plus instructif à observer que la première attitude de la jeune femme, comme aussi la suite des transformations par lesquelles elle passe avant d'aboutir à se blaser sur le mal.

Le premier sentiment qu'elle éprouve, je parle toujours de la jeune fille honnête, bien élevée, pure, est beaucoup moins celui de la curiosité satisfaite que de la pudeur offensée. Cette gaîté grossière et malsaine est tellement inférieure, tellement répugnante dans son fond, que, malgré l'esprit de l'auteur, l'habileté du metteur en scène, la verve des artistes, la jeune femme est toujours un certain temps avant de s'y intéresser et d'en goûter le comique. Elle ne réussit pas même à en saisir le côté grotesque. Elle est trop blessée par ce spectacle, par ce parti-pris de licence, par cet étalage de débauche. Son premier cri, lorsqu'on la ramène d'une soirée compromise en de tels endroits, est toujours, malgré sa résolution de complaire à son mari, le désir le plus énergique, et souvent le vœu le plus formel de n'y point remettre les pieds.

A ce moment, la jeune femme se reporte aux souvenirs encore vivants de son éducation littéraire. Il y a tant de pièces classiques qu'on lui a fait connaître seulement par des extraits et des analyses, tant de scènes dont une institutrice prudente a pris soin de lui donner lecture elle-même afin de pouvoir supprimer quelque passage importun, tant de comédies dont elle a ouï parler et dont il lui a été à peine possible de suivre l'intrigue! Elle s'est toujours promis que le théâtre de sa préférence serait la Comédie-Française, et cet honnête instinct du beau se trouve confirmé par ce comique inférieur dont elle espère bien ne pas prendre l'habitude.

Malheureusement le mari n'est plus au niveau nécessaire pour goûter les tragédies de Corneille et de Racine, ou la comédie de Molière : il a entendu trop d'opérettes, il a trop besoin du ragoût pimenté dont s'assaisonnent ces créations malsaines, pour entrer aisément dans les désirs qu'on lui exprime. Il frémit d'horreur à la pensée d'entendre des vers alexandrins et de fréquenter le répertoire classique. Il tient bon : il insiste pour que la jeune femme recommence son expérience, pour qu'elle retourne dans ces avant-scènes si mal fréquentées. Il y attache tant d'importance, il paraît si malheureux de voir sa compagne indifférente à ces admirations convenues, que celle-ci finit par céder. Elle fait un effort pour se prêter à ce plaisir qui lui répugne; et comme la nature humaine est mauvaise, comme il lui est toujours plus facile de descendre que de s'élever, elle finit le plus souvent par surmonter en effet cette répugnance, par émousser cette délicatesse de son âme, et par éprouver quelque intérêt à ce spectacle dont elle était si légitimement blessée.

Il ne faut pas s'y tromper : je fais appel à la bonne foi de tant de jeunes mariés qui reconnaîtront ici leur propre histoire. Lorsque la jeune fille, sur la sollicitation insensée de celui qui devrait la préserver, est venue à bout de rompre avec ce passé de pudeur et de réserve qui lui défendait de se livrer ainsi, quelle que puisse être sa valeur morale ou plutôt en proportion même de sa délicatesse et de sa retenue, il se produit en elle un déchaînement de son être et comme une revanche de sa vertu. L'acte par lequel elle consent à se faire un jeu de tant de croyances froissées, d'instincts méconnus, de vertus bafouées et honnies, est un acte mauvais et coupable qui atteste un effort dans le sens du mal. Il arrive alors qu'elle se jette résolument dans ces sentiers nouveaux et jusque-là interdits. Elle ne recule plus devant aucune question; elle est prête à soulever tous les voiles : souvent le jeune mari, interdit devant son œuvre, en est réduit à éprouver un sentiment de regret, et peut-être de terreur.

S'il voulait rentrer au dedans de lui-même et se rendre un compte exact de l'imprudence et du danger de sa conduite, il lui suffirait de se dire qu'autre chose est la connaissance, autre chose est la peinture du mal, ou pour parler plus exactement, son excuse, sa parure, sa persuasion.

Il est vrai dans une certaine mesure que, suivant sa situation, son milieu, ses devoirs, la femme doit apprendre bien des choses qu'elle ignorait, bien des choses dont il vaudrait mieux ne se douter jamais. Toutefois, comme nous ne sommes plus dans le siècle de l'innocence, nous n'avons plus d'autre ressource que la vertu; et il convient d'en ménager à chacun les conditions, quelque pénibles et quelque répugnantes que puissent être ces conditions.

Voilà pourquoi le jeune mari est autorisé à laisser entrevoir certains côtés sombres de la vie à cette enfant qui n'en n'avait pas le premier soupçon. Il doit éviter, avant tout, qu'elle soit prise au dépourvu. Il vaut mieux qu'elle réfléchisse avant l'heure des étonnements périlleux; et cette science du bien et du mal, ainsi présentée, trouve son préservatif dans la tristesse même avec laquelle elle est accueillie.

Il semble que la littérature dramatique ait été instituée précisément dans le but de fournir à nos passions et à nos excès la plus efficace de toutes les justifications et la plus puissante de toutes les apologies.

Le théâtre se garde bien d'entreprendre un plaidoyer en règle en faveur de l'adultère, de la duplicité, de la tromperie. Il y aurait là quelque chose d'odieux et dont il serait trop facile de reconnaître l'absurdité. N'est-il pas plus commode et plus sûr de tourner la chose en plaisanterie, et de grossir les circonstances atténuantes jusqu'à en faire une justification ? Le pauvre homme était si laid; il était si ridicule! Ou bien il était si indifférent, si odieux! C'est bien là tout l'intérêt de la pièce. La vertu à laquelle on feint de rendre hommage ne vous donne aucune envie de lui ressembler; et tout en condamnant pour le bon effet le mauvais sujet qui nous amuse, nous serions secrètement flattés d'y retrouver notre portrait.

Il faut donc en prendre son parti et dire les choses comme elles sont. La répugnance de la nouvelle mariée pour ces spectacles équivoques, ces intrigues malpropres, ces propos grivois, ont leur raison d'être dans l'éducation qu'elle a reçue, dans cette horreur du mal qu'on lui a communiquée. Lorsqu'elle en vient à écouter de sang-froid ces conversations à double entente, à prendre plaisir à ces nudités et à ces effronteries, c'est tout simplement parce qu'elle a assez perdu de sa délicatesse pour trouver cette peinture du mal indifférente ou même plaisante. Cet abaissement d'un état supérieur à un état inférieur s'appelle la démoralisation.

CHAPITRE VII

La démoralisation de la femme par l'homme : les lectures.

La démoralisation par le théâtre est fréquente, et bien peu de jeunes ménages y échappent. Tout le monde n'aurait pas le bon sens ni la force d'imiter ce mari de vingt-trois ans, disant à une femme de dix-huit dans un premier voyage de noces à Paris : « Ces pièces-là ne sont pas faites pour nous. »

Toutefois, le théâtre porte en lui un certain correctif qui en restreint la fréquentation.

Il n'est pas toujours facile en effet, ni à la portée de toutes les bourses, d'en faire un usage immodéré. Il y a là une dépense et un dérangement qu'une fortune assez ronde peut seule permettre. De plus, bien que l'habitude entre pour beaucoup dans le plaisir qu'on y goûte, il est très certain que c'est un plaisir dont on se lasse plus vite que des autres. On finit par y apporter une invincible indifférence ; et une fois sorti de la salle, on n'y songe guère plus.

Les jeunes mariés ne se contentent point d'ordinaire de ce moyen de démoralisation. Ils ont recours aussi à la lecture pour jeter leur jeune compagne dans les voies les plus étranges et les plus funestes.

Il est entendu qu'ici encore, le même raisonnement leur sert de point de départ et de justification. Une femme destinée à vivre dans le monde et à élever des garçons ne saurait demeurer étrangère à ce qui se passe. Il faut bien qu'elle apprenne la vie; et comme elle ne saurait courir les aventures en personne, on ajoute, par une conséquence prétendue inévitable, que la meilleure leçon est encore celle qui se tire des romans : non pas ces romans paisibles, bourgeois et moraux où elle pourrait lire comme dans un miroir complaisant l'histoire embellie de sa propre existence, mais ces œuvres tourmentées et malsaines où se reflètent les plus terribles passions.

Il faut noter cette circonstance malheureuse que la jeune femme n'éprouve pas ici d'ordinaire, quelque bien élevée qu'on la suppose, la même répugnance que pour les représentations des petits théâtres. Là sa délicatesse est plus particulièrement offensée par la publicité de sa présence, par la complicité de l'auditoire, par la lubricité des gestes et de la mise en scène. Elle souffre de s'y voir : elle se trouve déplacée; et pendant longtemps il lui semble, à bon droit, que le sourire lui-même est une concession malséante : son éventail ne la garantit point assez; il ne l'abrite pas contre la conscience du scandale qu'elle autorise.

Au contraire, en ce qui concerne les livres et la lecture, elle a toujours vécu avec cette pensée que beaucoup d'ouvrages, interdits à la jeune fille, deviendraient tout naturellement permis à la femme. Elle s'attend donc à cette communication : elle la souhaite.

Eclairons ici la confusion qui entraîne les meilleurs esprits, et parfois les mieux intentionnés, dans une déplorable méprise de conduite.

Il est vrai que la femme arrivée à l'état du mariage est appelée à faire connaissance avec beaucoup de livres, et parfois des meilleurs et des plus nécessaires, que la situation de la jeune fille ne saurait comporter. Est-ce à dire que ces lectures différées soient en effet celles des romans, des livres fâcheux pour la morale et compromettants pour la foi?

Les grands auteurs qui ont doté l'humanité de chefs-d'œuvre immortels ne les ont pas écrits pour les jeunes filles. Ils ont parlé pour l'âge mûr, pour ceux qui ont la conduite de leur propre vie, et dans une large mesure la responsabilité d'autrui. N'y a-t-il pas quelque chose de bien déraisonnable à vouloir réduire la vraie éducation littéraire, l'éducation humaine, à cette première initiation de l'adolescence? Est-il vraiment possible de garder de ce premier contact avec le génie autre chose que des impressions, la plupart du temps communiquées par l'enseignement du professeur? N'est-il pas nécessaire, pour en tirer tout le fruit, de les confronter avec l'expérience et de les éclairer par ses propres réflexions?

En outre les auteurs qu'on met par fragments entre les mains de la jeune fille sont bien loin de représenter tous les maîtres de l'humanité. Il y a un grand nombre d'ouvrages qui n'ont ni goût ni signification pour des intelligences restées encore en dehors de la vie. Ce sont ces écrivains que tant d'âmes retrouvent ensuite vers la quarantième ou la cinquantième année, si elles n'ont point perdu définitivement la faculté de se reprendre à la connaissance du vrai.

Voilà bien, ce me semble, les lectures que la jeune fille ne pouvait pas faire et dont la femme devrait s'inquiéter tout d'abord. Je me demande combien de jeunes gens, même dans leurs pensées les plus sérieuses de mariage, ont pris la peine de préparer cette liste, et combien de maris y songent au lendemain de leurs noces.

Il y a encore une série de lectures que la nouvelle épousée devrait aborder sans retard : ce sont les ouvrages d'éducation, ceux qui préparent la jeune mère à des devoirs si doux et si voisins d'elle. Elle a beau avoir reçu, pour son propre compte, l'instruction la mieux entendue et la plus complète, elle ne tardera pas à s'apercevoir qu'autre chose est de posséder par devers soi des connaissances, autre chose de les transmettre par l'enseignement. La jeune femme ne saurait donc s'inquiéter trop tôt de ces devoirs auxquels elle aura peut-être, comme tant d'autres mères, la tentation de renoncer sous prétexte qu'elle est incapable de les remplir.

Hélas ! ce n'est point de ce côté-là que se tourne d'ordinaire l'esprit de la nouvelle épouse ; ce n'est point dans ce sens que la dirige l'imprudence de son mari.

Il y a, de par le monde, un certain nombre d'œuvres malsaines dont les titres ou les auteurs ne sauraient être tout à fait inconnus de l'intelligence la plus préservée. Sans vouloir supposer que la jeune fille ait éprouvé jamais à cet endroit une tentation malsaine ni même une curiosité silencieuse, il n'en est pas moins vrai qu'elle cède d'ordinaire assez facilement à l'offre qui lui est faite d'en prendre connaissance.

Or, ces romans célèbres dont une époque entière a parfois été corrompue, ces œuvres terribles qui ont suffi à produire des chutes et à détruire des caractères, ces livres qu'on peut assimiler à des calamités publiques, n'ont point perdu, pour avoir vieilli peut-être et s'être ainsi un peu démodés, la violence et la fécondité de leur poison. Si le temps qui remet tout à sa place a fini par faire justice de ces réclamations ampoulées, de ces sorties ridicules, de ces tableaux répugnants, il ne faut pas perdre de vue, pour demeurer dans le vrai sentiment de leur danger, que la jeune femme en est encore à l'âge, au degré de présomption et d'inexpérience, de naïveté et d'abandon où en était l'époque séduite par ces mêmes écrivains. Cette âme à peine ouverte est pleinement accessible aux extases, aux entraînements passionnés dont tressaillait la génération contemporaine de ces grands malfaiteurs littéraires.

Une autre circonstance leur rend ces sortes de lectures plus particulièrement dangereuses.

A mesure que ces pages brûlantes, que ces peintures dévergondées, que ces opinions paradoxales passent devant ces regards honnêtes, il se fait dans ces âmes indignées une telle réaction, un tel soulèvement, qu'il leur semble être non pas seulement à l'abri mais en dehors et au-dessus de tout danger. Ces mœurs fangeuses, ces descriptions irritantes, ces sorties folles les raffermiraient plutôt, à ce qu'il leur semble, dans leur vertu et leur bon sens. On vous dira, avec un grand sérieux et une parfaite candeur, que de telles lectures sont plutôt utiles et profitables; qu'elles ravivent dans les consciences l'amour du devoir.

Je ne connais pas d'assertion plus fausse, de préjugé plus perfide et plus dangereux.

Ce raisonnement étrange suffirait pour autoriser, non pas seulement les mauvaises lectures, mais encore la fréquentation des compagnies les plus équivoques ou la tolérance des spectacles les plus indignes.

Vous n'êtes point du tout absous d'avoir prêté l'oreille à des discours condamnables, par cette raison que Dieu vous a fait la grâce d'y résister. C'est déjà en soi un mal et un attentat que d'avoir jeté les yeux sur ces tableaux licencieux, que d'avoir suivi cette intrigue infâme, que d'avoir prêté l'oreille à ces propos passionnés et délirants. Il y a bien, si vous le voulez, une extrémité à laquelle vous ne vous êtes pas laissé aller; votre conduite n'en a pas subi encore l'influence matérielle; mais il y a une première faute, une première défaillance, c'est celle qui consiste à vous être abaissé jusqu'à cette contemplation du mal. Ajoutez-y cette circonstance aggravante que cette série de séductions et d'attentats est présentée avec assez d'art pour nous arracher une certaine complaisance dont ne peut nous défendre tout à fait la réflexion de notre jugement.

C'est précisément ce plaisir malsain qui, en dépit de toute sa présomption, prépare à ce lecteur trop confiant de nouveaux périls.

C'est une des maximes les plus tristement certaines de la morale humaine, et aussi de l'enseignement théologique, que nul ne peut se dire à l'abri de rien. Il n'est pas de faiblesse et pas de crime dont notre nature ne demeure capable, malgré tout son avancement dans le bien. Il ne faut pas beaucoup de temps ni beaucoup d'aventures pour réduire aux derniers abois cette vertu si sûre d'elle-même : il suffit souvent de la première concession pour entraîner à bref délai toutes les autres.

Ces jeunes mariés que l'ivresse de leurs premières amours remplit d'une fatuité si confiante pourraient se dire, s'ils avaient plus d'expérience et plus de réflexion, que la vie n'est pas faite pour s'écouler comme un rêve où l'homme se voit flottant au-dessus des montagnes, passant à travers les murailles et résistant, sans coup férir, aux atteintes les plus extraordinaires. La vie réelle n'a rien de commun avec les songes et la fantaisie. Nulle existence n'est à l'abri des traverses, des tentations, des ébranlements. Il n'est personne, pour heureux et pour favorisé qu'on l'imagine, dont la vie n'ait eu ses heures de doute et de découragement.

A ces moments-là dont nulle félicité ne dispense, dont nulle vertu ne préserve, lorsque l'homme, en raison même de sa condition terrestre, est ainsi appelé à lutter et à souffrir, lorsqu'il a besoin de toute sa force et de tous ses avantages pour venir à bout de lui-même et ne pas se laisser aller à quelque pensée indigne, il sent monter du fond de son être je ne sais quelles ténèbres dont sa raison se trouve importunée; il lui semble que le mal rencontre en lui un écho inattendu. Il se heurte dans son esprit à des raisonnements, et dans son imagination à des aspects qu'il lui semblait avoir effacés et anéantis dans le mépris de sa lecture. Ces aventures vertigineuses, ces discours malsonnants, ces paradoxes scandaleux, lui avaient paru glisser sur son âme et ne laisser dans son souvenir d'autres traces que son indignation : et voilà qu'à cette heure chancelante et éprouvée, des bruits confus montent de l'abîme que nous portons au-dedans de nous. Nous entendons murmurer à notre oreille des conseils pleins de perfidie; nous voyons passer devant nos yeux des scènes faites pour nous troubler. De nous-mêmes, nous n'aurions jamais inventé de pareils arguments ni suscité de tels fantômes. En effet, rien de tout cela ne vient de nous. Ces réminiscences vagues qui sommeillaient au fond de notre souvenir se trouvent tout d'un coup ressuscitées de ce néant; elles s'acharnent contre nous, elles nous poursuivent, elles nous obsèdent : l'effort même que nous faisons pour nous y dérober et pour les chasser loin de nous augmente pour ainsi dire leur existence et leur action.

Ce n'est pas seulement aux heures troublées que ces pensées disparues se raniment et se liguent contre nous; il ne faudrait pas croire qu'à cet état latent où elles se conservent, elles demeurent inoffensives. Elles communiquent aux âmes des impressions invisibles dont on subit l'influence sans songer ni à les analyser ni à s'en garantir.

Si vous preniez la peine d'observer plus attentivement l'âme de cette jeune femme et de suivre les phases diverses par lesquelles elle passe, vous ne manqueriez pas de vous apercevoir d'un changement imperceptible et continu dans sa manière de penser et de sentir. Elle perd, sans peut-être s'en douter elle-même, une certaine fraîcheur, une certaine naïveté d'impresssions qui faisait le charme et la poésie de ce jeune et confiant esprit. Elle qui n'a point encore vécu et qui n'a pas encore trouvé d'épines sur le chemin de la vie, ne laisse pas de trahir un certain découragement, un certain désenchantement, un certain dégoût, et dans bien des cas peut-être une certaine amertume.

C'est aux mauvais livres, et en particulier aux romans, qu'il faut attribuer cette fausse expérience dont l'âme a tout à souffrir, sans avoir rien à y gagner.

Les romans, en effet, ne représentent point la vie, parce qu'ils la transportent tout entière dans l'imagination sans jamais rien attendre de la volonté.

Lorsque nous sommes engagés de notre personne dans les événements de la réalité, nous y apportons, au milieu des déceptions et des souffrances, le sentiment vivant de la lutte ou de la résignation. A mesure que notre intelligence s'éclaire, en même temps notre volonté se dégage et notre caractère se fortifie. C'est là la vraie et la seule expérience, celle qui agrandit et consolide l'homme tout entier.

Le roman transporte l'activité dans le domaine de l'imagination pure, pour ne pas dire de la rêverie. Le lecteur saisi par l'intérêt, le piquant, la passion du récit, n'est pas mis en demeure d'agir; il n'est pas même invité à faire un retour sur lui-même. Il se laisse aller au charme de ces aventures, à l'attraction de ces mystères, à l'entraînement de ces passions; et comme il faut éveiller, entretenir, renouveler cette curiosité, il est tout simple que les auteurs de pareilles œuvres en viennent bientôt à l'extraordinaire, à l'exceptionnel, à l'inouï. Alors les romans plaisent à ces lectrices blasées, non point parce qu'ils sont le tableau de la vie réelle, mais tout au contraire parce qu'ils deviennent la représentation fantastique d'un monde imaginaire, ou tout au moins bizarre et accidentel.

De telles lectures, en supposant qu'elles ne corrompent point l'imagination et n'affaiblissent point le jugement, ont, à tout le moins, cet inconvénient inévitable d'abaisser prodigieusement le niveau de l'intelligence et de suspendre pour ainsi dire dans les esprits les facultés pensantes. Il est douloureux de voir, après quelques semaines de mariage, à quelles lectures oiseuses et inférieures se complaisent souvent les jeunes mariées. Ce sont ces romans de cabinets de lecture où s'accumulent des événements sans intérêt, des peintures sans vérité, des intrigues sans raison d'être, sans conduite, sans dénouement. Le seul agrément qu'elles y puissent trouver, c'est une absolue oisiveté de la pensée. Pourvu que la curiosité soit ménagée de façon à vous persuader de tourner la page, et d'ouvrir le tome suivant, le but de cette sorte de littérature se trouve atteint, et il faut en dire pour toute apologie ce que Perrin Dandin disait de la torture :

« Bon ! cela fait toujours passer une heure ou deux ! »

Il ne faut pas un temps bien long de ce régime pour créer aux esprits les plus robustes une véritable incapacité de travail. Lorsque la pensée est ainsi habituée à ne plus rien faire par elle-même et à se laisser traîner à la remorque par des événements arrangés à plaisir pour l'étourdir et pour la dominer, il faudrait puiser en soi-même une singulière énergie pour trouver encore la force de méditer une pensée, de suivre un raisonnement, de vérifier une théorie. Là comme ailleurs, il faut choisir ; et il n'est guère possible d'apporter le même intérêt et la même ardeur à ces deux opérations si différentes : poursuivre, sous la direction des maîtres de la pensée, l'étude du cœur humain et la connaissance de son propre cœur ; ou, au contraire, s'abandonner à la jouissance intellectuelle, la plus énervante de toutes les jouissances, et se livrer pieds et poings liés aux caprices de l'imagination, sans y mettre d'autre prétention et sans y chercher d'autre résultat que celui de passer le temps.

CHAPITRE VIII

La démoralisation de la femme par l'homme : l'incrédulité.

Si l'usage inconsidéré du théâtre et des romans apporte tant de ravages dans l'âme de la jeune femme, ce sont là des inconvénients qui peuvent être facilement évités. La nouvelle épouse s'en rapporte bien volontiers là-dessus à son mari. Il dépend tout à fait de lui de régler et de modérer cette initiation, et au lieu d'en accabler tout d'un coup la faiblesse de la jeune fille, de la répartir avec retenue et prudence sur un plus long espace de sa vie.

Il n'en va pas tout à fait de même d'une autre influence que le jeune époux exerce souvent sur elle à son insu, parfois même contre ses intentions les plus expresses.

Je veux parler de cette contagion d'incrédulité qui gagne peu à peu la femme d'un libre-penseur, de façon non pas à lui arracher sa foi mais à l'ébranler, et peut-être à la rendre inutile.

Il faut s'expliquer sur ce point délicat, et, pour ne rien laisser en dehors de notre analyse, distinguer entre l'incrédulité qui gagne la femme à l'insu et contre le gré de son mari, et l'incrédulité dont il est lui-même l'auteur et l'apôtre.

Les jeunes hommes croyants et pratiquants peuvent passer ce chapitre. Il n'est point fait pour eux, à moins qu'il ne leur plaise d'y trouver la confirmation de leurs principes.

Lorsque l'homme est incrédule, ou, pour employer un euphémisme fort en usage dans la bonne compagnie, lorsqu'il est *plein de respect pour la religion*, et tout disposé à ne point entraver la piété de sa femme, on n'imagine pas combien de fois il arrive que le spectacle et l'action invisible de cette incrédulité portent atteinte à la foi chrétienne de l'épouse.

Il ne faut pas s'imaginer, comme on aimerait à le croire, que, pour demeurer pleine et intacte dans le plus grand nombre des jeunes filles, leur foi n'ait pas à subir des assauts et à traverser des doutes. Les philosophes se représentent le doute comme un acte rationnel de la pensée humaine. Pour eux, c'est toujours la vue claire et distincte de quelque difficulté qui les arrête, de quelque contradiction qui les désespère. Il ne leur vient même pas à la pensée d'en chercher la solution ailleurs que dans leur entendement; quelles que puissent être pour eux les conséquences de ce sophisme, ils ne lui soupçonnent pas d'origine en dehors de l'ordre intellectuel.

Les intelligences féminines ne suivent point la même loi : le sentiment y a plus de part que la raison.

Il y a plusieurs façons de se mettre en possession de la vérité. Peut-être les arguments de la démonstration sont-ils loin de valoir cette plénitude de l'évidence, laquelle naît infailliblement de la pratique de cette même vérité.

Tous les syllogismes qu'on peut apporter, tous les raisonnements qu'on peut construire en faveur de la fidélité conjugale, n'approcheront jamais de la force et de la clarté avec laquelle cette vertu apparaît au cœur d'une honnête femme.

C'est de cette façon calme et paisible que la jeune fille a été mise en possession de ses croyances et qu'elle a été élevée dans la piété et la dévotion. Ces principes ont trouvé leur confirmation naturelle, leur démonstration irrésistible dans l'appui qu'ils ont prêté à son enfance et à sa jeunesse. Pour elle, la religion n'est pas un ensemble d'idées auxquelles elle se range, une sorte de système dont elle deviendrait le disciple : c'est un mode de la vie, une force dont elle s'est fait un appui, un amour qui est devenu tour à tour sa joie et sa consolation. C'est ce qu'il y a de meilleur en elle. Elle ne saurait s'en séparer sans renoncer du même coup à la plus noble partie d'elle-même.

En vain les parents qui ont consenti à son mariage avec un libre-penseur ont-ils prévenu leur fille que son mari ne partagerait point, pour le moment, toutes ses croyances et qu'il se réservait de garder sa liberté ; celle-ci, en dépit de tous les avertissements, ne laisse pas d'éprouver un froissement et une surprise. Elle est choquée : elle souffre à cette pensée que ce mari pour lequel elle éprouve un sentiment de confiance si vif et si absolu se refuse à cette vie morale de l'âme, à ce développement de la pensée du côté du ciel. A ce moment, c'est le jeune époux qui fait les frais de ce premier étonnement. En dépit de tout l'amour qu'il peut inspirer, il ne laisse pas de perdre quelque chose dans l'estime de sa compagne.

Avec le temps, il ne manquera pas de prendre sa revanche.

Il arrivera infailliblement un jour et une heure où la jeune femme va se prêter à un raisonnement inverse.

Elle se demandera si, par hasard, ce mari qu'elle aime, auquel elle reconnaît, elle prête peut-être tant de qualités, n'aurait pas en effet de bonnes raisons pour se conduire comme il le fait et pour s'abstenir de toute pratique religieuse.

Cette forme de l'incrédulité est particulièrement dangereuse chez les femmes, attendu qu'elle a pour complice l'imagination dont on se défend malaisément, et non pas du tout la raison à laquelle on peut toujours répondre.

L'épouse se demande si son mari n'aurait pas des motifs péremptoires pour demeurer dans le doute et se maintenir en dehors de la foi; mais l'idée ne lui vient pas de s'enquérir de ces motifs, de les comparer avec l'enseignement qui lui a été donné à elle-même et d'en faire un examen quelconque. Il suffit que cette pensée lui ait traversé l'esprit, que son mari pourrait bien ne pas avoir tort. Il n'en faut pas davantage pour donner un autre aspect à son horizon intellectuel.

A partir de ce moment, et sans qu'elle cesse de garder le silence sur ce point, elle attache une tout autre importance aux paroles de son époux; elle devient plus attentive aux mots qu'il laisse échapper, à telle ou telle allusion, telle ou telle critique qu'il peut se permettre en passant. Un homme a beau être raisonnable, avoir pris le parti sérieux de ne rien dire qui puisse froisser ou inquiéter cette jeune fille livrée sans défense à l'honnêteté de sa promesse, il est bien difficile qu'en telle ou telle occasion, ne fût-ce que pour se défendre et pour répondre à une insinuation qui le vise, il se refuse à un trait, à une observation, à une critique. Telle parole était restée jusque-là indifférente, mais avec les réflexions nouvelles auxquelles elle en est venue, la femme ne la laisse plus tomber et ne l'écoute plus d'une oreille inattentive ou hostile; elle la recueille, elle la médite, elle la commente; elle lui donne une portée qui dépasse toutes les intentions de son interlocuteur; elle en tire toute une argumentation. Il n'en faut pas davantage pour suspendre en elle cette quiétude, troubler cette paix morale, ébranler cette confiance en qui son âme avait reposé jusqu'alors.

La femme ne s'avoue point tout d'abord le doute dans lequel elle entre à son insu. Peut-être, si on l'avertissait de la transformation qui s'accomplit en elle, serait-elle la première surprise, et peut-être son premier mouvement, mouvement parfaitement sincère et parfaitement naturel, serait-il de nier absolument cette métamorphose. Il est, en effet, conforme au tempérament intellectuel de la femme de ne pas chercher à se rendre un compte exact de ce qui se passe en elle.

Toutefois, pour ne pas distinguer par l'analyse le détail ni la nature des motifs auxquels elle a pu obéir, elle ne laisse pas d'y céder et de donner à sa conduite une toute autre direction et un esprit nouveau.

Il arrive alors que, sans faire aucune concession à la libre-pensée, sans rien céder en paroles ni de ses croyances ni de ses principes, la femme s'abandonne avec une certaine complaisance interne à quelque détachement de ses habitudes et de ses pratiques de dévotion. Elle met plus d'intervalle à s'approcher des sacrements; elle retranche sur ses lectures de piété; elle s'éloigne des sermons et des offices. Le jeune mari que de tels devoirs encombrent parfois et gênent dans ses démarches ou ses plaisirs y voit avant tout une concession qui lui est faite et dont il est le premier à profiter. Il se dit que ce ralentissement d'une ferveur exagérée n'a rien d'inquiétant et qu'il suffit de garder le nécessaire.

Lorsque ce régime a duré quelque temps, ce même mari s'aperçoit, non sans étonnement, que l'état moral de sa femme a changé; elle est tombée le plus souvent dans l'incrédulité pratique. Elle a cessé, non pas de participer aux cérémonies extérieures du culte, d'assister à la messe où on a l'habitude de la voir, au sermon où l'usage veut qu'on se montre, mais bien d'être une chrétienne vraie, accusant ses fautes au tribunal de la pénitence, veillant sur ses paroles et sur ses gestes, et gardant les règles prescrites par l'Eglise.

A ce moment, le mari ne laisse pas d'éprouver une certaine inquiétude, un certain trouble, peut-être même un certain remords. Il se demande jusqu'à quel point il est responsable de ce changement, et surtout comment il pourra s'y prendre pour y porter remède.

Il avait jugé bon, malgré ses opinions personnelles et l'indépendance religieuse dont il se réservait le privilège, d'épouser une jeune fille chrétienne. Il s'était dit, comme tant d'autres, qu'en dépit des conquêtes dont la raison se vante et des libertés qu'elle s'arroge, la meilleure et la plus sûre garantie de la morale est encore la croyance en Dieu et le respect de ses jugements; que l'honneur du foyer domestique est à l'abri sur la foi de l'épouse chrétienne. Pour en décliner dans sa personne la profession et les devoirs, il ne refusait point les bienfaits et les profits de la religion.

Il ne laisse donc pas d'éprouver une déception lorsqu'il en vient à reconnaître que ses prévisions se trouvent déçues. Il n'a plus auprès de lui cette conscience scrupuleuse et alarmée sur laquelle il pouvait compter sans avoir à craindre aucune déception. Il ne peut pas se faire d'illusion. Sa femme n'a point été conquise à l'incrédulité par quelque nouveau développement, ou, si l'on veut parler le langage convenu, par un progrès de sa raison. Elle n'a point étudié de philosophie qui l'ait éclairée, ou entamé de discussion qui l'ait convaincue; elle cède tout simplement à une certaine lassitude du meilleur, elle se laisse aller à un affaiblissement moral: elle se dégage dans une certaine mesure de l'obligation de veiller sur elle-même d'une façon aussi étroite, aussi impitoyable. Elle se donne pour prétexte de ce relâchement visible le commencement de trouble et de doute où l'ont jetée les réflexions qu'elle a pu faire. Suspendre en elle-même la vie religieuse, c'est faire plus pour étendre et affermir son incrédulité que de prêter l'oreille à toutes les argumentations et toutes les apologies libre-penseuses.

Le déplaisir du mari, trompé dans les combinaisons de ses calculs, n'a d'égal que son embarras et son impuissance. Comment porter remède à cet état de choses, lorsque sa femme ne fait, après tout, que prendre modèle sur lui? On en conviendra : il aurait assez mauvaise grâce à prêcher dans son ménage la dévotion et la ferveur, lorsqu'il juge à propos de se tenir lui-même en dehors de tout ce qui peut y ressembler. Il faut voir aussi de quel air la femme accueille de pareilles observations, si, par aventure, elles lui sont faites. Le mari qui se hasarde à une pareille démarche ne risque rien moins que de provoquer une explication fort à son désavantage, et dans tous les cas directement contraire à son but. Mettre ainsi la femme en demeure de se prononcer, c'est courir le risque de la voir prendre conscience de sa propre incrédulité et se faire un système de conduite d'une défaillance ou d'une hésitation momentanée.

A côté du mari qui s'efforce avec plus ou moins de succès de respecter dans sa femme la sincère liberté de sa croyance, il faut considérer aussi celui qui a entrepris franchement de conquérir sa compagne à la libre-pensée et de l'identifier ainsi au néant religieux de ses propres convictions. Celui-là, s'il est honnête, n'a pas cru devoir dissimuler tout à fait ses intentions; il s'est adressé le plus souvent pour se chercher une fiancée à une famille où l'éducation chrétienne ne fût pas entendue dans un sens trop pratique.

Quoi qu'il en soit, et quels qu'aient été les antécédents psychologiques de la jeune fille qu'il a entrepris de convertir et réussi à convaincre, il ne laisse pas, lui aussi, d'éprouver dans son succès même une déception bien inattendue.

A moins de circonstances particulières et d'un zèle qui ressemble à celui des sectaires et des fanatiques, le libre-penseur se fait, dans notre société, un mode d'existence ; il garde encore une tenue, il conserve une modération de paroles et de pensées qui rendent la vie supportable. Il ne se croit pas obligé, lorsqu'il rencontre sur son chemin une église, de lui montrer le poing et de protester, comme dans l'estaminet de Rabagas lorsqu'on prononce devant lui le nom de Dieu.

Tout ceci revient à dire que l'homme, habitué sans doute depuis un certain temps à cette séparation du divin, en a pris son parti. Il n'éprouve plus cet emportement plein de douleur et de remords qui trouble l'incrédule de fraîche date ; il n'en est plus au sentiment du grand prêtre Mathan, renégat de la veille :

« Ce temple l'importune, et son impiété
« Voudrait anéantir le Dieu qu'il a quitté. »

Quel n'est pas l'étonnement de ce libre-penseur accommodant, opportuniste, façonné à la pratique de la vie, lorsqu'il lui faut assister à l'explosion qu'il a lui-même provoquée dans sa jeune femme !

Celle-ci, argumentée par son mari, initiée par lui aux raisonnements et aux objections de toute sorte, éprouve, si l'on peut ainsi parler, tous les emportements d'une néophyte. Elle ne se contente pas de renier les vérités qu'elle avait jadis professées et de se donner corps et âme à l'erreur qu'on a fait miroiter devant elle; elle ressent comme une haine et comme une fureur contre cette vérité, et pour cette doctrine dont on l'a nouvellement imbue un amour qui va jusqu'à la passion.

Elle part de là pour suivre dans leur évolution logique à travers les conséquences les plus lointaines, les plus imprévues, les plus impitoyables, tous les principes qu'elle a une fois adoptés. Pendant que l'homme se contente d'un assentissement général et d'une adhésion platonique, elle frémit d'indignation, elle trépigne d'impatience. Le fer et le feu ne sont plus de simples métaphores auxquelles on accorde une place honorable et avantageuse dans ses discours; pour elle, c'est un poignard, un révolver, un récipient rempli de pétrole avec une mèche soufrée qui y communique.

Si le soin de sa sûreté et la nécessité de ne pas compromettre sa liberté en même temps que sa situation dans le monde la préservent de ces extrémités toutes matérielles, elle n'a point les mêmes raisons pour s'interdire les excès de la parole et les emportements des discours. Aussi ne s'en fait-elle pas faute. Elle ne sait plus garder cette attitude correcte, ce faux semblant d'impartialité, cette bienveillance extérieure au moyen desquels les libre-penseurs font prendre si aisément et si complaisamment le change aux bonnes âmes.

Le mari qui trouvait séante et profitable cette tolérance discrète et honorée estime que sa femme y met beaucoup de hâte et beaucoup d'imprudence. Il est trop avisé pour ne pas savoir que le soin avec lequel elles évitent de s'expliquer est tout à l'avantage de certaines doctrines. Si elles se présentaient d'abord avec leur appétit de ruines et leur cortège de revendications, le bon sens trop averti se soulèverait contre elles, et il suffirait pour les perdre de la clameur publique. Voilà pourquoi elles font sonner bien haut leur modération, elles affichent leur réserve : pourvu qu'on les autorise à déposer dans les âmes le ferment de l'erreur, elles savent bien qu'elles peuvent compter sur le temps : les mêmes conséquences qui, dévoilées par le maître, auraient révolté le disciple, pressenties et présentées par ce même disciple, ont pour appui non plus seulement sa foi qui les accepte, mais son orgueil qui croit les avoir inventées.

Le libre-penseur doit donc y regarder à deux fois avant de déchaîner dans la femme cette tempête sans frein et sans respect. Celle-ci a besoin de croire et d'aimer : le jour où cette vie de son âme lui est retirée, elle la remplace par la passion du doute et les fureurs de la haine.

CHAPITRE IX

L'éducation de la femme par l'homme.

L'homme et la femme mettent leur vie en commun dans le mariage. Il ne faut pas considérer leur dot uniquement au point de vue matériel. Ce ne sont pas seulement deux fortunes qui se confondent : ce sont surtout deux âmes qui ont déjà vécu un certain nombre d'années et qui apportent, l'une comme l'autre, dans la communauté les faiblesses et les vertus de leur caractère.

Sans vouloir imaginer entre les deux sexes un antagonisme chimérique, on peut bien reconnaître que les principales qualités de l'homme ne sont point celles de la femme, et réciproquement. Ils demeurent chacun dans leur genre. L'idéal de leur union, ce serait que le mari communiquât à sa femme les vertus qui font la force de l'homme et son apanage le plus naturel, pendant que l'épouse communiquerait à son mari ces autres vertus qui sont le charme de la femme et sa parure la plus ordinaire.

Cette éducation réciproque, si aisée à concevoir, n'est pas aussi facile à réaliser. Ni l'un ni l'autre ne sont plus à l'âge qui se prête encore aux observations et se soumet à l'obéissance. Rien de plus insupportable que le pédantisme d'un mari. Il est peut-être plus odieux chez lui que partout ailleurs. Il ne suffit pas d'avoir quelques années d'avance ou d'avoir poussé un peu plus loin certaines études, pour s'arroger le droit de dogmatiser. Ce n'est point ainsi que le jeune mari arrivera à compléter le caractère de sa femme. Il ne peut lui donner que dans sa personne le respect, la connaissance et le goût de ce que j'appellerai, si l'on veut, les vertus masculines.

Dans la bonne règle, une jeune fille ne devrait point arriver au mariage sans avoir acquis déjà une bonne partie de ces qualités qu'on gagne au contact moral de l'homme. Elle devrait déjà être familiarisée avec le caractère masculin par ses rapports avec son père et avec ses frères.

Malheureusement, ce moyen d'éducation se trouve refusé à beaucoup de jeunes filles.

Il y a bien peu de pères qui comprennent leur rôle : un plus petit nombre encore qui en pratique le devoir.

Dans la plupart des familles, c'est une espèce d'axiome à l'abri de toute contestation que les garçons doivent être élevés par leur pères, et les jeunes filles par leur mère.

C'est en vertu de cet accord étrange que tant de pères prennent à tâche de se tenir en dehors de l'éducation de leurs filles. Ils n'ont guère avec elles d'autres rapports que ces relations de société banales qu'on entretient avec les étrangers et les indifférents. Je connais tel père que je pourrais nommer, qui n'a jamais eu avec son enfant une heure de véritable conversation.

Il faut, malgré les sympathies de l'âge et malgré les liens du sang, en dire presque autant de l'intimité qui devrait exister entre frères et sœurs. Le système des pensions interrompt la vie morale entre eux au moment même où elle allait s'épanouir. Ce ne sont pas seulement ses études et ses travaux qui réclament le jeune garçon. Toute son existence est arrangée en dehors de sa famille. On vient d'inaugurer, pour rendre la séparation plus complète, *des voyages de vacances*. On lui ôte ainsi jusqu'à ces rares semaines où il avait encore le loisir d'apprendre les noms et de voir la figure de ses sœurs et de ses cousines. Aujourd'hui, la classe continue à travers les glaciers des Alpes ou les défilés des Pyrénées. Le pauvre enfant aura plus tard à faire connaissance avec ses sœurs en même temps qu'avec le reste de l'univers.

Il n'est pas difficile cependant de constater les avantages que retire la femme de son contact et de sa familiarité avec le caractère masculin dans la personne de son frère ou de son père, avant qu'elle se trouve en rapport avec son mari.

Il y a, de par le monde, un certain nombre de femmes que les circonstances ont rendues d'une façon plus intime et plus étroite les élèves de leur père. Le plus souvent, c'est un veuvage prématuré qui les a remises entre ses mains; d'autres fois, c'est la santé chancelante de la mère : d'autres raisons encore dont la nature importe peu. L'effet produit est toujours le même. Ces jeunes filles qui ont subi de bonne heure sous sa forme la plus élevée, la plus décisive et la plus salutaire l'ascendant du caractère masculin, non seulement ont dans le monde, par rapport à leurs manières et à leur langage, une autre attitude, mais elles gardent de cette influence une empreinte profonde qui demeure visible dans leur âme. Elles ont, dans leur façon de concevoir et de s'exprimer, quelque chose de plus net, plus de décision dans leur jugement et dans leur conduite, une certaine largeur d'appréciation, je dirais volontiers une hauteur d'impartialité qui n'est point l'apanage ordinaire du caractère féminin.

Sans vouloir se livrer à la besogne répugnante et injuste de rabaisser la compagne de l'homme, supérieure à nous par tant d'autres côtés, il faut bien reconnaître que la femme trouve, dans la faiblesse de sa nature probablement, certains commencements de défauts naturels, contre lesquels elle ne saurait trop se mettre en garde et lutter trop courageusement.

La nature de la femme la porte le plus souvent à une certaine défiance de l'avenir, à une certaine rapacité. Il lui manque, en plus d'une circonstance, cette largeur de vues et cette libéralité raisonnable, plus capables d'assurer ses véritables intérêts que des réserves jalouses et mesquines. C'est dans le commerce particulièrement que ce défaut est le plus apparent. La femme, admirable lorsqu'il s'agit d'épargne, d'économie, d'administration intérieure, a beaucoup de peine à comprendre ces avances de fond intelligentes qui sèment pour l'avenir la prospérité d'une entreprise. Autant elles sont aptes à conserver, autant elles demeurent d'ordinaire incapables de créer et d'organiser sur une échelle un peu ample.

Cette même étroitesse est plus visible encore dans les transactions particulières : la femme se montre tout particulièrement âpre au gain. En plus d'une occasion, le client s'abstient ou se retire, lorsqu'il s'aperçoit que le maître de la maison est absent. Il sait qu'il lui sera plus commode d'entrer en arrangement avec lui et que celui-ci se montrera volontiers plus accommodant.

Ce fond d'âpreté demeure dans beaucoup d'âmes féminines, encore qu'en raison de leur fortune et de leur situation, elles ne se trouvent pas exposées à le laisser ainsi transparaître. Il leur manque un certain détachement, une certaine aisance, une certaine libéralité dans la façon de s'acquitter de leurs dépenses, même les plus nécessaires. Autant l'esprit d'épargne et d'économie doit être loué, autant il est nécessaire de n'y point apporter cette insistance pénible et parfois blessante pour les tiers. L'homme ici exerce une influence heureuse sur la femme. Sa tendance est tout entière dans le sens opposé. Il risque le plus souvent de devenir dissipateur plutôt qu'avare ; il réagit donc et rappelle sa compagne à un plus juste sentiment des situations.

On a dit bien souvent que la faiblesse de la femme l'invite à la dissimulation, comme aussi elle lui ôte en plus d'une occasion cette puissance et cette fermeté de résolution sans lesquelles les meilleurs desseins ne sauraient ni se résoudre ni s'achever.

Ce serait se montrer bien injuste envers le beau sexe que de généraliser ce reproche, et de ne pas reconnaître la franchise, la loyauté, l'esprit d'initiative de tant de remarquables caractères. Ces qualités précieuses se montrent peut-être chez les femmes avec un éclat particulier; elles prennent dans ces âmes délicates une saveur exceptionnelle. Toutefois, ce serait fermer les yeux à la réalité que de ne pas reconnaître la tendance dont nous parlions plus haut, tendance non pas si l'on veut au mensonge et à la dissimulation, mais tout au moins à un certain silence dont l'équivoque est faite pour tromper; non pas à cette incertitude qui ne se décide jamais, mais tout au moins à cette mollesse de volonté aussi prompte à céder que lente à se mettre en mouvement.

La volonté se trouve d'ordinaire en excès chez l'homme. Sa force physique y est pour quelque chose, comme aussi la situation de maître et de souverain qui lui est assurée de bonne heure. Peut-être cette volonté est-elle au fond plus chancelante qu'elle ne le paraît; il y a souvent beaucoup de caprice dans sa persévérance; et toutefois ce spectacle d'une volonté pourvoyant jour par jour et heure par heure aux devoirs de la vie éclaire et raffermit la jeune femme. Elle se trouve portée à imiter son mari, à tenir toujours sa décision prête pour chaque circonstance, à ne pas se décourager sans motif, à ne pas renoncer aisément aux résolutions une fois prises.

Une des forces de l'homme dans la conduite de sa propre existence, c'est l'esprit de suite et le parti-pris. C'est ce que Descartes a parfaitement exprimé lorsqu'il a dit qu'il valait mieux « ne suivre pas moins constamment les opinions les plus douteuses lorsqu'on s'y serait une fois déterminé que si elles eussent été très assurées ».

Sous cette apparence de paradoxe se cache une vérité profonde, cette même vérité qu'exprime avec non moins de bon sens le proverbe populaire : « Le mieux est l'ennemi du bien ». La condition de l'homme est telle que si, dans les scrupules de sa conscience ou les élans de son inspiration, il lui est légitimement permis d'aspirer à un idéal hors duquel rien ne semble devoir le satisfaire, il est réduit dans la pratique à considérer aussi ce qui est possible. Autrement, à reprendre sans cesse une nouvelle voie, à interrompre son œuvre pour la recommencer sans fin sur un nouveau plan et dans un meilleur esprit, il risquerait de ne jamais rien achever, et peut-être de ne jamais rien entreprendre.

L'incertitude et le besoin de changement, si fréquents chez la femme, tiennent en plus d'une occasion, il faut le proclamer à sa louange, beaucoup moins encore à l'impuissance de se résoudre qu'au besoin de s'améliorer et de faire plus. Ici encore l'esprit pratique du mari est d'un exemple utile et capable de la ramener à une conception plus vraie de la réalité.

On le voit : cette éducation de la femme par l'homme ne ressemble en rien à une leçon qu'on débite ou à une obligation qu'on impose. Celui qui prétendrait ou faire violence à sa jeune épouse par des ordres ou lui imposer sa conviction par des discours ne serait rien autre chose qu'un pédant et un maladroit. Il ne lui appartient pas, ni de la conquérir par des dissertations, ni de la soumettre par des exigences.

La véritable éducation est celle qui résulte de l'exemple. L'exemple porte en lui une force, une puissance, une persuasion dont rien ne saurait approcher. La jeune femme est gagnée par le spectacle d'une nature différente de la sienne, par l'admiration de qualités dont la vue ne s'était pas encore offerte à son inexpérience. Elle apprécie à sa juste valeur cette vertu dont elle n'aurait peut-être pas le courage, mais dont elle goûte la mâle saveur. Elle entre peu à peu dans cette façon de comprendre la vie; et comme la nature de la femme n'est point inférieure à celle de l'homme, il lui suffit de se retourner du côté d'elle-même et de mettre en œuvre ses propres capacités pour se trouver aussi libérale, aussi déterminée, aussi mûre que son mari. Ces vaillantes qualités gardent dans cette âme délicate je ne sais quelle grâce qui les rend plus fières et plus charmantes.

CHAPITRE X

L'éducation de l'homme par la femme.

Je me demande si beaucoup de jeunes gens attendent de l'hymen le complément de leur propre éducation. Ils sont trop convaincus, en général, de leur supériorité pour ne pas sourire à cette seule pensée de recevoir les leçons et de subir l'influence de cette jeune fille à laquelle ils se croient volontiers si supérieurs.

Leur orgueil se trompe beaucoup. En dépit de leurs prétentions, il leur reste singulièrement à apprendre; et plus que personne, leur jeune épouse est capable de les initier à bien des usages de la vie.

Le régime des internats ajoute encore à la rudesse de l'homme. Notre infériorité la plus constante est de porter tous en nous-même un certain fond de grossièreté dont les meilleurs et les mieux élevés ne réussissent pas toujours à se défaire entièrement. Cette sauvagerie de la nature primitive se trouvait jadis heureusement combattue par la société des petites filles, par l'habitude de jouer avec elles. Il y a là, même dès l'âge le plus tendre, un instinct secret par lequel l'homme est averti. Dès la première heure et sans qu'il puisse s'y mêler encore d'arrière-pensée, il ne traite pas de même son camarade et la petite fillette à laquelle il donne la main. Ce sentiment des différences se poursuit et s'accentue, à la condition toutefois qu'une honnête intimité rapprochera ainsi les enfants des deux sexes dans les familles. Ces liaisons du jeune âge sont d'autant plus profitables et d'autant plus inoffensives qu'elles sont plus nombreuses et plus continues.

Il vaut mieux, à l'heure présente, ne point remettre en mémoire les temps qui ne sont plus. Nous aurions l'air de transformer cette étude en une élégie et de substituer des lamentations à des remarques. Aujourd'hui, la séparation est tellement complète, qu'on en est venu à imaginer cette monstruosité des *bals blancs*, c'est-à-dire des soirées où les jeunes filles dansent seules entre elles en l'absence de tout cavalier, fût-il leur frère, comme si le monde était fini et comme si la présence des jeunes gens était faite pour tout perdre et pour tout compromettre.

Il est vrai que ceux-ci, de leur côté, sont renfermés entre quatre murailles et qu'ils en sont réduits, comme les marins sur le pont de leur navire pendant les traversées lointaines, à danser entre hommes. On a vu de graves professeurs, dans les maisons les plus respectables, venir en aide à la détresse de leurs élèves et jouer bénévolement, en dépit de leur âge et de leur dignité, le rôle de danseuses et d'invitées. Cette comédie n'est pas faite assurément pour aider beaucoup à la connaissance du monde ni pour suppléer à la conversation féminine.

Les jeunes gens qui vivent ainsi entre eux se laissent aisément aller aux pentes les plus abruptes de leur caractère, et les directeurs des établissements d'instruction ne se croient pas obligés d'user de leur autorité pour interdire les amusements mêmes auxquels ils sont bien loin de donner leur approbation. « Jeux de mains, jeux de vilains », dit avec beaucoup de raison le vieux proverbe populaire. C'est surtout dans l'éducation qu'il faut éviter ces luttes corps à corps, ces poussées, ces bousculades qui font la joie de la populace et le divertissement des gens de main. Cependant, comme il y a là une certaine issue ouverte à l'activité, une satisfaction accordée à la turbulence, un semblant de désordre qui n'est pas sans charme pour la nature rebelle de l'adolescent, il y a des institutions de jeunes gens fort honorablement famées où, sous les noms les plus divers et les plus baroques, ces jeux du dernier ordre ne laissent pas d'être tolérés. Il n'est pas jusqu'aux courses de chevaux, cette loterie des écuries, qui ne soient venues à bout de se faire admettre dans certaines maisons d'éducation. Il y a là toute une organisation de piste, de paris, de livrées, de propriétaires appliqués à l'entraînement de chevaux qu'on fait courir. Les chevaux, bien entendu, ce sont les élèves payés à cet effet par leurs propriétaires bénévoles, et abreuvés par eux de liqueurs dissimulées dans les pupitres.

Il ne faut pas s'étonner que de pareils divertissements, et d'autres encore qu'on pourrait citer, non moins inférieurs et non moins regrettables, rendent les jeunes gens étrangers au monde et aux manières qu'ils y doivent apporter. Comment ne pas être entraîné plus tard à mettre au premier rang des jouissances et presque des besoins de la vie le souci de bien manger, lorsque, durant les longues années de pension, un usage que je ne saurais qualifier autorise les élèves à se faire apporter du dehors, par les fournisseurs en renom, les bonbons les plus recherchés et les chatteries les plus exquises. De l'autre bout de Paris, les confiseurs les plus en vogue, les plus fameux marchands de comestibles envoient garnir la loge du concierge et la transforment en un véritable bazar de gourmandise. Les directeurs donnent pour excuse le soin qu'il ont d'établir un tarif qui surélève encore des prix déjà exorbitants et ménage ainsi une source de revenus aux pauvres. C'est inaugurer de bonne heure le système si accepté aujourd'hui, même par des gens pieux, de danser, de se divertir et de se permettre tant d'autres choses encore sous prétexte de charité.

Ces défaillances étranges de l'éducation masculine sont

d'autant plus regrettables qu'elle vont directement à l'encontre des instincts délicats de la femme. Vous voyez de petites fillettes encore en tablier qui pincent les lèvres et font la moue, lorsqu'elles parlent des jeux *des garçons*. Il est à craindre qu'elles n'apportent à leurs futurs époux la continuation de ces dédains et de cette superbe. Ce n'est peut-être pas là le meilleur moyen de retenir ou de ramener le mari au foyer domestique.

Cette préparation de la jeunesse à la vie du sport, du skating et du restaurant, est loin de se pratiquer dans toutes les maisons d'éducation. On peut la considérer encore comme un fait exceptionnel. Au contraire, ce qui ne manque jamais de ressortir de cette éducation de pensionnaire, c'est un mélange maladroit de timidité empruntée et de faux aplomb, cette tenue du jeune homme qui se croit rassuré parce qu'il se sent une cravache dans les doigts et un cigare entre les dents, tandis qu'il regarde comme un supplice la nécessité d'entrer dans un salon et d'y occuper convenablement sa place pendant le temps voulu d'une visite ou d'un dîner. Cette timidité de l'éducation qui tient à l'ignorance du monde, de ses usages, de ses manières, de la conduite à observer vis-à-vis des femmes, n'a point le charme naïf et embarrassé de la timidité naturelle. Il faut plaindre et excuser celle-ci; elle n'est point sans grâce ni sans ressources. Comme elle ne cherche point à se dissimuler, elle a, en plus d'une rencontre, des mots heureux et des sorties charmantes. Au contraire, la timidité de cet adolescent sauvage se présente avec toutes les allures de l'intrépidité, peut-être même de l'effronterie. Il se fait gloire de son ahurissement et de sa maladresse ; il souligne ses propres ridicules et se donne des airs de matamore pour empêcher qu'on en rie autour de lui; il prend volontiers pour de l'approbation les murmures qu'il soulève sans s'en douter.

Ainsi va le monde. Le bachelier de la veille quittait

jadis son collège pour promener sur le boulevard son pantalon trop court et son habit trop étroit. Aujourd'hui les moyens sont différents, mais l'effet est absolument le même ; seulement le ridicule se produit sous l'enveloppe de quelque vêtement irréprochable dans sa nouveauté. La soif, bien naturelle après tout, de quitter l'uniforme de l'internat jette ces enfants dans toutes les expériences de toilette que les tailleurs ne manquent point de pratiquer sur leurs personnes ; l'échappé de collège se reconnaît ainsi non moins sûrement qu'autrefois.

Dès que l'adolescent a contracté, grâce à l'isolement forcé de la pension, le goût exclusif de la société des hommes, il n'est pas étonnant que sa jeunesse se poursuive dans les mêmes errements. Son premier soin, quelque part qu'il se trouve, c'est d'éviter la société des dames ; et la plupart des divertissements de la vie oisive sont organisés sur ce pied et à cette intention. Dans les saisons de châteaux, aux bains de mer, dans les voyages eux-mêmes, ces messieurs s'arrangent avec beaucoup de soin pour faire bande à part. Ils cultivent ainsi tout à loisir ces premières semences de sauvagerie que leur avaient laissées les récréations de leur enfance.

En présence d'un pareil état de choses, est-ce trop dire que d'affirmer la nécessité où se trouve la jeune femme d'entreprendre l'éducation de son mari ? Il faut assurément qu'elle ait la main légère, l'âme patiente, la parole douce et humble, car ce seigneur et maître n'est pas près de se douter de ses imperfections. Il s'admire beaucoup de sa rudesse, de son opiniâtreté, de sa présomption. Il se proclame fort au-dessus des minuties de l'existence et ne se montre guère disposé aux concessions.

La femme a, pour venir à bout de cette tâche difficile, bien des qualités qui manquent presque toujours à l'homme, qualités que sa tendresse achève et rend plus efficaces pour le maniement d'autrui.

Je ne sais si, parmi ces qualités si précieuses, le tact ne doit pas tenir le premier rang. C'est là une supériorité qui manque rarement à la femme. Ce don merveilleux suffit presque toujours à remplacer même les vertus les plus hautes, et à pourvoir aux situations même les plus difficiles.

Il ne faut point, comme il arrive quelquefois, confondre le tact avec la connaissance pratique des usages du monde. On peut être au courant de toutes les lois de la politesse et se trouver déconcerté devant une conjecture imprévue, comme aussi on peut se trouver étranger aux coutumes accréditées dans telle circonstance et s'en tirer le mieux du monde par une sorte d'instinct de la situation. C'est une erreur de croire que le jugement et la réflexion suffisent à tout et donnent sans coup férir la meilleure de toutes les solutions. Comme il y a des vérités, il y a aussi des décisions de sentiment. Ici, c'est le cœur qui prend les devants sur la raison et qui est le premier à avertir.

Le tact, à le bien prendre, n'est donc pas autre chose qu'une lumière intérieure par laquelle sont prévenues les âmes délicates.

Il n'est guère admissible qu'une impression aussi vive, aussi personnelle, aussi spontanée puisse s'enseigner comme une leçon ; en revanche, elle se communique comme un sentiment. Le mari, en pareil cas, n'a pas besoin d'être persuadé ; il ne demande pas de preuves et ne songe pas à entrer en discussion. Il se contente de partager l'impression éprouvée par la femme qu'il aime. Il entre sans résistance dans l'entraînement de cet état moral. C'est une manière nouvelle de sentir qui se trouve acquise par son âme. Il fait ainsi ses premiers pas dans un monde nouveau dont il n'avait point éprouvé le charme ni connu la délicatesse.

Il ne faut point qu'ici aucun homme ait la mauvaise grâce de protester, ni qu'il prétende se dérober à cette reconnaissance. Si la femme puise dans l'homme ces éléments de force, d'énergie, de persévérance dont nous parlions plus haut, il faut bien avouer aussi les emprunts que l'homme fait aux meilleures et aux plus suaves qualités de la femme. Cette détente dans une nature plus douce, plus mobile, plus variée que la nôtre, est un des plus grands charmes du mariage. Il n'y a pas là seulement une impression à laquelle on cède : c'est une des lois de la Providence qui se réalise. La plus grande joie d'un être, c'est l'accomplissement de sa destinée, l'agrandissement et l'achèvement de lui-même. En attendant l'heure où la paternité viendra donner un objectif visible à la tendresse conjugale, c'est une vive et ineffable joie de sentir son âme s'agrandir des vertus de sa compagne, de prendre ainsi dans un autre cœur conscience des qualités qu'on n'aurait pas su trouver dans le sien.

Pour que cette évolution s'accomplisse dans le jeune époux, il ne suffit pas toujours de s'en remettre aux entraînements de la tendresse. Il serait plus juste peut-être de dire qu'aucun perfectionnement moral ne s'obtient sans efforts et sans sacrifices.

La femme n'a point à sa disposition ces commandements violents et péremptoires dont l'homme ne se fait pas toujours faute d'user. C'est le mari qui est le maître ; et lorsqu'il s'agit d'une femme chrétienne, la soumission n'est pas seulement un mot qu'elle accepte mais une vertu qu'elle pratique. L'homme se trouve investi du pouvoir tout à fait considérable d'interdire ou d'interrompre une action qui lui déplait. En dehors de l'influence qu'il peut exercer, il est en mesure de donner des ordres.

La femme a beau avoir raison, elle n'a point à sa disposition de pareils moyens. Sa résistance ne doit jamais devenir une révolte, pas même une opposition. Il faut absolument, sous peine de donner à son intervention un caractère pénible et odieux, qu'elle s'en tienne strictement aux voies paisibles de la douceur et de la patience, avec cette circonstance aggravante qu'il lui faudra d'autant plus de patience et d'autant plus de douceur qu'elle se trouvera avoir plus complètement raison.

Il y a dans l'Évangile une parole faite pour provoquer les réflexions des violents, et en particulier pour nous éclairer sur les rapports moraux de l'homme et de la femme dans le mariage. « Bienheureux ceux qui sont doux parce qu'ils posséderont la terre! » N'est-il pas étrange que parmi tant de récompenses promises à ceux qui souffrent ou qui pratiquent les vertus héroïques, l'empire de ce monde ait été précisément réservé par le Divin Maître aux âmes douces et résignées, lesquelles, au point de vue humain, paraîtraient plutôt faites pour jouer éternellement le rôle de victimes.

C'est qu'il y a, comme on l'a répété bien des fois, une force invisible dans la douceur et dans la patience. Comment avoir raison d'une âme qui cède et qui se tait? Comment convaincre cet esprit qui plie devant vos ordres sans se rendre à vos raisons, qui ne vous présente aucune objection à laquelle vous puissiez répondre et ne témoigne d'aucun assentiment sur lequel vous puissiez compter? C'est surtout dans ces rapports d'individu à individu qu'éclate le néant de la fameuse maxime : « La force prime le droit. » Peut-être, lorsqu'il s'agit de la conquête ou du remaniement des peuples, le temps qui vient en aide aux politiques peut-il maintenir de longues oppressions ou consacrer d'éternelles injustices : il n'en va pas de même dans les rapports privés. C'est en vain qu'une détermination s'impose et qu'un ordre s'exécute, il n'en résulte ni conséquences ni présomptions pour l'avenir : l'opprimé a par devers lui l'avantage d'avoir montré plus de raison et de s'être, par conséquent, d'autant plus assuré le droit d'être écouté.

La patience et la douceur se tiennent par des liens si étroits qu'on ne les comprend guère l'une sans l'autre. Il ne suffit point de subir, sans paraître s'en apercevoir et sans en prendre avantage, une rebuffade, un mot dur et injuste. Il faut encore que cette douceur persiste sans se dépenser et sans s'amoindrir. Il faut que l'âme ait cette force singulière de souffrir, sans que l'humeur tire de cette souffrance aucune amertume, sans qu'il s'accumule au fond de nous-même un flot qui monte et qui finisse par déborder au risque d'emporter tout le fruit de notre calme. Aucune douceur n'est efficace sans que la patience la prolonge; aucune patience n'est supportable qu'à la condition de se faire excuser par sa douceur. En dehors de ces conditions qui les tempèrent l'une par l'autre, la patience comme la douceur finiraient par être les moins supportables et les plus orgueilleuses de toutes les qualités : il ne manque pas de ménages où, mal entendues et mal pratiquées, elles provoquent des crises terribles.

Les sacrifices que la femme peut faire pour maintenir la paix domestique et asseoir sa propre influence doivent être, avant tout, des sacrifices intérieurs dont personne ne se doutera, et son mari moins que les autres. Elle n'a pas besoin qu'on reconnaisse ses mérites et qu'on lui en sache gré. Ce serait donner dans la faiblesse de l'homme qui ne saurait rien faire de louable sans en recevoir le prix en éloges et en applaudissements. La récompense de la femme est plus sûre en même temps que plus douce : cette récompense est tout entière dans son bonheur. Elle enseigne à l'homme la vie domestique; elle la lui fait aimer.

Quelque peu de temps qu'un homme soit resté célibataire, ou il n'a point eu d'intérieur, ou bien il y a souffert.

Abstraction faite de toute question de fortune, de confortable et de luxe, il est pénible, aux heures où l'on a besoin d'un confident pour entendre le récit de ses peines ou de ses joies afin de trouver des consolations ou de la force, il est pénible de rentrer dans un repos qui est en même temps un isolement. Ce vide a quelque chose qui décourage. Aussi rien n'est plus visible et plus remarquable que cette répugnance du célibataire à regagner son logis : il sent trop que, dans les circonstances décisives ou pénibles, il ne trouvera dans cette solitude ni un conseil ni un soulagement.

C'est ainsi que s'explique l'habitude de vivre au dehors. Cette existence extérieure, à défaut de la paix et de la détente véritables, apporte du moins à l'esprit quelque distraction, quelque dissipation. C'est un moyen comme un autre de s'échapper à soi-même. La ressource est mince; mais combien s'en contentent parce qu'elle ne demande aucun effort ni de l'intelligence ni de la volonté !

Le triomphe de l'épouse est de faire aimer au mari son intérieur, de lui ménager, dans cette sphère étroite et bénie, une existence plus douce, plus commode, plus souriante que partout ailleurs. Il ne s'agit point pour une femme de rendre un homme heureux à sa manière à elle, de lui imposer ses propres goûts et ses propres préférences, mais au contraire d'étudier ce qui plait à son compagnon et de le lui faire trouver comme par hasard sous la main. Il s'établira ainsi au foyer domestique une heureuse harmonie du physique et du moral. Ce cadre complaisant offre aux regards du mari une femme dont l'unique préoccupation est de lui être agréable. Il semble que cette grâce et ce charme se répandent autour d'elle jusque sur les objets inanimés. Alors l'intérieur de la maison ne représente plus seulement pour le père de famille une demeure ordonnée suivant ses goûts et complaisante à ses préférences, mais une espèce de monde enchanté dans lequel tout répond aux besoins les plus délicats de son âme. La femme est l'ange de cet asile; ainsi l'influence qu'elle exerce est une reconnaissance qu'on lui doit.

CHAPITRE XI

L'accord de l'homme et de la femme.

Les ménages heureux ressemblent aux nations prospères. Aussi longtemps que celles-ci s'en tiennent aux bonnes coutumes et demeurent fidèles aux commandements de Dieu, elles n'ont que faire de multiplier le nombre de leurs lois ; tout cet amas de règlements, de circulaires, de prohibitions, de prescriptions, ne saurait tenir lieu des pratiques morales ni venir à bout d'y suppléer. Un peuple ne songe point à imposer un devoir ou à le venger, avant le moment où ce devoir est méconnu et violé. Tant que l'ordre règne et que les préceptes du bien sont observés, il n'y a pas lieu d'instituer des lois écrites, de formuler un code, de débattre des textes. C'est dans le cœur des individus que le droit trouve son plus solide fondement, c'est la tradition qui pourvoit au maintien du présent et aux garanties de l'avenir.

Le mariage, lui non plus, n'est pas une institution nouvelle dont on puisse à chaque génération créer de toutes pièces la pratique. C'est, dans toute la force du terme, la continuation de la famille, en dehors de laquelle il n'aurait pas de raison d'être n'ayant plus de précédents qui l'engendrent et plus de fin qui le consacre.

Il faut être de bonne foi et se hâter ici de reconnaître que la plupart des jeunes mariés ne songent guère à s'inquiéter de ce qui a pu se pratiquer avant eux dans leurs familles respectives. Ils éprouvent au contraire une sorte d'orgueil et mettent un certain amour-propre à l'ignorer. Il ne leur semble pas qu'aucun exemple soit capable de rien leur apprendre et qu'aucune expérience soit faite pour les éclairer. Ils recommencent volontiers la vie comme s'ils étaient le premier couple apparu sur la terre ; leur confiance ne connait pas de bornes lorsqu'il s'agit de régler entre eux leurs rapports et de pourvoir, par une sorte de division des fonctions, à toutes les éventualités de la vie.

Cette manie de la réglementation appliquée à l'existence conjugale, ce classement, cette définition et cette attribution des pouvoirs est une bien grande erreur, et les conséquences de cette méprise ne tardent pas à se faire sentir dans la suite de la vie. Le grand principe du mariage, c'est que tout doit rester en commun entre les époux. Sans doute, suivant les sujets et les occasions, l'influence soit de l'homme soit de la femme est appelée à devenir prépondérante, mais cette influence doit se résoudre en un commun accord. Il ne doit point y avoir deux juridictions dont chacune serait investie de son ressort et de ses affaires.

C'est là précisément le mécanisme abstrait auquel plus d'un jeune couple se hâte d'avoir recours pour assurer d'autant mieux, à ce qu'il lui semble, le règne de la paix domestique. Ils s'imaginent, je ne sais trop pourquoi, que cette séparation absolue écartera toute occasion de conflit. Agir chacun de son côté, ce n'est point du tout agir de concert. Si l'on ne se contrarie point dans la décision qui demeure indépendante, on n'en a que plus d'occasions et de penchant à critiquer une action qu'on n'a point délibérée et point résolue en commun.

C'est en vertu de cette conception *à priori* que beaucoup de jeunes ménages croient bien faire d'établir une séparation absolue entre la bourse de Monsieur et la bourse de Madame. Cette dernière reçoit une pension, semblable à celle que les tribunaux imposent par autorité de justice après les séparations de corps. Cette pension est tantôt une allocation destinée aux menus plaisirs et aux dépenses personnelles; elle rappelle alors tout à fait les mois que les familles servaient aux enfants pendant leurs années de collège; et tantôt une somme plus ronde destinée à l'entretien du ménage. La femme alors se charge à forfait des dépenses courantes, comme pourrait le faire un entrepreneur par adjudication.

De tels arrangements abondent en conséquences malheureuses, et presque toujours provoquent des complications. Le mari est assez mal venu à faire une observation sur la toilette de sa femme et sur l'exagération de ses dépenses, lorsque celle-ci se sent en droit de lui répondre, toute bonne grâce mise à part, qu'en définitive elle n'a point excédé les limites de son budget et n'a point sollicité de crédits supplémentaires. Il en résulte que le mari perd ainsi non pas seulement le droit de contrôle mais de conseil. Ce côté des finances domestiques finit par devenir pour lui un mystère, semblable à celui dans lequel s'enveloppe le compte présenté chaque année par certains ministres contemporains à nos assemblées délibérantes.

De même, lorsque la femme est chargée de pourvoir à l'entretien de la maison et au menu des repas sur une allocation fixe, le mari se trouve avoir assez mauvaise grâce à inviter trop fréquemment des amis, ou à faire quelque observation sur la composition du festin. Au fond, et bien que l'argent vienne de lui, il est certain qu'il est en pension chez sa femme. Sur ce pied, ses plaintes deviennent une réclamation, et ses critiques une exigence. Il est difficile que, dans une telle situation, la dignité de l'un comme de l'autre soit suffisamment respectée.

La gestion domestique de la femme prend si bien le caractère d'une entreprise, qu'en plus d'une occasion, on voit celle-ci s'autoriser de cette indépendance prétendue pour se constituer, au préjudice de la communauté, des économies et des profits particuliers. A un degré un peu plus élevé de la hiérarchie sociale, c'est absolument l'acte malhonnête de la cuisinière qui fait danser l'anse du panier, sous prétexte que, déployant plus d'activité et consacrant plus de soins à ses achats, elle procure ainsi à sa maitresse un bénéfice dont il lui est permis de s'attribuer une partie. Elle ne veut pas s'avouer que ses services ont été gagés tout entiers et sans réserve d'aucune espèce, et que, par conséquent, elle est tenue pour le prix convenu de consacrer à ses maitres l'intégrité et le maximum de ses efforts.

Le vol du mari par l'épouse a quelque chose de plus odieux et de moins tolérable encore; et pourtant il y a des familles, particulièrement parmi celles qui vivent de salaires fixes, où ces honteuses pratiques sont devenues des traditions : la mère, lorsqu'elle marie sa fille, ne manque point de la prendre à part ; elle lui recommande de se faire une *bourse* à son exemple. Cette épargne malhonnête ne va guère à des dépenses utiles ; il est bien rare qu'elle aboutisse par exemple à un supplément de dot, ou qu'elle permette un achat indispensable. Le plus souvent, elle constitue les fonds secrets de la toilette ou du plaisir ; elle paye, à l'insu du père de famille, les dettes d'un fils qui se dérange, et par là le désordre d'un pareil état de choses se trouve encore aggravé.

Sans prétendre le moins du monde, par un raisonnement outré, que la séparation domestique des dépenses entraîne dans tous les ménages des conséquences pareilles, il est bien permis de croire que c'est là une façon absolument fausse de comprendre le rôle des dépenses. Les dépenses ne sont ni un luxe, ni un agrément qu'on se donne ; elles représentent essentiellement les besoins auxquels chacun de nous est assujetti dans sa condition, ces besoins que méconnaît l'avarice et qu'excède la prodigalité. Il ne faut pas s'y tromper : il n'y a pas l'ombre d'arbitraire dans cette représentation exacte et journalière de nos devoirs privés et sociaux. Il faut qu'à chaque instant, se réalise ce rapport d'harmonie entre les obligations auxquelles nous devons pourvoir et les jouissances que nous pouvons nous permettre.

Pour beaucoup de choses nous ne sommes pas libres, et nous aurions tort de vouloir nous écarter de la coutume : pour beaucoup d'autres, au contraire, nous redevenons nos maîtres. Il dépend de nous, sans avoir à rendre aucun compte, même à l'opinion publique, d'élargir ou de restreindre notre luxe, ou encore de nous imposer au profit du dévouement et de la charité des privations volontaires.

Le gouvernement commun dans l'ordre des dépenses matérielles n'est donc pas autre chose que l'emblême et que l'effet d'un accord des âmes dans la conduite de l'existence. Cet accord est la vie même du mariage. Tout doit tendre à le rechercher et à le maintenir.

Voilà pourquoi on ne saurait approuver à aucun titre et sous aucun prétexte cette prétendue réserve des femmes qui se piquent de ne point se mêler des affaires de leur mari, ni cette prétendue générosité des maris qui affectent de leur en épargner le souci.

L'idée même de tenir la femme en dehors des préoccupations et par conséquent des devoirs de l'époux, et sans doute aussi l'époux en dehors des petites inquiétudes et des tracas journaliers de la femme, n'est pas autre chose que la négation même du mariage; cependant la loi elle-même l'appelle : « *la société de l'homme et de la femme qui s'unissent..... pour s'aider par des secours mutuels à porter le poids de la vie et pour partager leur commune destinée* (Portalis). »

La première condition de cette association des deux sexes est donc, de part et d'autre, une participation incessante aux peines de son conjoint et la ferme résolution de supporter ensemble les charges de la vie. Il ne faudrait pas s'imaginer qu'aux jours de détresse et de crise, on reconstituera facilement cet accord suspendu par une désunion pratique de toutes les heures.

Il serait injuste d'alléguer, ainsi qu'on le fait si souvent, la prétendue incapacité de la femme lorsqu'il s'agit de choses qui ne sont pas spécialement de son domaine ou de sa compétence. On ne se fait pas faute de répéter, avec une certaine insistance, que la politique ou les affaires ne regardent pas les dames, qu'elles n'ont point à se mêler des sciences. Sous ce prétexte, il ne manque pas d'hommes qui se privent à tout jamais de conseils inappréciables. J'ai toujours devant les yeux l'exemple de Livie, exemple rapporté par Senèque. Au moment où Auguste se désespérait de voir ses intentions méconnues, son existence menacée et ses projets détruits par la conspiration de Cinna, ce fut alors que cette digne Romaine lui demanda, au rapport de l'historien, s'il voulait admettre le conseil d'une femme; et ce conseil fut cette fameuse clémence d'Auguste dont Corneille a tiré la tragédie et les paroles que l'on sait.

Cet exemple peut dispenser de bien d'autres. Il confirme une fois de plus cette grande vérité à laquelle l'orgueil des spécialistes ne veut pas consentir, à savoir que les idées et les affaires les plus particulières, les plus *professionnelles*, si l'on pouvait s'exprimer ainsi, ont toujours, quoi qu'on fasse et quoi qu'on dise, un côté humain par lequel elles relèvent, non plus des notions techniques, mais du bon sens, de la prudence et de la raison. A côté des stipulations que peuvent débattre avec plus ou moins de bonheur les diplomates, à côté des questions de doit et avoir, d'achat et de vente dont se préoccupent dans leur compétence les financiers et les marchands, à côté de ce qui peut devenir l'objet d'une controverse avec les experts, il reste encore à tenir compte de l'élément moral.

C'est au fond de notre cœur, c'est dans notre volonté et notre énergie que se trouve le ressort principal. Rien ne s'accomplit ici-bas que dans la mesure de l'activité, de la persévérance, de l'initiative individuelle. C'est en vain que vous accumulerez à plaisir toutes les chances favorables et que vous multiplierez pour cet homme les occasions de réussir; tous les moyens imaginables lui seront prodigués en pure perte, s'il ne trouve pas d'abord au dedans de lui-même la force de prendre l'initiative, ou tout au moins la bonne volonté de répondre aux avances de la fortune.

C'est ici que l'intervention de la femme est toute-puissante. L'amour donne à l'âme des clairvoyances sans pareille. Il est possible qu'on se méprenne, et peut-être qu'on s'aveugle à plaisir sur les défauts de celui qu'on aime; mais cette même tendresse ne vous permet guère de vous méprendre sur ses intérêts et d'ignorer, lorsqu'il est besoin de le connaître, ce qui se passe dans l'âme qui vous est chère. Le sentiment emporte avec lui, en pareil cas, une exaltation qui ne va pas toujours à l'erreur, mais au contraire à une vue plus distincte et plus vraie de la personne pour laquelle on s'inquiète.

Il ne suffit pas de voir clair dans les affaires de quelqu'un pour lui faire partager son avis et lui communiquer la confiance de le suivre. Le plus souvent la vivacité avec laquelle on nous presse n'aboutit qu'à nous mettre en défiance. Nous croyons démêler dans cette insistance, ou les suggestions secrètes de l'intérêt personnel, ou tout au moins les illusions d'une amitié mal instruite. Les avis sont plus prompts et plus décidés que les résolutions; on hésite moins lorsqu'il s'agit de faire courir à autrui les chances du conseil qu'on a donné.

Il n'en va plus de même, lorsqu'il s'agit de prêter l'oreille à notre compagne.

A elle, plus qu'à tout le reste du genre humain, se trouve réservé le privilège de prononcer les paroles qui nous persuadent. Cette voix arrive directement au cœur de celui qui l'écoute. La faveur avec laquelle elle est accueillie, l'amour qui la recommande, l'intérêt qu'on lui sait et qu'on lui sent dans tout ce qu'elle dit, tout contribue à lui donner une force et un crédit particuliers. La vérité a beau porter sa démonstration et sa recommandation en elle, il ne faut jamais perdre de vue qu'il a été permis à notre intelligence de se refuser à l'évidence elle-même, en dépit des réclamations et des révoltes de notre entendement. Il est donc dans l'ordre humain que la vérité se fasse appuyer, si je peux le dire ainsi, auprès de nos autres facultés. Elle a besoin en effet, lorsqu'il s'agit de la conduite de notre vie, non pas seulement d'une approbation tacite et d'un consentement immobile : il faut plus encore : il faut qu'elle nous anime et que nous la fassions passer dans l'ordre de nos actions.

Cette pénétration de la vérité, cette force d'impulsion qui en résulte, sont les heureux effets de notre association avec l'âme de la femme. Le mari trouve en elle des conditions d'apaisement, de sagesse, et aussi de vigueur qu'il chercherait vainement autre part. Il peut entendre de sa bouche des remarques, et même des critiques, qu'en dehors d'elle il ne saurait supporter. Il peut reconnaître ses torts sans s'humilier, rabattre de ses prétentions sans déchoir; et s'il réussit sur cette inspiration qu'il a reçue, il est bien entendu que le succès lui appartiendra tout entier, sans que jamais sa femme en revendique la pensée ou s'en attribue la gloire.

Cette union de l'homme et de la femme dans toutes les actions de leur vie, cette entente perpétuelle au milieu de la variété de leurs attributions et de leurs devoirs, constitue un des spectacles les plus consolants et les plus fortifiants qu'on puisse voir en ce monde. On ne se doute pas de la puissance réciproque, communiquée ainsi au mari et à la femme par cet usage constant d'un conseil qui les complète, les rectifie, les soutient. Le proverbe populaire le dit sous une forme abrégée et lointaine : « Deux opinions valent mieux qu'une. » Dans une union assortie et consolidée par la pratique commune du bien, il ne s'agit plus seulement de deux opinions par l'harmonie desquelles se fortifierait la démonstration de la vérité, ce sont deux natures différentes appartenant, l'une au sexe masculin et l'autre au sexe féminin, qui mettent en commun des facultés diverses et également précieuses. Elles se tempèrent ainsi l'une par l'autre. On est souvent étonné de rencontrer dans le monde des hommes dont les conseils ne paraissent pas toujours en harmonie avec le caractère qu'on a pu reconnaître en eux. Ils apportent dans les délibérations des avis pleins de mesure; ils proposent des moyens doux et efficaces qu'on n'aurait pas attendus d'une âme naturellement extrême et emportée. C'est qu'avant cette heure et à l'ombre discrète du foyer domestique, il leur a été donné déjà de débattre et de résoudre ces mêmes questions. Ils ont entendu une voix chérie et désintéressée dont la perspicacité avait prévu telle contradiction, répondu à telle difficulté, mis en relief telle conséquence. Cette anticipation des surexcitations de l'amour-propre, des irritations et des surprises, a permis à l'esprit de l'homme de jeter son premier feu, d'exhaler ses premiers ressentiments, de s'abandonner à son premier désespoir; puis, dans cette conversation intime, chacune des éventualités a été de nouveau débattue, les motifs d'espérer ont été ressaisis, les raisons de se calmer et de se retenir ont repris le dessus. L'homme que vous avez devant les yeux, et dont vous avez peut-être raison de vous étonner ainsi, n'est plus en effet l'imprudent qui se heurterait en public aux difficultés de la vie sans soupçonner même comment il en pourra sortir. C'est un homme qui a un intérieur, un sanctuaire et dans ce sanctuaire une Egérie. Il ne se produit aux regards qu'armé de cette réflexion qui double tout à la fois la lucidité de son esprit et les forces de sa volonté. Il porte en lui quelque chose de complet et d'achevé, de doux et de fort qui établit et assure son influence.

Cette supériorité qui vient du bonheur et de la paix domestique n'est point visible au dehors, et le monde ne s'en préoccupe guère. Cet ascendant des deux époux l'un sur l'autre est fait pour demeurer dans une ombre discrète. On peut dire de tels ménages ce qu'on a répété bien souvent ailleurs, « que les peuples heureux n'ont pas d'histoire. » De même, les époux dont je parle n'ont guère l'habitude de rien dire de cette félicité intime : ils la gardent pour eux, et le public ne saurait s'en apercevoir, autrement que par cette bonne éducation de leurs enfants dont ils semblent avoir le privilège.

Il serait puéril de recommander à personne d'être heureux ; ici le désir de chacun de nous a devancé tous les conseils. Aucun moraliste ne donnera aux hommes les qualités qu'ils se refusent à acquérir, ni à un ménage les joies que les époux ne voudraient pas prendre la peine de mériter. Tout ce qu'on peut faire, c'est d'avertir ce jeune mari et cette jeune femme, afin qu'ils ne se laissent pas engager dans des voies capables de les détourner du droit chemin.

Le plus grand danger qui menace l'avenir des jeunes époux, c'est celui du silence.

L'Évangile rapporte que Notre-Seigneur chassa un démon et que ce démon était muet.

J'ai songé bien souvent à ce verset des Écritures, à la vue de ce qui se passait sous mes yeux dans un certain nombre de ménages.

Le mari et la femme ne se parlent pas.

Ici, on m'entend de reste, sans que je m'explique.

Il ne s'agit point, bien entendu, de ce silence absolu

et grotesque dont s'arme contre ses père et mère la bouderie d'un tout petit enfant.

La femme et le mari se parlent, en ce sens qu'ils échangent les discours nécessaires à l'usage de la vie. Ils se répètent l'un à l'autre à peu près tout ce qui ne vaut pas la peine d'être dit.

Mais lorsqu'il s'agit des réflexions qui leur viennent à la pensée à propos de chaque événement ou de chaque décision, leur premier mouvement est de se taire, comme on pourrait le faire en public ou vis-à-vis d'un étranger dont on ne serait pas sûr.

Dès que l'homme ou la femme mettent un intervalle entre la réflexion qui leur vient et le discours par lequel se traduit cette réflexion, cette suspension suffit pour changer complètement le caractère de l'entretien.

Il y a, en effet, deux façons de parler.

La première consiste à émettre tout haut sa pensée à mesure qu'elle naît, sans savoir exactement soi-même où l'on pourra être conduit. On se trouve ainsi tout à la fois l'auteur et le témoin de son discours; on le pense et on l'entend en même temps. Cette façon de s'exprimer suffit pour constituer, dans l'ordre oratoire, la grande et la vraie éloquence, toutes les fois que l'âme se trouve avoir par devers elle un langage suffisamment pourvu de termes.

Dans cette hypothèse, il est bien visible que l'âme se livre et se donne tout entière. Elle n'est pas en mesure de rien réserver. Elle introduit ceux qui l'écoutent jusqu'au fond d'elle-même.

Cet effet est surtout plein et entier dans l'épanchement d'une conversation particulière. Dès que la parole cesse d'être privée et bornée à un seul interlocuteur, l'expression ne manque pas, malgré tout son abandon, d'être retenue et avertie par la présence d'un public. Au contraire, lorsque l'âme se laisse franchement aller, lorsqu'elle attend d'avoir entendu l'expression orale de sa propre pensée pour en porter un jugement, il n'est pas douteux qu'il ne reste rien dans cette âme et qu'elle s'est absolument mise en dehors.

L'autre façon de converser est bien différente. C'est un mouvement de l'esprit tout opposé, un entraînement instinctif au silence. Cette bouche ne s'ouvre pas et ces lèvres ne font entendre aucun murmure, avant que la réflexion se soit donné intérieurement le spectacle de sa propre pensée. Alors, mais seulement alors, après l'achèvement de cette pause intercalée entre le moment où le jugement est arrêté au dedans et le moment où le discours émet son premier son, l'entretien va se poursuivre.

Quelque rapide que puisse être, dans la conversation ordinaire, le temps pris par l'interlocuteur, il n'en est pas moins certain, comme nous le faisions remarquer plus haut, que la nature même et l'inspiration du discours se trouvent absolument changées. Au lieu de la spontanéité qui se livre, vous êtes en présence de la réflexion qui se contient, qui se modère, qui se mesure. Vous n'avez plus qu'une part de cette pensée, celle qu'on a voulu vous livrer, ou celle dont vous avez su vous saisir.

Il suffit de donner à ce phénomène des proportions un peu plus amples pour comprendre les inconvénients du silence gardé entre le mari et la femme. S'ils ne se livrent pas l'un à l'autre par une conversation incessante et abandonnée, s'ils font pour ainsi dire un choix et un remaniement en même temps qu'une réserve de leurs pensées et de leurs sentiments, il ne faut pas beaucoup de temps pour qu'ils se perdent entièrement de vue et rompent ainsi entre eux la communauté de la vie morale.

A l'origine sans doute les réticences portent sur des objets de peu d'importance et qui ne paraissent pas valoir la peine d'être mentionnés; mais l'écart s'agrandit vite, le silence se prolonge. Il faut alors des raisons pour entamer tel sujet où des explications paraissent indispensables; et lorsqu'il devient nécessaire de s'entendre ainsi, il est malheureusement trop évident que chacun des deux époux a fini par se constituer une vie à part. Rien de plus douloureux, et aussi de plus instructif que cet état de crise conjugale où les actions demeurent solidaires pendant que les âmes se trouvent réellement séparées.

TROISIÈME PARTIE.

LES CRISES DU MARIAGE

CHAPITRE PREMIER

L'égoïsme dans le mariage : l'homme.

Si le premier devoir d'un écrivain est de se montrer sincère envers son lecteur, c'est aussi le devoir du lecteur de rester sincère vis-à-vis de lui-même. Il ne s'agit point, par fausse honte ou par fausse délicatesse, d'opposer à une thèse qui déplait quelqu'une de ces raisons *à priori* dont le sentiment s'accommode beaucoup plus que la vérité. Il ne faudrait pas dire par exemple, sous prétexte qu'on a été heureux et que l'on a goûté pendant de longues années la félicité d'une union paisible, il ne faudrait pas dire que cette étude des crises auxquelles le mariage est sujet regarde uniquement les mauvais ménages. Je fais, au contraire, appel ici à l'expérience des époux les plus heureux que le mariage ait pu unir les uns aux autres. Ceux-là savent bien, pour les avoir écartés et pour avoir sagement prévenu les tempêtes, qu'il y a eu aussi des nuages dans leur ciel. Nul homme ne saurait échapper à cette part d'épreuves qu'entraînent la faiblesse de sa nature et la méchanceté de son cœur. Le grand secret de la paix domestique n'est donc pas dans un aveuglement volontaire. Personne n'a jamais rien gagné à fermer les yeux pour ignorer le mal : il est à la fois plus courageux et plus profitable, plus conforme à la raison et au devoir de nous instruire par l'expérience d'autrui. Le meilleur moyen de savoir ce qu'il faut faire n'est-il pas d'abord d'apprendre ce qu'il faut éviter?

De la même façon que beaucoup de recherches se trouvent paralysées à tout jamais pour avoir été entreprises à l'origine avec un parti-pris d'erreur et d'aveuglement, ainsi beaucoup de personnes se préparent-elles de grandes difficultés dans le mariage, par la façon dont elles l'envisagent et en raison des intentions avec lesquelles elles y entrent.

Pour beaucoup, le mariage est un pur acte d'égoïsme; et ce qu'il y a de plus terrible, cet égoïsme est presque toujours inconscient.

« Il est bien temps, » me disait avec une férocité naïve un homme qui vit encore et qui me lira sans se reconnaître, « il est bien temps que je songe à moi, depuis le temps que je vis pour les autres. Je me suis donc décidé à me marier! »

Cet homme, *qui vivait pour les autres!* avait épuisé à la tâche de l'aimer, de le soutenir, de le rendre heureux, l'affection, et je pourrais dire les forces de toute une famille. Une enfance chétive et quinteuse, une jeunesse difficile et revêche, avaient inspiré bien des inquiétudes et coûté bien des larmes à ceux qui l'entouraient. Il avait ainsi vécu, usant et abusant de toute cette tendresse, sans paraître jamais s'en apercevoir et sans se donner l'embarras d'en être reconnaissant. Pour achever son égoïsme, au moment où il allait unir sa destinée à celle de la jeune fille dont on lui confiait le bonheur, il songeait avant tout à vivre pour lui-même, comme s'il avait été en effet jusque-là un prodige de dévouement et de sacrifice.

Pour en venir à cet envahissement de l'amour personnel, je rencontre tous les jours par le monde des jeunes filles qui se demandent avec anxiété si le futur dont on leur parle a bien tout ce qu'il faut pour les rendre heureuses, dans la mesure et de la façon qu'elles entendent. L'idéal après lequel elles courent dans leur imagination représente sans doute, pour parler avec le poète, un *abrégé des merveilles des Cieux*. Je m'assure qu'on jetterait ces jeunes personnes dans un grand étonnement, à leur demander si elles se sont jamais retournées du côté d'elles-mêmes, si elles se sont jamais inquiétées de la réciproque. Ont-elles examiné aussi si elles étaient bien capables de rendre heureux, comme il l'espère, l'homme dont elles acceptent la main?

J'ai connu une jeune femme, belle et gracieuse comme les anges. La veille de ses noces, debout devant son miroir, elle se demandait si elle était assez belle pour plaire à son fiancé, et si celui-ci pourrait bien supporter, sans en trop souffrir, l'ignorance et le mauvais caractère dont on lui avait fait si souvent le reproche. Ses yeux se mouillaient de larmes à la pensée de la déception que rencontrerait en elle un amour si tendre et, à ce qu'il lui semblait, si rempli d'illusions.

Suivant qu'une union a pour motif et pour point de départ ces suggestions de l'égoïsme ou ces aspirations au sacrifice, il est bien évident que tout change de face. On a beau supporter l'injustice sans se plaindre, on ne laisse pas d'en souffrir; et comme il y faut une patience de tous les jours et de tous les instants, il n'est pas étonnant qu'en plus d'une occasion, cette patience s'épuise ou tout au moins se lasse. C'est alors que surviennent les explications, les différends, les querelles.

L'homme et la femme sont sujets, l'un comme l'autre,

à l'égoïsme : toutefois, ils ne le sont pas de la même façon, ni dans la même mesure. Ils n'ont pas les mêmes exigences, et ne se rendent pas insupportables de la même manière.

L'homme, il faut bien le reconnaître, est le moins facile à vivre. Habitué comme il l'est depuis sa jeunesse à s'occuper de lui-même et à ne point se perdre de vue, il ne possède presque jamais le don supérieur de se détacher de sa propre personne pour faire dominer dans sa pensée et dans ses actions un autre que lui-même. Il n'est pas, comme la jeune fille, habitué par les coutumes imposées à son sexe, sinon à une obéissance passive, tout au moins à une dépendance perpétuelle.

Le sentiment instinctif de sa prépondérance, confirmé comme il est inévitable par un long exercice de cette sorte de souveraineté, finit par amener le jeune homme à se faire, grâce à une sorte d'entraînement inconscient, le centre et la raison d'être de tout ce qui se passe autour de lui.

J'ai retenu ce mot d'un célibataire qui, sur le point de passer la nuit dans une berline où le carreau de vitre se trouvait brisé de son côté, proposait à son compagnon de route de changer de place avec lui. « Par ce froid de la nuit, je pourrais m'enrhumer. » Et il ne lui venait même pas à la pensée que son ami se trouvait ainsi destiné à s'enrhumer à sa place.

Cette férocité impitoyable de l'époux se retrouve dans un grand nombre de ménages parfaitement unis du reste. Il n'est personne peut-être qui soupçonne le mérite et les sacrifices de la femme, pas même le mari qui en profite. Loin de lui en savoir gré, ce dernier trouve encore que sa femme lui doit des remerciements. De quoi se plaindrait-elle en effet ? Ne lui accorde-t-il pas tous les divertissements qui lui sont agréables à lui mari ? Ne la fait-il pas voyager de nuit dans les chemins de fer, quoiqu'elle n'y puisse pas fermer l'œil, parce qu'il trouve que le jour il y a trop chaud? Ne la conduit-il pas aux premières représentations dont il a depuis longtemps l'habitude? S'il ne la mène pas au Conservatoire ou aux Italiens, c'est parce que la musique lui déplaît à lui, autant que la tragédie, et sa femme doit le remercier des soirées qu'il lui fait passer ailleurs pour son divertissement à lui. Les premiers mois, peut-être les premières semaines de son mariage, ne sont pas écoulés, qu'on peut rencontrer chez lui tous les amis, grands ou petits, distingués ou vulgaires qu'il a hantés dans sa jeunesse. Ils remplissent sa maison et débordent volontiers jusque dans les réceptions du beau père : mais il ne paraît pas se mettre en peine de continuer, pour la satisfaction de sa femme, les relations de jeune fille qui lui tiennent le plus au cœur. Les amies, les connaissances, les parents de ce côté-là apparaissent au mari comme autant de corvées qu'il faut subir et auxquelles il ne se soumet guère sans une mauvaise grâce suffisamment significative. Vous pouvez faire au hasard la liste de ses quinze ou vingt premiers dîners et y classer les personnages en dehors des obligations absolues : vous reconnaîtrez que les amis et les préférences du mari y sont représentés à peu près dans la proportion de quatre-vingt-dix-neuf sur cent.

Plutarque dit avec raison qu'on peut juger du caractère des hommes par les traits de moindre importance, plus sûrement encore que par des faits considérables. L'égoïsme masculin se trahit, en effet, dans mille détails. Par exemple, le jeune homme et la jeune fille ont tous deux, avant le mariage visité, dans quelque voyage de plaisir, des contrées qu'il leur serait agréable de revoir pour leur propre compte et aussi de faire connaître à leur mari ou à leur femme. N'est-ce pas une preuve bien insigne de l'usurpation injuste de l'homme, que ce soit toujours dans les pays qu'il affectionne, où il se plaît, dont il avait gardé le souvenir, que se dirige invariablement le nouveau couple? L'époux vous dira naïvement qu'il est bien aise de parcourir les lieux où s'écoula son enfance, de retrouver ceux qui l'ont connu et aimé tout petit, de repasser par les mêmes rues et de revoir les mêmes paysages qu'avait contemplés sa jeunesse. Là-dessus, les voilà qui partent vers le Nord et qui s'installent, pour tout le temps de leur liberté, le long des grèves de l'Océan. Ce tyran bénévole ne se rappelle même plus que sa femme est née au pied des Pyrénées; qu'elle a conservé dans son cœur de vingt ans le souvenir et le regret de ses montagnes; que ses yeux ont gardé encore, lorsqu'ils se ferment, la vision magique du ciel bleu et du soleil resplendissant. N'importe! il revient enchanté et rafraîchi de sa saison au bord de la mer dans le brouillard natal, et il n'aperçoit pas même à côté de lui sa jeune femme frissonnante et pâlie qui a pourtant, elle aussi, ses souvenirs d'enfance et de jeunesse, ses amis et son pays. Il estime à leur retour que les distractions n'ont pas manqué à sa femme, et il se propose bien, en raison du plaisir qu'il a goûté, de recommencer l'année prochaine le même voyage et le même séjour.

L'égoïsme ressemble à tous les autres défauts de la nature humaine; il est essentiellement envahissant. Après avoir opprimé pour son propre compte et à son profit, il ne tarde pas à opprimer pour le seul plaisir de la tyrannie, comme le fourbe déguise la vérité, d'abord dans son intérêt, puis pour le seul agrément de mentir. Le complet oubli des préférences, des désirs, je dirai presque de la présence de la personne avec laquelle il vit, l'habitude de la compter pour rien, entraînent le parfait égoïste à vouloir morigéner, effacer, remplacer les choses même les plus indifférentes et qui ne le touchent en aucune façon. Il casse les œufs par le gros bout, et il ne lui est vraiment pas possible de concevoir qu'on songe à les entamer par l'autre extrémité. Sans doute, en ce qui le concerne, il n'est pas de ceux qui porteraient atteinte à la liberté de personne! Chacun assurément peut faire ce qu'il veut, surtout dans des matières semblables et lorsqu'il s'agit de questions indifférentes en elles-mêmes Cependant, tout en laissant chacun libre d'agir à sa guise et sans prétendre influencer personne, il ne peut pas venir à bout de comprendre, lui qui est un homme raisonnable et qui se rend compte de la portée des choses, il ne peut pas venir à bout de se figurer ni d'admettre qu'on puisse faire autrement que lui! Cette scène, avec les tirades et les gestes qu'elle comporte, n'est point, comme on serait tenté de le croire, un simple incident de conversation ou un caprice de mauvaise humeur, c'est bel et bien une entreprise, une conquête à laquelle il tient, une révolte qu'on lui oppose, une injure qu'on lui fait. Hélas! la pauvre femme aurait mieux fait de casser dès la première heure son œuf à la coque par le gros bout! Aujourd'hui, il y a fort à parier que son mari lui reprochera de céder par esprit de concorde et la soupçonnera de n'être pas assez convaincue. J'ai vu de mes propres yeux une vénérable mère de famille fondre en larmes, tout en jouant aux dominos avec un vieillard dont la vue était presque éteinte. Depuis quarante années, il lui cherchait querelle parce qu'elle mettait ses dominos debout devant elle dans le sens de leur hauteur, et non pas couchés sur le flanc dans le sens de leur largeur.

Il ne faudrait pas que la prétendue minutie de ces exemples fît illusion à personne sur leur portée. La vie domestique ne se compose pas du tout d'actions transcendantes, et l'on n'est pas mis en demeure à chaque instant de donner son sang et sa vie pour les siens. Au contraire, on est appelé à toute heure à se montrer doux, patient, détaché de soi-même, à s'oublier pour ceux au milieu desquels on vit. La femme se montre ici supérieure à l'homme; elle connait presque toujours les goûts de son mari, et elle s'arrange pour s'y conformer : au contraire, il est bien peu d'hommes qui se soient mis en peine d'étudier les préférences de leur femme. A vrai dire, s'ils ont peu de souci de s'en instruire, c'est qu'au fond ils n'ont nulle envie de s'y astreindre.

Cet égoïsme de l'homme est bien dur; il est bien injuste. Le mari, en effet, est déjà appelé par la force des choses à exercer son autorité dans tant d'occasions, à prendre tant de décisions et d'initiatives, qu'il ne saurait, sans devenir insupportable, ajouter à toutes ces résolutions qui lui appartiennent déjà des ordres et des sentences à propos des moindres détails. Si les incidents les plus microscopiques et les circonstances les plus insignifiantes suffisent pour le mettre hors de lui à ce point qu'il s'arme tout d'abord de la massue d'Hercule pour exiger une complaisance, l'existence finira par n'être plus tenable. Le pouvoir du chef de famille n'a point été remis entre ses mains pour qu'il en fît l'instrument autorisé de ses exigences et de ses caprices, pas plus que le budget de la monarchie n'était confié au souverain pour alimenter ses plaisirs.

Cet égoïsme porte d'ordinaire avec lui son châtiment.

L'homme qui se complait ainsi dans les petites facilités de l'existence, qui prend volontiers le meilleur morceau, ou qui ne permettrait à personne de suivre pour se promener le bord du chemin qu'il n'a pas choisi, cet homme qui se croit maître et seigneur au point de ne rien laisser en dehors de cette autorité universelle, ne se doute pas lui-même du rôle subalterne auquel il se laisse réduire.

La femme la plus honnête et la moins vindicative ne manque point de prendre sa revanche, non pas même par un dessein de révolte ou de représailles, mais par une sorte de compromis, lequel s'établit tout naturellement et à l'insu même des deux époux.

Dès que l'autorité du mari se prodigue, se disperse, s'épuise dans les minuties, dès que la femme a pris l'habitude de céder sans contestation à toutes ces exigences sans portée et sans valeur, il s'ensuit, par une conséquence naturelle, que cette autorité se trouve amoindrie et compromise. Un pareil emploi, bien loin de la fortifier, l'exténue; et lorsque les questions importantes viennent sur le tapis, lorsqu'il s'agit de prendre une de ces résolutions qui engagent la vie, il est bien rare que la femme ne regagne pas tout d'un coup son empire. Plus elle a cédé fréquemment et de bonne grâce, plus il semble naturel qu'elle soit à son tour écoutée. C'est ainsi que, dans un très grand nombre de ménages, les choses se passent à l'inverse du bon sens. C'est le mari qui est l'objet des petits soins de la femme; on le traite comme un enfant dont les caprices seraient sans conséquence et les exigences sans portée : mais lorsque vient l'heure des délibérations sérieuses, la volonté de l'homme se trouve sans force. Il cède lorsqu'il devrait commander, et redevient exigeant lorsqu'il devrait au contraire céder sans rien dire.

L'égoïsme du mari, égoïsme qui semble tout attirer à lui, n'aboutit donc qu'à étendre et qu'à consolider l'empire de la femme. Il s'attribue une autorité illusoire. Cet homme qui se croit tout-puissant parce qu'il impose à sa table la couleur de son vinaigre ou la provenance de sa moutarde, n'a guère voix au chapitre lorsqu'il s'agit de l'éducation de ses enfants ou d'une démarche qui engage leur avenir.

Dans tous les cas, et en supposant même que la modération et la sagesse de sa femme le préservent de cet abaissement, le mari qui se montre ainsi déraisonnable dans ses empiètements et dans sa confiscation de la vie privée, finit par se voir tout doucement rejeté en dehors de l'existence de sa femme. Celle-ci le subit, et le laisse sans murmurer envahir, jusqu'à le remplir à lui tout seul, le cadre de leur vie commune; seulement elle prend le parti de se resserrer et de se confiner en elle-même.

Elle se ménage ainsi une retraite inaccessible où elle puisse se reconnaître, s'appartenir, respirer. Elle imite ces mères prudentes et entendues qui évitent de montrer à leurs enfants ce qu'elles ne sauraient leur donner et ce dont ils ne manqueraient pas d'avoir envie. Cette séparation des âmes, d'abord tacite, puis reconnue et presque toujours envenimée, est tout entière au désavantage du mari. Il incline de plus en plus vers la vie matérialiste, et il est bien évident que le premier des deux est immanquablement celui qui se sacrifie.

CHAPITRE II

L'égoïsme dans le mariage : la femme.

La femme a, dans le mariage, cette haute réputation d'être particulièrement dévouée et prête au sacrifice. On ne fait le même honneur au mari que sur preuves bien établies et à titre tout à fait exceptionnel.

Toutefois, il est permis de rappeler ici le mot fameux de Tacite que « la corruption du meilleur devient ce qu'il y a de pire : *corruptio optimi pessima.* »

Il ne manque pas non plus de femmes égoïstes dans le mariage ; et lorsqu'elles le sont, elles ne le sont pas à demi.

Souvent cet égoïsme se dissimule sous des apparences de désintéressement. Il va jusqu'à prendre la forme d'un sacrifice et d'un devoir. En réalité il ne s'agit point du tout de complaire au mari, mais de réaliser au foyer domestique un certain idéal d'arrangement et de luxe dont la femme se fait au dehors une gloire et au dedans une fête. Elle prétexte le bon ordre ; mais ce qui lui importe surtout, c'est de refaire son intérieur à son image jusqu'à ce qu'il réponde à ses désirs personnels.

C'est ainsi que beaucoup de jeunes époux se trouvent pris et engrenés dans une machine impitoyable. Quoi qu'il puisse leur en coûter de s'y plier, de bouleverser tout d'un coup et à tout jamais les habitudes les plus invétérées et les plus raisonnables de leur existence, ils n'ont guère d'autre parti à prendre, et ce n'est pas moi qui leur conseillerais aisément une résistance ouverte à cette tyrannie.

L'homme a contracté de longue main la coutume de traiter avec un certain sans-façon les objets du monde extérieur. Assurément, au point de vue abstrait, au point de vue de l'art si l'on veut, il n'est pas moins sensible que la femme au charme d'un arrangement bien entendu et d'une décoration bien réussie. Et cependant, il convient que ce milieu, que ce cadre, ne deviennent pas la préoccupation dominante de sa vie. Il fait bien de n'y voir qu'un moyen secondaire, qu'un instrument de travail, qu'une garantie de paix, de calme et de tranquillité, destinés à rendre son activité plus féconde et son labeur plus fructueux.

Si, au contraire, cette installation ne s'obtient qu'au prix d'un sacrifice de temps et d'argent démesuré, s'il devient nécessaire de se livrer à des précautions de toutes sortes pour entrer ou pour sortir, pour se lever ou pour s'asseoir, pour écrire, pour cacheter une lettre ou consulter un livre, l'existence se trouve tout d'un coup rétrécie au point de ne plus permettre à ce malheureux le moindre mouvement et le moindre abandon. C'est l'histoire de ces terribles villages des Flandres, où Napoléon Ier lui-même, tout vainqueur qu'il était, fut contraint de quitter ses bottes et de prendre d'autres chaussures pour obtenir de dépasser le seuil de la porte.

Cette singulière forme de l'égoïsme féminin, laquelle consiste à introduire une discipline de fer dans la disposition des meubles, l'ordonnance des repas, l'agencement même des habits, aboutit parfois à des extrémités tout à la fois grotesques et déplorables. Je connais tel ménage de peu de fortune, il est vrai, où la raideur et le commandement de la femme dépassent tout ce qu'on pourrait imaginer. Le menu du repas est, en chaque saison, organisé pour toute la semaine avec une précision et une monotonie qui le disputent à l'ordinaire des casernes. Sous prétexte de régularité, la femme obéit ici tout simplement à cette paresse si naturelle et si fréquente, laquelle consiste à concentrer tout son travail dans un seul effort. Elle se trouve par là dispensée d'appliquer son intelligence aux repas de chaque jour. Il lui importe peu de dépenser davantage pour être plus mal.

Telle autre en est venue à ne plus souffrir qu'on dérange rien dans ses appartements ; elle promène avec inquiétude un doigt inquisiteur sur le marbre des cheminées et se croirait perdue si elle y recueillait un grain de poussière. En revanche, il ne faut pas que son mari se permette d'introduire le moindre désordre dans cet ensemble où les rapports des objets entre eux sont aussi invariablement réglés que les distances des corps célestes. Elle ne le voit pas sans frémir tirer un pupitre pour y écrire une lettre, ouvrir un tiroir pour y prendre une enveloppe, allumer une bougie pour y faire fondre la cire du cachet. Cette appréhension spasmodique, si prompte au moindre écart de l'imprudent à se changer en plaintes, en récriminations, en désespoir, va jusqu'à empêcher le mari de se livrer à l'exercice même de sa profession. Souvent, le médecin n'est pas libre d'arranger à sa guise les livres de sa bibliothèque, le dessinateur de se tourner à son jour, l'architecte de développer ses plans, l'avocat de répéter en marchant l'improvisation qu'il prépare. L'égoïsme de la femme pousse ainsi le chef de la famille hors de chez lui : le plaidoyer se travaille à la bibliothèque de l'ordre, les consultations médicales se donnent dans le cabinet de l'hospice, les tracés et les calculs se font dans quelque bureau paisible où le mari respire à l'abri de cette oppression.

Cette inquisition jalouse et maladive s'étend jusqu'aux détails du costume et jusqu'aux circonstances les plus insignifiantes de la toilette : la couleur d'une paire de gants et l'arrangement des cheveux, la longueur, la forme, l'ornement de la canne, les infiniment petits auxquels la pensée ne saurait s'arrêter, ces questions imperceptibles que la force des choses résout tout naturellement par l'entraînement des habitudes prises, deviennent l'occasion d'une inquiétude, d'une observation, d'une exigence. La femme se plait à y voir l'intérêt qu'elle porte à son mari, et il lui semble que ce dernier ne saurait lui en être trop reconnaissant. La vérité est que cette accumulation de soins dont elle l'accable n'est au fond que la domination exclusive de ses préférences et l'impitoyable réalisation de ses désirs transformés en ordres souverains.

L'égoïsme de la femme n'est plus même cet égoïsme inconscient auquel l'homme s'abandonne avec tant de naïveté et une dureté si odieuse. L'égoïsme de la femme est pire encore. Il s'applaudit, il triomphe de lui-même. Bien loin qu'il se ménage aucune chance d'ouvrir les yeux et de rendre au mariage quelque aisance et quelque liberté, il lui semble toujours qu'il n'en fait pas encore assez. La femme se met en peine non plus seulement de ce qui, au foyer domestique, la touche et l'intéresse, mais elle ne tarde pas à mettre la main sur les détails qui, dans la vie de son mari, sont le plus loin d'elle. Elle entend présider à ses paroles dans les entretiens qu'il peut avoir, à ses délassements dans les distractions qu'il peut se donner, je dirais volontiers aux pensées qui lui surviennent lorsqu'il garde le silence et qu'il se trouve en face de lui-même.

La femme confond ici deux ordres de faits qui ne se ressemblent guère : la tendresse qui la porte à s'intéresser à son époux, et l'égoïsme qui lui persuade l'envahissement, la confiscation de sa personne. Les femmes oublient trop que la première qualité de l'amour est d'être absolument désintéressé et de se perdre de vue soi-même au lieu de déborder sur autrui.

La conséquence de cet état de choses est trop facile à prévoir. Le mari le plus rangé, le plus fidèle, le plus tendre, n'est pas fâché de se procurer, à toute éventualité, quelques heures pendant lesquelles il puisse respirer et s'appartenir. Le plus souvent, il n'en fait pas emploi. Il ressemblerait volontiers à l'enfant qui tient à ne point travailler et qui s'ennuie courageusement pour pouvoir se vanter de ne rien faire. Je connais de même bon nombre de maris qui, sous un prétexte ou sous un autre, se sont fait une part dans leur propre vie. Ils aiment mieux parfois s'en trouver embarrassés que de ne pas se ménager ce moyen de détente.

L'égoïsme est fécond en ressources; et pour se donner satisfaction, il passe aisément d'un extrême à l'extrême opposé, sans trop se demander s'il est bien conséquent avec lui-même.

Cette même femme qui envahit son mari au point de ne plus lui laisser la liberté d'un geste ou d'une parole s'aperçoit tout d'un coup qu'elle ne saurait vivre là où elle est. Je prie le lecteur de prendre garde à l'expression dont je me sers, *là où elle est.* Il faut qu'elle respire l'air de la campagne, qu'elle quitte la ville, qu'elle aille chercher une atmosphère plus pure. Souvent, ce prétendu besoin prend des allures comiques.

Je m'arrêtais un jour dans l'une des plus imperceptibles petites villes de la province. Elle était plongée et comme ensevelie de toutes parts dans des bosquets d'arbres : les habitations en petit nombre qui en formaient les rues avaient toutes par derrière de grands jardins et des parterres de fleurs. Dans beaucoup d'endroits, les fenêtres étaient closes et la maison paraissait abandonnée. « C'est, me dit mon hôtesse avec le plus imperturbable sang-froid, c'est que *l'on est à la campagne!* » Je me demandais avec un soupir pourquoi l'homme ne sait pas se contenter de ce qu'il a, et quelle campagne ces émigrants pouvaient bien trouver plus fraîche et plus riante.

Ce sont surtout les habitants des véritables villes qui regardent comme nécessaire d'interrompre le séjour continu des grandes cités, et de renouveler en quelque sorte leur provision d'air respirable. Personne sans doute ne saurait s'élever contre cette précaution hygiénique et prétendre qu'elle est superflue. Le malheur est que cette coutume, acceptée sans observation et pratiquée à tout prix, entraîne, dans la plupart des ménages, des souffrances ou des désordres dont les femmes ne se rendent pas un compte assez exact.

La femme se trouve heureuse aux champs; elle s'y détend, elle s'y renouvelle. Le grand air, les longues promenades, la fraîcheur du matin, le repos pendant la chaleur sous les charmilles, la langueur et le silence des soleils couchants, l'invitent à une existence plus calme et plus paisible. La campagne lui fait du bien, il faut donc qu'elle en fasse aussi à son mari.

La nouvelle châtelaine devrait bien considérer à quel prix le pauvre homme jouit des agréments de cette campagne.

En effet, négociant, avocat, homme d'affaires, il ne cesse pas d'avoir sur les bras ses occupations quotidiennes. Son existence ne saurait, du jour au lendemain, changer d'organisation. Il a donc en définitive la même somme de travail à accomplir. Il lui faut trouver dans le même intervalle de temps la durée du trajet qui l'emmène chaque soir en villégiature et le ramène chaque matin. Il pourvoit à cette dépense d'heures par un redoublement d'activité. A mesure qu'approche le départ du train, il accélère ses efforts; il tire sa montre; il éprouve une impatience nerveuse dont il n'est pas le maître. Cette impatience, cette surexcitation de tous les jours va jusqu'à engendrer un état morbide dont la médecine s'est préoccupée. Cette obligation de circuler ainsi vers la fin de la journée, à l'heure où l'estomac sollicite sa nourriture, est une fatigue de plus ajoutée à tout le reste. Aussi le premier soin et le premier souci du malheureux est-il de gagner son lit au plus vite, comme le lendemain sa première préoccupation sera de s'enfuir de bonne heure et de gagner la station afin de ne pas commencer la journée par se mettre en retard de toutes ses affaires. De là cette parole spirituelle d'un mari condamné à la campagne forcée : « Le premier agrément d'une villa, c'est de se trouver proche de l'embarcadère pour pouvoir repartir plus promptement. »

Toutes les dissensions, toutes les difficultés, tous les malheurs du ménage n'ont à l'origine qu'un seul et même commencement : la séparation du mari et de la femme, leur silence, leur isolement vis-à-vis l'un de l'autre. Il ne faut pas s'y tromper ni prendre ici la cause pour un effet. Le mari et la femme se trouvent sans doute à distance l'un de l'autre parce qu'ils se sont querellés et qu'ils ne peuvent pas s'entendre, mais cette brouille n'est que l'effet inévitable d'un état habituel d'éloignement. La femme ne sait pas tout ce qu'elle perd à laisser son mari seul et à lui refuser sa présence.

La campagne ainsi entendue, comme un acte d'égoïsme où la femme, non contente de se ménager une existence à part, impose encore à son mari un redoublement de préoccupations et de fatigue, la campagne devient le point de départ d'une transformation irrémédiable dans le régime moral du mariage. L'homme se tait parcequ'il n'entre guère dans ses habitudes de se plaindre et de gémir, mais il garde au fond de son cœur une sorte de ressentiment silencieux. Il a tourné pendant de longues semaines et quelquefois pendant de longs mois toute son activité et toute sa bonne volonté à savoir se passer de la compagnie et de la présence de sa femme. Il arrive le plus souvent qu'il y réussit. Au commencement, il souffre de n'avoir plus auprès de lui, à l'heure du travail et des conseils, au moment tranquille des repas, celle qui tenait dans sa vie la place de la force et du bonheur; mais, comme il faut se faire une raison, il s'arrange pour se tirer d'affaire. Non seulement il pourvoit aux détails matériels de son existence, mais il gouverne sa vie comme s'il était célibataire; et, en effet, il n'a plus personne là pour entendre ses paroles et répondre à ses questions. Le soir, lorsqu'il arrive par la longue avenue de gazon dans le salon garni de fleurs, qu'il regarde se lever la lune à travers les grands arbres et qu'il écoute, au milieu du silence de la nuit, le chant du grillon ou du rossignol, il n'est guère d'humeur à reprendre pendant ces courts instants le récit compliqué de sa journée; il se contente d'en rappeler brièvement le sommaire, et remet au lendemain les combinaisons et les soucis dont il a contracté déjà l'habitude d'être seul à se préoccuper.

Il faut bien prendre garde que cette transformation, ce changement dans l'attitude réciproque des deux époux, n'est point du tout, comme on pourrait le supposer, une affaire de représailles et de vengeance. Le mari ne se doute en aucune façon du changement qui s'opère en lui. Il est le premier à s'étonner, lorsque sa femme rentre au foyer domestique, de voir qu'il ne s'y trouve plus de place pour elle et qu'il a pris tout doucement l'habitude de s'en passer.

Toutes les femmes ne se contentent pas d'aller chercher dans quelque chalet le changement d'air, la paix et le repos. Toutes les femmes ne se satisfont pas d'une habitation champêtre à la portée du chemin de fer et permettant au père de famille d'aller et de revenir chaque jour. Il en est plus d'une à qui l'éloignement ne coûte guère, lorsqu'il s'agit de se mettre en quête de plaisirs et de recommencer la saison d'hiver dans quelque station maritime ou dans quelque ville d'eau. Tout le monde a entendu parler de ce fameux *train des maris*, lequel a servi déjà de donnée à plus d'un joyeux vaudeville. Ce départ et cette arrivée à heure fixe, ce temps du séjour rigoureusement compté et limité, cette obligation d'aller et de venir chaque semaine par tous les temps et en dépit de toutes les affaires, constitue une des combinaisons les plus bizarres qui aient jamais été imaginées : il faut vraiment notre habitude de voir fonctionner cette étrange institution pour n'en pas demeurer stupéfait.

Il résulte forcément de cet ordre de choses que le mari passe à l'état de visiteur et d'hôte passager. Il ne fait plus partie du fond même de l'existence. Tout le reste s'arrange et se pratique en dehors de lui. Lorsque la vie commune recommence à la ville, il est confondu de voir que sa femme a pris des allures, contracté des habitudes, entendu des paroles, adopté des idées auxquelles il est profondément étranger. Ce changement que, par une réaction bien naturelle, il s'exagère encore, lui apparaît comme aussi irrémédiable que pénible. Il lui faut combattre ou se résigner : il prend d'ordinaire ce dernier parti, et les réflexions auxquelles il se livre tout bas accentuent encore ce premier divorce de la pensée.

Il arrive, en plus d'une occasion, que la femme entreprend d'entraîner à sa suite dans l'orbite où elle s'est lancée, à travers le tourbillon des plaisirs mondains, ce compagnon auquel ses devoirs imposent déjà tant d'efforts et tant de veilles. Chaque soir, ou plutôt chaque nuit, il est mis en réquisition ; il faut qu'il accompagne Madame au théâtre, au bal, au concert, et qu'il achève les soirées jusqu'au souper de cinq heures ou de sept heures du matin. Je n'ai pas encore pu rencontrer dans le monde une de ces merveilleuses, prédestinées au rôle de bourreau, sans admirer la variété et l'ingénuité des prétextes dont elles savent couvrir leur inextinguible besoin de s'amuser. A les en croire, leur dévouement et leurs sacrifices ne connaîtraient pas de bornes. Il faut effectivement avoir des motifs bien graves et bien tyranniques de se divertir à tout prix, pour traîner dans le monde un pauvre employé dont les dépenses sont comptées et pour lequel une toilette de bal représente une part importante de son budget; pour contraindre à des veilles incessantes et prolongées ce fonctionnaire d'un ordre supérieur, lequel, avant que de se coucher, aura encore à terminer l'examen d'un dossier ou la rédaction d'un mémoire ; pour retenir jusqu'à la fin du cotillon ce banquier soucieux de son échéance du lendemain, cet avocat qui repasse malgré l'orchestre son plaidoyer inachevé, cet industriel qui prévoit une crise ou redoute une grève. Peu importe ! la femme est là qui danse ; elle sourit à son valseur ; elle circule de la serre au buffet, et elle s'étonne que son mari ait le mauvais goût de ne pas poser publiquement pour le plus heureux des hommes.

Ainsi s'amasse insensiblement dans chacun de ces deux cœurs un flot d'amertume. Chaque froissement, chaque imprudence y ajoute quelque chose, jusqu'au moment où cette impatience et cette colère feront explosion dans le premier conflit.

CHAPITRE III

Le premier conflit.

Il en est du mariage comme de tant d'autres choses : tout y est doux et aisé lorsqu'on est résolu à le prendre du bon côté ; tout y devient compliqué et difficile dès qu'on prétend s'en tenir à la rigueur du droit et se dispenser du sacrifice.

La véritable manière de reprendre la personne avec laquelle on vit dans cette union du mariage n'est pas de lui faire sentir ou de lui reprocher son exigence, mais d'abord et avant tout de la supporter. Si la nécessité veut que nous lui fassions voir son erreur ou son injustice, si notre devoir et non notre plaisir ou notre satisfaction nous y contraint absolument, notre observation n'en sera que mieux accueillie si elle s'autorise d'une abnégation évidente et d'une patience déjà exercée.

Le mariage qui associe l'homme et la femme dans l'accomplissement de leurs devoirs communs n'est pas sans renfermer, comme toute chose humaine, son contingent d'épreuves. Ces épreuves dérivent de difficultés inhérentes à la situtation des deux époux, telle que l'a constituée notre civilisation.

Encore bien que les mœurs modernes, en France surtout, ne mettent pour ainsi dire aucun obstacle à l'indépendance de la femme et que, pour emprunter une définition célèbre, elle soit libre *d'aller et de venir* comme elle l'entend, il n'en est pas moins vrai qu'avec des habitudes normales, elle est destinée par la force des choses à passer la plus grande partie de son temps au foyer domestique. La femme qui n'est pas chez elle et qui, semblable à la dame Benoîton de la comédie est perpétuellement *sortie*, paraît aussi blâmable dans la vie réelle qu'elle nous semble grotesque au théâtre.

L'homme, au contraire, quels que puissent être la nature de ses occupations ou le chiffre de sa fortune, en dépit même de son oisiveté et peut-être à cause d'elle, ne manque jamais d'avoir affaire au dehors. Régulièrement, il passe chaque jour un certain nombre d'heures loin du domicile commun. Qu'il y revienne excédé d'un whist, d'un tir aux pigeons où il a consumé son après-midi, ou tout au contraire qu'il y rentre encore tout haletant du discours qu'il vient de prononcer à la tribune, harrassé des audiences qu'il a dû donner, des mille et une complications dont il lui a fallu se tirer dans sa manufacture ou sa banque, il est certain qu'il apporte avec lui une vraie fatigue, un besoin de se détendre, de s'appartenir, d'être distrait, égayé, réconforté.

Le malheur est que la femme, de son côté, à moins d'avoir en elle des ressources inouïes ou de pratiquer jusqu'à l'héroïsme l'oubli d'elle-même, éprouve d'ordinaire quelque lassitude de son isolement et quelque fatigue de ses occupations. Il ne faut pas mesurer les tracas domestiques et l'énervement qu'ils peuvent causer à leur importance intrinsèque : chacun sait que nous souffrons plus d'une piqûre d'épingle répétée sur notre épiderme que de telle maladie mortelle dont nous devons inévitablement périr. Il est assez naturel que chacun regarde comme le plus grand des maux celui qu'il lui faut supporter à l'heure présente : leur éloignement suffit à amoindrir tous les autres.

Il ne faut donc pas s'étonner beaucoup si le nombre est grand des femmes qui, dans les situations les plus simples et avec les devoirs les plus ordinaires, se regardent comme des victimes et des martyres ; ou, si elles ne vont pas jusque-là, à tout le moins comme de véritables héroïnes. Il leur semble que si leur mari est appelé au dehors par des occupations même sérieuses et même pénibles, il est assez dédommagé par les distractions qu'il y trouve. Elles l'attendent donc pour les distraire elles-mêmes. Il faut qu'il rapporte au foyer domestique un visage joyeux, un esprit dispos et complaisant. C'est à lui de réveiller l'âme un peu endormie de sa compagne, d'exciter et de satisfaire tour à tour sa curiosité, de supporter sa mauvaise humeur sans paraître s'en apercevoir, de la dissiper par un mélange heureux de patience et d'intérêt, de répandre enfin autour de lui le calme et la joie.

Bien loin de se mettre en mesure de réaliser ce beau programme, bien loin même d'y songer, la plupart des hommes regagnent leur logis avec des dispositions toutes contraires. Dans quelque monde qu'ils aient passé leur journée, de quelques affaires qu'ils aient eu à s'occuper, il est bien certain qu'il leur a fallu faire effort et se contraindre, non pas même pour conquérir un succès ou se dérober à quelque attaque, mais simplement pour rester en toute occasion des gens dignes et bien élevés. Eux aussi, ils sont portés à croire qu'ils ont accompli les douze travaux d'Hercule. Quoi qu'ils aient pu faire ou ne pas faire, ils sont tout prêts, comme le médecin de Molière, à s'éventer le front et à s'écrier : « Voilà une maladie qui m'a donné bien de la peine ! »

Le dernier mot de ces impressions est qu'ils abordent le plus ordinairement leur femme avec un sentiment de triomphe et d'estime d'eux-mêmes, avec cette conviction profonde que c'est à elle à les égayer pour les remettre de leur labeur. C'est, avec la différence des civilisations, le pacha turc, lequel rentre en maître dans son harem et dont on doit être heureuse d'allumer le narghilé et de préparer le sorbet.

Lorsqu'un mari et une femme s'aiment et lorsqu'ils

ont le bon esprit de se parler dans la proportion de leur tendresse, rien n'est plus simple que cette situation. Chacun d'eux apporte en effet, avec un profond détachement de lui-même, le souci des peines et des souffrances, des inquiétudes et des besoins de celui auquel il s'est uni. Ils se racontent leur vie l'un à l'autre, non pas pour s'en plaindre ou pour s'en rejeter le fardeau, mais pour le partager comme tout le reste et pour le répartir entre leurs deux cœurs. Ce sentiment mutuel de leurs peines réciproques suffit pour en oublier les angoisses et pour en adoucir l'amertume.

Dès que cet épanchement est supprimé, dès que le mari et la femme gardent chacun par devers soi leurs réflexions et leurs jugements, il faudrait que ce silence fût observé jusqu'au bout, et que nul incident, nul froissement, nulle allusion ne parvînt à le rompre. De cette façon subsisterait encore entre les époux, à défaut d'un accord véritable, une paix apparente. Il vaut mieux renoncer aux explications, lorsqu'elles doivent aboutir non pas à éclaircir une méprise, mais à constater un désaccord.

Le malheur est que, d'ordinaire, les plus sages résolutions finissent par ne pas résister au bouillonnement de la nature humaine. Ce mari et cette femme qui avaient pris séparément la détermination de se taire et de ne point engager de querelle finissent par s'échapper à eux-mêmes; et au lieu d'une explication spontanée, entamée à l'heure du sang-froid, possédée et retenue par une volonté encore maîtresse d'elle-même, on se trouve en présence d'un éclat, où, de part et d'autre, les âmes ne gouvernent plus ni leurs résolutions ni leurs paroles.

Ici le rôle de l'homme et celui de la femme doivent être considérés à part.

Je demande que personne n'interprète mal ce que je vais dire, et n'en tire contre les femmes quelque conséquence injuste, quelque présomption d'infériorité. Rien n'est plus loin de ma pensée. La femme, pour être différente de l'homme, ici comme en bien d'autres choses, ne lui est aucunement inférieure.

En pareil cas, c'est-à-dire lorsqu'un dissentiment éclate d'une façon ouverte entre la femme et le mari, lorsqu'il y a entre eux échange d'explications pénibles ou même de propos regrettables, c'est la femme presque toujours qui se laisse aller à faire entendre les paroles irréparables.

Sa nature est ainsi faite qu'à moins de circonstances particulières, elle est tout à la fois dominée par son imagination et mal servie par son discours. Habituée comme elle l'est depuis son enfance, ou à se taire, ou à se voir accueillie avec une faveur de bon goût jusque dans ses boutades, elle n'a point eu à supporter le contact de la vie dans les conditions rudes et inquiétantes que le jeune homme a dû subir de bonne heure. La jeune fille a conservé beaucoup de cette spontanéité qui paraissait charmante. Avertie par une sorte d'instinct de la mesure qu'on doit garder, elle s'y renfermait plutôt machinalement que de parti-pris. Ajoutez-y que tous ses discours étaient interprétés en sa faveur. Il est toujours facile de s'exprimer, lorsque vous n'avez pas devant vous d'ennemi qui vous commente ou d'adversaire qui vous réponde.

La femme n'est donc pas, d'ordinaire, tout à fait maîtresse de sa parole ; elle ne connaît pas cette espèce de discussion intérieure qui examine avec une rapidité merveilleuse et une sûreté infaillible le sens exact d'une phrase ou d'un terme avant de le livrer au public. Lorsque le discours s'abandonne à son élan et se laisse aller à son inspiration, l'expression dépasse presque toujours la pensée. Elle traduit, non plus ce que la raison consent à admettre et ce que la volonté est également prête à soutenir, mais les suggestions sans mesure du sentiment. La femme manifeste ainsi les sensations qu'elle éprouve, et non pas des jugements qu'elle porte.

Il faut donc, pour être suffisamment juste envers elle, ne point prendre en pareil cas ses paroles au pied de la lettre. Il ne faut pas y attacher plus de sens qu'elle n'en met elle-même. Encore bien que ses phrases expriment des propositions et des jugements, ce ne serait pas les entendre véritablement que de leur prêter cette portée. Elle n'a pas la conscience réfléchie de ses paroles ; elle serait la première à en éprouver de l'étonnement et du regret, s'il était possible pour quelques instants de lui rendre son sang-froid pour lui en faire entendre la traduction et le commentaire.

Cette condition spéciale de sa pensée explique très bien comment il peut se faire qu'au bout d'un petit nombre d'heures, la femme nie absolument les propos qu'elle a cependant tenus. Il ne faut pas lui faire l'outrage de lui attribuer un mensonge. Rien de plus inique et de moins fondé qu'une pareille accusation. Seulement, lorsque cette même personne se trouve mise en présence de ces mots qui, échappés de sa bouche, demeuraient pourtant bien loin de son cœur, lorsqu'elle en mesure la portée et qu'elle cherche à les raccorder avec ses vrais sentiments et ses réelles pensées, elle découvre une telle solution de continuité, un tel écart, une telle contradiction que, de la meilleure foi du monde, elle ne peut plus faire rentrer cette parole dans ses souvenirs. L'imagination vient alors à son secours. Elle est sincère lorsqu'elle affirme n'avoir rien proféré de pareil : en effet, ce qu'on lui rapporte c'est, comme le dit la langue française, *une sortie ;* lorsqu'elle est rentrée en elle-même, elle n'y retrouve plus rien de pareil ni d'approchant.

Voilà ce qu'il faudrait faire entendre d'avance aux jeunes maris. Faute d'avoir été prévenus, ils accueillent tout ce qui leur est dit par leur compagne, avec le même sérieux et la même insistance qu'ils pourraient mettre à suivre au barreau ou à la tribune le discours d'un contradicteur. Il en résulte pour eux une grande souffrance suivie d'une grande exaspération. Leur imagination s'allume aussi. S'ils ont assez de sang-froid et de possession d'eux-mêmes pour ne pas toujours répliquer, ils ne laissent pas de méditer ce qu'ils viennent d'entendre. Ils se croient fondés à en faire le point de départ d'une série de raisonnements : le monde leur paraît changé et le cœur de leur femme perdu, pour un mot imprudent dont elle s'est repentie peut-être avant d'avoir fini de le prononcer. Le jeune époux se fait alors un roman de malheur et de désespoir, quelquefois de jalousie et de rancune. A son tour, il est aussi loin de la vérité et aussi en dehors de son âme que sa femme, au moment où celle-ci laissait échapper ce mot funeste.

Ce que le jeune mari doit éviter avant tout, c'est de prendre avantage de cette parole imprudente, blâmable même si l'on veut, et de la répéter ensuite à sa femme pour lui en faire un reproche. C'est là un procédé vraiment cruel et qui pourrait produire un effet inattendu. La femme, après avoir vainement désavoué ce propos excessif, pourrait bien changer de langage comme de pensée. Il est à craindre que, lassée de cette insistance et de ce manque de générosité, elle ne se retourne, qu'elle n'adopte ce propos, qu'elle ne le justifie, et qu'elle ne change ainsi en une condamnation définitive ce jugement dont on s'obstine à ne pas vouloir accepter le désaveu.

L'attitude de l'homme est sans doute difficile à garder durant ces explications. Il ne lui suffirait pas de demeurer impassible et d'écouter sans donner signe de vie ce qu'on peut avoir à lui dire. Cette impassibilité aurait probablement un effet tout contraire à celui qu'il en pourrait attendre. Bien loin d'y trouver un moyen d'apaisement et de conciliation, il ne ferait peut-être que surexciter la verve et la colère de la femme, furieuse d'être ainsi méprisée. Il faut apporter sans doute en pareil cas une dose infatigable de flegme et de bonne volonté, mais il faut aussi que cette bonne volonté ne sente ni l'orgueil du triomphe ni le dédain de la condescendance. Il faut qu'elle reste humaine et émue, qu'elle s'intéresse sans s'emporter et résiste sans rompre.

Cette tâche devient plus facile dès que l'époux se rend suffisamment compte de la situation, s'il sait bien que ces excès de langage ne doivent pas être ressentis dans toute leur étendue. Il n'examine plus alors avec une rigueur impitoyable jusqu'à quel point sa femme a tort de le traiter ainsi : il comprend qu'elle souffre, et c'est de cette souffrance qu'il est touché avant tout : ses répliques, son attitude, ses regards eux-mêmes témoignent de cet intérêt et de cette anxiété. La crise se dénoue par des larmes ; c'est la détente naturelle du tempérament féminin ; et, comme les fleurs reparaissent sous la rosée, les sourires s'épanouissent de nouveau à travers les pleurs.

Sans exagérer la part du physique dans les crises morales et sans en tirer aucun élément de comparaison par rapport à l'infériorité ou à la supériorité des deux sexes, il faut bien tenir compte de cette circonstance qu'en général, les larmes ne jouent pas le même rôle et n'ont point les mêmes effets chez l'homme et chez la femme. Celle-ci y trouve une détente, un soulagement, une satisfaction : sa nature en est rassérénée et rafraîchie. L'homme, au contraire, habitué de bonne heure à lutter contre l'attendrissement, retenu par son orgueil et endurci par un sentiment plus vif et plus obstiné de sa propre personnalité, ne pleure guère que vaincu et en quelque sorte écrasé. Au lieu de le remettre et de le rendre à lui-même, les larmes l'achèvent : elles le brisent et l'anéantissent ; elles redoublent l'acuité et l'amertume de sa douleur, parce qu'elles y ajoutent la honte d'avouer publiquement sa défaite.

Si le don d'écouter est un des plus rares privilèges d'un interlocuteur intelligent et bien élevé, le don d'accueillir les larmes de façon à les rendre inoffensives et douces est peut-être plus rare encore.

Quel que puisse être le sujet du différend entre le mari et la femme, quelque passion et quelque injustice que celle-ci apporte dans ses reproches, quelque violence qu'elle laisse éclater dans ses expressions, lorsqu'arrive le moment des larmes, la crise se termine d'elle-même. Pour peu que le mari sache le comprendre et s'y prêter, la question se trouve immédiatement transportée sur un tout autre terrain. Il ne s'agit plus de savoir jusqu'à quel point la femme peut avoir tort ou raison, soit dans les jugements qu'elle porte, soit dans les expressions qu'elle emploie : elle souffre; il n'en faut pas davantage pour que son mari la plaigne et pour qu'il s'associe à sa douleur. Il n'est plus besoin de chercher d'explications ni d'arrangements, la réconciliation est faite. Les cœurs peuvent parfaitement s'entendre, alors même que les esprits garderaient à la réflexion la diversité de leurs vues.

L'homme qui se tait encore après le différend et qui continue à ne rien dire sur tout ce qu'il a pu entendre de fâcheux ne manquera pas de recueillir les fruits de cette sagesse. Plus il a l'air et surtout la générosité de paraître avoir oublié ce qui lui a été dit de pénible et d'excessif, plus la femme se le rappelle à son désavantage. Du moment où, par des allusions indiscrètes et vindicatives, on ne la met pas en demeure ou d'en rougir ou de s'en défendre, elle se rend intérieurement une justice plus exacte et plus sévère. Elle est la première à se blâmer, en même temps qu'elle reconnaît l'effort de tendresse et de patience dont il a fallu que s'armât son époux.

Dans l'ordre naturel des choses, il semble que la femme tout à la fois plus nerveuse et plus faible, moins habituée aux contacts et moins façonnée aux nécessités de la vie réelle, devrait pour ainsi dire être la seule à s'emporter et à perdre parfois dans ces discussions conjugales le gouvernement complet d'elle-même; et cependant il n'en va point ainsi. L'homme, malgré sa force, ou plutôt peut-être à cause de sa force, n'est guère moins sujet à s'échapper et à perdre l'empire de lui-même. Seulement, pour lui, les choses ne se passent plus de la même façon.

Lorsqu'il est entraîné à sortir des limites qu'il avait eu la prévoyance et pris la résolution de s'imposer, l'homme obéit d'ordinaire à la colère. Il perd son sang-froid, non plus comme la femme par un entraînement d'imagination, mais par un débordement de volonté, d'orgueil, de ressentiment qui le jette véritablement hors de lui. Cet état dangereux et funeste n'est que trop connu. Sans doute, nous avons tous rencontré, nous pourrions tous nommer certains hommes qui ont repris leur âme en sous-œuvre, qui l'ont assez travaillée et remaniée pour l'avoir mise à l'abri de ces intempéries. C'est à peine si, dans leurs plus violentes tempêtes, ils laissent entrevoir un léger tressaillement. Il faut deviner en eux les grondements intérieurs de leur âme et les sourds murmures de la nature domptée.

Les autres, c'est-à-dire l'immense majorité, ne s'appartiennent qu'à demi ; lorsque l'occasion les en arrache, ils se laissent aller à sortir complètement d'eux-mêmes. Alors, comme la femme, ils ne savent plus ce qu'ils disent, et les paroles les plus violentes, les menaces les plus extravagantes, les reproches les plus insensés ne tardent pas à sortir de leur bouche. Le corps s'associe à cette frénésie : suivant leur condition et leurs habitudes, les gestes auxquels ils s'abandonnent sont plus ou moins désordonnés; ou, pour parler plus exactement, ces transports sont les mêmes au fond pour tous; ils ne diffèrent guère qu'en apparence. Il n'y a pas autant d'intervalle qu'on pourrait le croire entre un coup de poing donné sur la table ou le geste qui repousse une porte avec fracas, et l'infâme action d'un soufflet ou d'un coup de pied. La portée de l'action extérieure n'est sans doute pas la même. En dépit de tous ses transports, l'homme qui appartient à un certain monde se sent retenu, soit par les habitudes de toute une vie, soit par un conseil secret de prudence instinctive; mais, dans son âme, la brutalité, la bestialité ne sont pas moindres. Toutes ses facultés se trouvent débordées, entraînées, vaincues; il tombe au-dessous de lui-même, et il se réveillera de sa fureur comme d'un rêve et d'un délire.

A ce moment là, l'homme n'est point rendu à lui-même, comme la femme l'est, par les larmes. Il ne rentre pas en possession d'une âme raffermie et d'une volonté intacte. La colère fait plus que le briser, elle l'humilie : elle le laisse, non pas seulement inerte dans ses organes qu'elle a surmenés, mais, ce qui est bien autrement grave, impuissant dans son vouloir qu'elle a dissipé et anéanti.

Jamais la femme n'est plus forte et plus souveraine maîtresse, jamais elle ne sent mieux raffermi son empire même injuste et écartés des torts même évidents, qu'au moment où, courbant la tête sous l'orage, elle cède à cette explosion. Je ne sais pas si la force prime en effet le droit dans le monde politique, lequel est le dernier de tous les mondes dans l'ordre moral; mais ce que je sais bien, ce que nulle expérience ne démentira jamais, c'est la médiocre et piteuse figure que garde pour sa honte la force mise au service de tout débat conjugal. La femme se tait; mais, bien loin que toute cette colère dont on s'arme contre elle la ramène ou la réduise, elle sent s'augmenter au-dedans d'elle-même sa lucidité et son sang-froid; elle voit s'ouvrir sur les imperfections de son mari des jours nouveaux : elle discerne tout d'un coup en lui des aspects dont elle ne s'était pas doutée. Il ne faut pas dire, comme on le fait quelquefois, qu'elle perd ses illusions, comme si le dépit ou la vengeance étaient capables de nous montrer sous son vrai jour la réalité. Ce n'est point là l'explication de ce qui se passe dans les âmes. Comme l'attention humaine est étroite et qu'elle n'a pas le don de se porter également sur plusieurs objets à la fois, il arrive que le vif sentiment des qualités et des mérites de son mari ôte pour un temps à la femme la vue ou tout au moins la préoccupation des défauts qu'il peut avoir. Le même phénomène se produit dans un sens inverse lorsque la femme est froissée. Son attention se trouve alors tout entière occupée par le triste spectacle des côtés fâcheux ; elle perd de vue les mérites les plus incontestables et n'a plus devant elle que le mal.

Il n'est pas douteux que, dans un cas comme dans l'autre, la femme ne saurait demeurer dans la limite rigoureuse du vrai. Son imagination l'entraîne malgré elle aux excès : les horizons de l'âme comme ceux de la nature s'illuminent ou s'assombrissent suivant la façon dont ils sont éclairés.

Ici se place une des tentations les plus naturelles et les plus condamnables auxquelles la femme puisse avoir à résister. L'expérience lui apprend l'empire que la colère de l'homme transfère tout d'un coup à la femme. Il en va de même dans toutes les discussions. Celui des deux interlocuteurs qui reste maître de lui-même et qui persévère dans son sang froid se trouve tout d'un coup, quels que soient son âge et sa situation, quel que puisse être le sujet de la querelle, investi d'une supériorité irrésistible. Rien n'est plus fréquent dans le monde que de voir exploiter contre un adversaire cette prise que donne la disposition à l'impatience et à l'emportement. Il est triste d'avoir à reconnaître que, dans beaucoup de ménages, les choses ne se passent pas différemment. Une fois que les hostilités sont déclarées, une fois que la paix est devenue une suspension d'armes, la femme, entraînée à chercher les moyens de se défendre, finit par employer cette manœuvre déloyale. Elle connaît assez son mari, elle a assez pratiqué les défauts de son caractère, pour le tenir en quelque sorte dans sa main. Elle sait quelles paroles, quels gestes, quels accents suffisent à le mettre hors de lui. Peu importe dorénavant qu'elle ait tort ou qu'elle ait raison, que ses demandes soient exorbitantes ou fondées : elle connaît le moyen de venir à bout de la résistance qu'on lui oppose. Il lui suffit de provoquer une explosion de colère, pour trouver, dans l'accalmie qui suivra, son interlocuteur sans force et sans volonté.

Il arrive trop souvent que le premier conflit devient le point de départ d'une hostilité permanente et d'une sorte de divorce moral. Il est donc sage de faire l'impossible pour n'en point venir à cet éclat et pour éviter que les dissentiments ou même les querelles passent à l'état aigu. Il faut, ici comme à la guerre, ne rien laisser à la mauvaise volonté de la fortune de ce qui peut lui être ôté par la prévoyance du conseil.

CHAPITRE IV

Des moyens de prévenir le conflit.

La meilleure manière de prévenir tout conflit, ce serait assurément d'être parfait de part et d'autre; et comme me le disait ma mère, « on n'est jamais heureux dans ce monde qu'en proportion de ses vertus. » Je n'oserais pas dire que ce conseil est trop difficile à mettre en pratique, puisqu'il résume en définitive tous les enseignements du Christianisme : « Soyez parfaits comme votre Père céleste est parfait. » Sans s'élever jusqu'à ces hauteurs théologiques, il est permis à la morale de donner quelques conseils pratiques sur les défauts qui troublent le plus habituellement la paix des ménages et sur le meilleur moyen de les éviter dans l'usage de la vie.

Il ne faut pas se troubler à cette pensée que le mari et la femme peuvent tomber en désaccord, c'est-à-dire avoir une façon différente d'apercevoir un fait ou de l'apprécier. Il ne faut pas plus chercher l'identité de deux âmes que la ressemblance absolue de deux feuilles d'arbre dans une forêt. Hélas! Ne savons-nous pas de reste que l'homme n'est pas même capable de se mettre d'accord avec-lui-même et de demeurer constant dans sa propre pensée? Il faut donc en prendre son parti : il est inutile de se forger une harmonie idéale. Il convient au contraire de bien savoir d'avance qu'un jour viendra où le mari et la femme auront à s'apercevoir de leur dissentiment sur tel ou tel point. Le problème ne consiste pas du tout à nier cette rencontre inévitable, mais à faire en sorte qu'elle ne se transforme pas en un choc et en un conflit.

C'est là précisément ce qui arrive lorsque, par une fausse direction de leur conduite, par un usage intempestif du silence et de la dissimulation, les époux laissent s'accumuler dans leur âme les éléments d'une explosion devenue fatale. Plus l'instant en est retardé, plus la violence en est accrue. C'est à l'heure où, de part et d'autre, ils se sentent incapables de se contenir et de se maîtriser, que le hasard de l'incident le plus puéril et le moins digne d'eux les met en présence et les entraîne à des explications qu'ils ne voulaient pas donner, à des paroles qu'ils ne voulaient pas dire. Alors qu'ils n'auraient pas eu trop de tout leur sang-froid, de toute leur raison, de toute leur tendresse pour débattre entre eux ces sujets délicats qui les divisent et les froissent, il se trouve que l'échange de leurs idées et l'accord de leurs sentiments sont appelés à se faire, non plus dans le calme d'un entretien mais dans le feu d'une dispute. Les observations les plus justes prennent ainsi quelque chose d'acerbe. C'est une blessure dont on éprouve la souffrance, et non pas un conseil dont on reçoit l'avertissement.

Il suffirait, pour éviter cette crise, de déplacer simplement l'explication, et de s'arranger pour qu'elle ne se fasse pas durant cet état aigu et douloureux. Oserai-je rappeler ici le dentiste qui, pour vous opérer, attend un intervalle de calme et de soulagement ?

Ce n'est point au moment où surgit quelque difficulté, où quelque revers rend les âmes moins vaillantes et moins fermes, où un échec surexcite, égare le jugement, qu'il faut se risquer, par la voie honteuse des récriminations ou à travers le déchaînement des reproches, à se convaincre de ses torts réciproques. Il est alors aussi impossible de parler avec mesure que d'écouter avec sang-froid. Il faudrait, pour être raisonnables et vaillants, pour mettre à profit les avantages d'amour et de tendresse qui vous sont faits par la Providence, avoir le courage d'interrompre et d'assombrir les heures les plus douces et les plus fortunées de sa vie. C'est au moment des joies et des sourires, lorsque le monde entier semble disparaître dans cette intimité pleine de charmes, qu'il faut avoir le courage d'interrompre son bonheur. C'est l'instant de s'entendre sur ces nuances de sentiment et de pensée dont sortirait demain une difficulté, et après demain la discorde. C'est le moment heureux où le mari comme la femme ne songeront ni l'un ni l'autre à voir une pensée égoïste dans un désir, ni un blâme dans une critique. En supposant même que la remarque porte sur quelque chose de grave et dont on ait été même blessé, il s'est déjà fait dans l'âme, à défaut d'oubli, un apaisement tel qu'il en coûte vraiment d'entamer de pareils entretiens à l'heure du calme et de la paix. Que si cependant on obtient de soi-même d'aborder un sujet aussi éloigné de l'abandon et de la félicité de l'heure présente, il va sans dire que, nécessairement, tout l'effort de la parole se portera à adoucir et à revêtir des formes les plus acceptables et les plus inoffensives ce que le devoir seul vous impose de rappeler. Ainsi peuvent se produire sans effort et sans contradiction des vérités utiles, des remarques nécessaires. Lorsque viendront plus tard les difficultés, les époux ne seront plus exposés à se jeter à la tête ces reproches offensants qu'on prend toujours la résolution de taire et que toujours on cède à la faiblesse de ressasser.

L'homme et la femme se trouveront également bien de cette franchise préventive, et il faut la recommander à tous deux. Si le silence demande un grand courage lorsqu'il convient de se taire et d'attendre, il faut aussi reconnaître qu'il devient une grande lâcheté lorsqu'il est opportun de parler.

Il est un conseil que je voudrais adresser plus particulièrement aux femmes et dont il leur sera facile de vérifier l'efficacité.

Bien qu'on se permette trop facilement de critiquer l'amour-propre féminin, la loyauté oblige à confesser ici que l'amour-propre de l'homme est bien autrement excessif et intraitable. La femme a dans l'esprit une vivacité, on dit quelquefois une légèreté, qui lui permet de se retourner et de diriger ailleurs ses préoccupations. Il n'en va pas de même de l'homme. Il porte dans tout ce qu'il fait une obstination maladive : il est prêt à subir tout ce qu'on voudra, plutôt que d'avouer publiquement son tort.

Voilà précisément le point aigu.

Lorsqu'une discussion survient dans un ménage et lorsque les avis diffèrent sur la résolution à prendre, rien n'est plus fréquent que de voir la femme céder de bonne grâce et se ranger, contre sa conviction la plus intime, au désir de son mari. Elle renonce à tout ce qu'elle voulait faire ; elle met de côté toutes ses préférences ; elle sacrifie tous ses projets, et se montre ainsi, vis-à-vis de son époux, d'une sagesse et d'une modération vraiment exemplaires.

Seulement, car il y a une réserve à faire dans cette conduite si correcte en apparence et si irréprochable, la femme qui consent à tous les sacrifices tient à bien constater qu'elle les accomplit. Elle veut bien céder alors qu'elle aurait pu défendre et peut-être faire prévaloir son opinion, mais elle entend être reconnue et proclamée la plus raisonnable des deux. Elle cède à toutes les exigences, pourvu qu'il soit admis que ce sont bien là des exigences. Il lui faut son brevet de victime volontaire : c'est à ce prix seulement qu'elle consent à s'immoler.

Il serait difficile d'imaginer une conduite plus antipathique au caractère de l'homme. Il veut bien en effet qu'on lui cède et au besoin qu'on se sacrifie ; mais ce qu'il lui faut avant tout, c'est la liberté de l'ignorer et de ne pas s'en apercevoir. Lorsqu'il est exigeant et oppressif, il le sait mieux que personne ; mais il est dans sa nature, il est conforme à son orgueil, de tenir beaucoup moins à la chose qu'on peut lui céder qu'à l'abandon, ou plutôt à la conquête de la volonté à laquelle il s'adresse. Tant qu'on lui résiste et qu'on lui marchande, il s'accommode encore de ce délai parce qu'il ne perd point l'espérance de venir à bout de cette contradiction. Il a cet orgueil tout masculin, de ne pas admettre qu'il soit possible de résister à son autorité et à son éloquence.

Le moment où sa femme lui cède en réservant par devers elle sa conviction devient pour lui beaucoup plus cruel qu'un refus définitif. Il est bien véritablement vaincu, puisqu'il a matériellement obtenu ce qu'il pouvait désirer et perdu maintenant d'une façon irrémédiable l'occasion de le conquérir moralement. Voilà comment, au lieu de savoir gré d'une concession souvent pénible qui lui a été accordée, il en garde une incurable rancune. Il en veut à sa femme des sacrifices qu'elle lui a faits. Toute la satisfaction qu'il en pouvait attendre a disparu devant la honte de les avoir exigés.

C'est toujours pour ménager cet incurable amour-propre de l'homme que la femme fera sagement de ne point trop s'apercevoir des occasions où l'événement aura pu donner tort à son mari, surtout s'il lui est arrivé de le prédire. Rien ne serait de sa part plus maladroit et plus offensant que de s'en prévaloir. C'est une bien misérable et bien ridicule faiblesse de se sentir soulagé et consolé d'une bévue parce que personne ne vous la reproche. De ce qu'on ne prend point acte de votre tort ou de votre erreur, il ne s'ensuit en aucune manière que vous avez raison. Aussi ne se fait-on point cette illusion impossible. Il n'y a pas là autre chose qu'un acte de pure lâcheté. Nous ne sommes pas capables de supporter la vérité, surtout lorsqu'elle nous est désagréable et qu'elle porte sur un fait accompli.

On voit que le mari et la femme, malgré toute leur tendresse, ne sauraient sans une haute imprudence cesser de veiller sur leur bonheur. Quelque confiance et quelque abandon qu'ils puissent avoir l'un vis-à-vis de l'autre, ils ne doivent jamais perdre de vue les défauts inhérents à la nature humaine : le plus sage est encore de ne pas se demander l'un à l'autre trop de vertus.

Cette vigilance doit s'étendre aux moments les plus heureux de la vie. Peut-être n'est-on jamais plus près de se montrer exigeant et importun, qu'à l'heure où l'on a pris soi-même les résolutions les plus nobles, où l'on éprouve les mouvements les plus tendres et les plus généreux.

L'épouse ou le mari, car ici il convient de parler pour tous les deux, sont restés quelques heures ou quelques jours livrés à eux-mêmes. Dans cet isolement passager, la femme s'est recueillie ; elle a jeté un regard sur sa destinée ; elle s'est sentie heureuse. Elle a fait un retour sur le caractère de son mari ; elle l'a trouvé charmant : son cœur éclate de joie et de reconnaissance. Elle est prête à le recevoir les bras ouverts et le sourire sur les lèvres. Celui-ci, au contraire, dont la pensée a été occupée ailleurs, rentre au domicile conjugal, absorbé, contrarié, de mauvaise humeur. Il y rapporte des manières brusques, des gestes saccadés, un ton sec, bref, cassant. On peut juger de la déception de la femme et du froissement qu'elle éprouve. Au lieu de mettre sur-le-champ en pratique ses belles résolutions et de se montrer dès le premier abord bonne, douce, accommodante, elle sent s'irriter en elle toutes les fibres de son âme. Elle se révolte, elle s'exaspère ; elle éprouve le sentiment de la plus horrible des injustices. Comment ! c'est au moment et à l'heure où sa bonne grâce apprêtait à son mari la fête du retour, où elle se sentait plus gracieuse et plus prévenante, qu'il lui faut se heurter à ce buisson d'épines !

De là cette conséquence, assurément fort inattendue, que la paix domestique risque peut-être le plus d'être troublée lorsque la femme est mieux disposée et de meilleure humeur. Elle n'en a point encore fait profiter son mari que celui-ci devrait déjà lui en savoir gré. Elle lui applique par la pensée je ne sais quelle règle de perfection idéale qu'elle s'est imposée à elle-même ; et il suffit qu'il soit le même qu'à l'ordinaire, pour ne pas répondre assez à cette attente nouvelle dont il a ainsi tout le déboire et non plus le bénéfice

Je disais plus haut que la meilleure manière, non plus de dénouer ce conflit mais de le prévenir, est encore de combattre certains défauts dont on a généralement le tort de ne pas se défier assez. Sous prétexte qu'ils n'ont pas d'importance, on ne se donne pas la peine de lutter contre eux. On est ensuite tout étonné de la place qu'ils tiennent dans le caractère et de l'influence qu'ils exercent sur les événements de la vie.

CHAPITRE V

La mauvaise humeur.

Comme je me disposais à écrire ce chapitre, je me trouvai en dire un mot à un homme jeune encore, mais qui n'est pas sans avoir une certaine expérience de la vie. Il me répondit, demi sérieux, demi plaisant, cette seule parole : « Un chapitre sur la mauvaise humeur ! Mais, en mariage, c'est plus de la moitié de la vie ! »

Je ne prendrai assurément pas cette boutade pour mon propre compte, mais ce mot me paraît peindre assez bien l'importance que beaucoup de gens sont justement portés à attribuer à la mauvaise humeur dans les destinées du mariage.

Il y a deux sortes de mauvaise humeur. Je les appellerai : la mauvaise humeur *préventive* et la mauvaise humeur *consécutive*. Il convient d'en parler séparément.

La mauvaise humeur n'est pas toujours, comme il semblerait devoir arriver, la suite et la conséquence d'une contrariété prévue ou subie. Au moins, lorsqu'elle se trouve provoquée, peut-elle, même sans s'excuser complètement, invoquer dans une certaine mesure le bénéfice des circonstances atténuantes. Mais il faut beaucoup moins pour la faire naître. Les causes qui peuvent l'amener sont parfois tellement accidentelles qu'elle paraît se produire spontanément. Volontiers demanderait-on à quelqu'un, comme au reste il nous arrive quelquefois de le faire, volontiers lui demanderait-on sur quelle mauvaise herbe il a marché le matin, tant sa figure renfrognée, ses gestes anguleux, son ton revêche contrastent avec tout ce qui l'environne. Cet homme et cette femme auxquels on chercherait vainement un motif de s'irriter ou de se plaindre ne laissent pas d'apparaître l'un à l'autre avec une figure lugubre, ou, ce qui est pis encore, nerveuse et exaspérée. On dirait que ce regard inquiet cherche partout où se prendre pour justifier cette humeur massacrante. Il est trop visible que passer au crible comme ils le font tous les aspects de la vie pour y trouver un motif de se fâcher, c'est se ménager avec trop de certitude l'occasion d'y réussir.

Il ne faut pas faire notre nature plus mauvaise qu'elle ne l'est ; ni, sous prétexte de spiritualisme, prétendre affranchir trop aisément notre âme, sinon de la domination au moins de l'influence du corps. Il faut laisser à ce dernier sa part incontestable de responsabilité. S'il est toujours obligatoire et toujours possible de lui résister, il faut bien aussi, pour être équitable, reconnaître les tentations et les empiètements de nos organes.

Il est donc, je crois, de toute justice de faire remonter la plupart du temps à des conditions et à des vicissitudes de tempérament ces assombrissements soudains, ces irritations intempestives, cette surexcitation vague et maladive de la sensibilité.

Ce phénomène, comme chacun le sait, est particulièrement observable chez la femme. Toute sa raison, toute sa force de volonté ne sauraient, dans certaines circonstances, prévaloir d'une façon absolue contre l'accablement momentanée qui lui est imposé. La seule ressource qui lui reste en pareil cas, c'est, dans la mesure de ses forces et de son courage, d'entreprendre et de soutenir une lutte contre elle-même; mais il est bien certain que cette tension même, ce sentiment pénible du combat, ne sont pas faits pour rendre à l'âme son élasticité et son aisance. L'effort par lequel elle assure sa victoire laisse après lui comme un frémissement de combat.

Le plus sûr, en pareil cas, pour la femme est de se prendre comme elle est et de ne point vouloir mal à propos se surfaire. Il est bien à craindre qu'en pareille occurrence sa gaîté ne sonne faux, et qu'elle ne s'interrompe brusquement par quelque éclat fâcheux, comme il arrive lorsqu'une corde se rompt par une tension trop forte et trop prolongée. Rien ne paraît plus sage que le conseil donné à ce sujet par son confesseur à une jeune femme qui lui demandait une règle de conduite. Comment devait-elle faire lorsque, la mauvaise humeur la gagnant insensiblement, cette maussaderie finissait par prendre le dessus et par lui ôter malgré elle toute patience et toute bonne grâce? « Ma fille, » répondit le vieux prêtre, « il suffit d'avertir votre mari de votre impatience et de votre mauvaise humeur. Excusez-vous d'avance auprès de lui de ce que, malgré votre bonne volonté, vous risquez d'être moins bonne. »

Cette recommandation témoigne d'une grande expérience du cœur humain. C'est là en effet un moyen sûr, et plus efficace que tous les efforts du stoïcisme. Il n'est pas possible qu'un mari n'accueille pas avec une faveur et une satisfaction marquées cet aveu d'infériorité qui lui plaît surtout dans la bouche de sa femme. Ce que celle-ci lui demande au fond, c'est de la protéger contre elle-même et contre l'impuissance où elle se trouve de se dominer tout à fait. La patience dont le mari fait preuve à son égard n'est donc plus un sacrifice qu'on lui impose mais un appui qu'on lui demande, et il en éprouve d'avance une certaine fierté.

Cette attitude est autrement sûre et autrement salutaire pour la femme que la prétention poursuivie par beaucoup d'entre elles de se suffire, et de surmonter, sans autre secours que leur énergie, ces crises de mauvaise humeur. Le mari, placé au dehors, ne distingue pas toujours dans cette contention pénible qui ne saurait cependant lui échapper, entre la résolution de se contraindre et le désir de se dérober. Cette physionomie de marbre atteste-t-elle la résolution courageuse de garder la paix, ou ce calme trompeur n'est-il que la méditation de la tempête ?

La femme fera donc bien, malgré tout l'héroïsme qui peut lui avoir été départi, de rester humaine, et de ne pas professer en pareil cas, même si elle était capable de les tenir, des prétentions trop extraordinaires. Avouer sa mauvaise humeur avant que son mari en ait encore souffert, c'est tout simplement avoir la sagesse confiante de la combattre à deux au lieu de le faire isolément. L'alliance conjugale est, ici comme partout, un visible et sûr avantage.

L'homme n'est pas moins exposé que la femme à la mauvaise humeur ; et si l'on veut ici toute ma pensée, je dirai que, moins sujet à ce défaut par tempérament, il le devient beaucoup plus par les habitudes de sa vie. N'est-il pas vrai que nous avons tous, en notre qualité de chefs de famille et en raison des fonctions de toute nature qui nous incombent, une foule de gens pour nous supporter? Les inférieurs trouvent, dans un intérêt lequel va quelquefois jusqu'à la nécessité, bien des raisons de se montrer tolérants, doux, prévenants. Notre mauvaise humeur leur assure trop d'avantages, et presque toujours elle nous coûte trop cher à nous-mêmes, pour qu'ils ne s'attachent pas à l'exploiter au lieu de nous la faire sentir. Il en résulte que, dans notre attitude complaisante de seigneur et maître, il entre toujours une assez forte proportion de mauvaise grâce. Il faut beaucoup plus de vertu et beaucoup plus de mérite qu'on ne l'imagine, uniquement pour ne pas être trop grognon. Ce manque absolu de bonne grâce est très pénible sans doute pour ceux qui ont à le supporter, mais il est très commode à celui qui le pratique ; et lorsqu'on s'est mis une fois sur le pied d'être maussade, le terrible est qu'il devient aussi difficile de s'en apercevoir qu'inouï d'en être averti.

Une fois qu'on s'est engagé sur cette pente, et le nombre de telles gens est fort considérable, il n'est pas difficile de concevoir que cette mauvaise humeur trouve aisément l'occasion de redoubler et de devenir tout à fait insupportable. Aucune affaire ne peut être conduite, aucun devoir ne peut être accompli, sans rencontrer et sans soulever un certain contingent d'obstacles contre lesquels il faut lutter et dont il faut s'affranchir. Il y a peu de natures assez fortes et assez maîtresses d'elles-mêmes pour pratiquer dans le courant de la vie la maxime de ne point se laisser aller à l'irritation et à la colère, surtout lorsque celles-ci sont parfaitement inutiles et par conséquent nuisibles. Que de personnes imitent l'animal mordant le bâton dont il a été frappé !

Lorsque le mari rentre chez lui, excédé de tant d'affaires, et peut-être un peu de lui-même, préoccupé outre mesure des résolutions du lendemain et n'ayant pas la force d'âme nécessaire pour suspendre l'action de sa pensée de la même façon qu'on ferme un livre sur la page commencée, il n'est pas bien étonnant qu'il rapporte au foyer domestique une disposition à l'impatience et à la méchante humeur. Lui aussi, comme la femme, et plus qu'elle, il est disposé à se donner des allures d'impassibilité. Il tient à l'honneur de ne point étaler ses soucis et de ne pas avouer ses inquiétudes. Il se représente au-dedans de lui-même combien il serait héroïque et grandiose de se maintenir dans des régions absolument supérieures à ses propres préoccupations. Il a toujours admiré les généraux qui dorment la veille de leurs batailles, et il prend volontiers un air dégagé, lequel est tout à la fois bien loin de son cœur et bien au-dessus de ses forces.

Le malheur est que ce beau dessein de supériorité et

d'impassibilité n'est point viable. La femme regarde avec un serrement de cœur cette physionomie dure, impatiente, irritée. Elle écoute je ne sais quels sourds grondements; et comme le font les habitants groupés dans le périlleux voisinage des volcans, elle se demande, sans pouvoir le pressentir ni se préserver, de quel côté le sol va tout d'un coup manquer sous ses pas.

Il n'est pas douteux que beaucoup d'hommes, sujets comme les autres à cette infirmité morale, n'en aient conscience, et qu'obéissant tout à la fois à un mouvement de tendresse et de justice, ils ne se fassent à eux-mêmes, avant de franchir le seuil de leur demeure, les plus belles promesses de douceur et de bonne grâce. Leur malheur est que l'orgueil a trop de part à leurs résolutions, et qu'ils se mettent ainsi dans des conditions trop défavorables pour n'être pas vaincus.

La mauvaise humeur est bien dommageable à l'homme, et elle lui nuit considérablement auprès de la femme. Ce défaut le rend tout à la fois ridicule et insupportable: il suggère à son égard des mouvements de colère pour lui résister ou de commisération pour le plaindre. Lorsque la femme est raisonnable et sensée, elle se sent portée à une pitié qui lui rend la tâche facile; mais quel homme ne préférerait le désagrément d'une explication, même un peu vive, à l'aumône et au mépris de ce pardon anonyme?

Le meilleur conseil que l'homme ait à suivre est précisément le même qu'on recommandait plus haut à la femme.

A quoi bon jouer à sa femme cette comédie périlleuse, et pour quelle raison l'exclure ainsi des communes préoccupations de leur vie? Le jour où le mari a le courage de s'ouvrir et de se montrer tel qu'il est, au lieu de prendre à lui tout seul une responsabilité et un souci qui doivent être partagés, tout change d'aspect, tout s'aplanit. La question se trouve posée dans ses véritables termes. La mauvaise humeur du mari change de nature aux yeux de sa compagne. Elle n'a plus cette tournure malheureuse d'un mauvais traitement à subir, mais d'une douleur légitime à partager. Alors la sympathie ne saurait plus avoir cette nuance insupportable du mépris, et la communauté des contrariétés ou des peines rapproche au lieu de diviser.

Cette forme de la mauvaise humeur à laquelle nous avons donné le nom de *préventive* est malheureusement trop fréquente. Toutefois, prise en elle-même, elle n'a point la gravité et n'entraine point les conséquences de la mauvaise humeur *consécutive*.

Il arrive trop souvent que l'apaisement d'un conflit et l'arrangement plus ou moins sincère qui en ressort laissent après eux une irritation qui persiste, même après les plus sincères efforts pour s'entendre et se réconcilier. Ce sont les sourds grondements qui se prolongent encore, même alors que l'orage a cessé et que le tonnerre s'éloigne.

Oserais-je dire que les plus parfaits ne sont point à l'abri de ces situations pénibles, auxquelles la bonne volonté la plus résolue ne paraît pas toujours en mesure de suffire? Il y a quelque chose de triste et de poignant à voir, dans cet intérieur si paisible et si respecté, apparaître tout d'un coup l'effort et la contrainte. La femme et le mari se taisent à la fois, dans l'appréhension commune de faire revivre leur dissentiment, peut-être mal éteint. L'un et l'autre se sentent encore l'esprit plein des idées qui les ont divisés, des paroles qui les ont aigris, le cœur malade des émotions par lesquelles ils ont passé. Que faire, que ne pas faire? Que dire ou que ne pas dire, alors qu'il est si difficile de se prêter à une autre conversation, et que cependant le silence est encore une prolongation et peut-être une aggravation de leur différend?

Il y a cependant un moyen de sortir de cet embarras.

Ce moyen est facile ; il est à la portée de tous : il repose sur les lois les plus élémentaires de la nature humaine.

Il suffit de se mettre à parler d'autre chose.

Rien de plus aisé à concevoir, rien de plus difficile à mettre en pratique.

Les mères avisées et prudentes connaissent bien la manière d'interrompre le cours des idées de leurs tout petits enfants. Elles n'ont garde de les pousser et de les retenir dans des raisonnements irritants et inutiles. Ce serait presque toujours provoquer leur obstination, les confirmer dans leur entêtement et leur désobéissance. Si la volonté de ces pauvres petits n'est pas encore assez forte pour se soumettre et si par là ils sont portés à se montrer revêches et rebelles, en revanche leur intelligence est mobile, et il est facile de lui faire prendre le change. Lorsqu'un enfant pleure, sanglotte, tempête, pousse des cris de désespoir comme si tout était perdu, il suffit que la maman lui demande du ton le plus naturel et le plus tranquille s'il a un mouchoir de poche pour s'essuyer les yeux.

Vous assistez alors à un spectacle vraiment ravissant.

Cette physionomie bouleversée et pantelante se rassérène et se recompose tout d'un coup ; les traits reprennent leur situation naturelle. Volontiers l'enfant sourit-il sans s'en apercevoir, s'il trouve dans sa petite poche, à la place de son mouchoir, quelqu'objet qui l'égaie. Puis, non moins soudainement, son chagrin lui revient à la mémoire, et il reprend le fil interrompu de sa douleur. Toutefois le premier apaisement s'est fait ; ce grand désespoir n'a plus la même intensité.

Cette mobilité de l'attention humaine n'est pas observable seulement chez les tout petits enfants ; ceux-ci gardent, même plus âgés, beaucoup de cette versatilité. Pendant qu'on emporte le cercueil de sa mère, il suffit, pour détourner cette jeune âme du sentiment de cet irréparable malheur, de la moindre diversion. Ce n'est plus sans doute l'étoffe rouge qu'on fait passer devant les yeux du nourrisson pour divertir ses regards du fruit qu'on ne veut pas lui donner, ce n'est plus ce roulement exécuté sur le carreau de la vitre pour lui faire oublier la sensation d'un coup ou d'une brûlure : ce sera un récit, un projet, un souvenir qui réussiront à saisir cette âme et qui suffiront pour l'arracher au plus cruel chagrin.

Un tel procédé ne semble guère applicable à l'homme fait. Il se défend mieux, et n'est pas aussi commode à surprendre. Il ne renonce pas aussi vite ni aussi facilement aux idées dont il est rempli : il les retient, il s'y attache ; il saisit trop aisément l'intention de le détourner ; il a tout le temps de se ramasser sur lui-même et d'opposer aux tentatives du dehors le parti-pris de sa résistance.

Si donc l'un des deux époux était seul à entreprendre cette tâche, il est bien douteux qu'il réussît. Il lui faudrait des miracles de sang-froid et d'adresse pour s'emparer à son insu de cette âme aigrie contre lui, pour faire taire en elle ces emportements auxquels elle est en proie et pour la préoccuper d'autres idées et d'autres sentiments. Il ne faut pas dire sans doute qu'un pareil triomphe serait impossible, mais la mauvaise humeur est trop perspicace et la colère trop peu maniable pour qu'on puisse aisément leur faire prendre le change.

Seulement, ce qu'il ne faut pas perdre de vue ici, c'est qu'un même désir préoccupe séparément ces deux pensées. Elles voudraient, l'une comme l'autre, quitter le terrain brûlant sur lequel elles sont engagées, laisser aller à la dérive les sujets de discussion qui les ont divisées, et se reprendre à quelque nouveau sujet qui les emportât vite loin de ce passé si récent et si douloureux.

Voilà pourquoi une ouverture, quelle qu'elle soit, sera facilement accueillie ; voilà pourquoi on peut ici, à peu de chose près, mettre en œuvre les mêmes procédés qui réussissent auprès des tout petits enfants. Plus il est visible que le nouveau sujet d'entretien n'a aucun rapport raisonnable ni logique avec le débat auquel il a l'intention de mettre fin, plus cette sortie est significative et marque le désir de la paix. Dans la bouche du mari comme de la femme, quel que soit celui qui se montre assez raisonnable pour prendre cette initiative, cette parenthèse banale, déplacée, bizarre même ou burlesque si l'on veut aller jusque-là, n'en a pas moins une portée morale des plus hautes. Celui des deux qui fait ce premier effort témoigne ainsi ouvertement son désir d'interrompre le différend. Précisément parce que rien dans la conversation ne pouvait amener ni faire attendre cette intrusion soudaine, parce qu'aucune association d'idées ne l'avait préparée et qu'aucune réflexion n'en saurait rendre compte, il en ressort que l'intelligence ne joue ici qu'un rôle subordonné. Vous êtes en présence d'un acte moral, d'une avance qui coûte à son auteur, d'un véritable sacrifice qu'il accomplit. Il faut toujours un grand courage pour renoncer à avoir le dernier mot d'une discussion, pour se donner l'air de lâcher pied et d'abandonner le terrain de la dispute.

Voilà pourquoi cette diversion, abordée franchement et jetée tout d'un coup à travers le silence dont se trouvent entremêlées les répliques d'un différend, produit toujours un grand effet sur l'interlocuteur. C'est un avertissement, une concession, une satisfaction. On lui propose ainsi de faire trêve au débat, de fermer la page et de recommencer autre chose. Il est bien rare qu'en pareille occurence, le contradicteur, quels qu'aient pu être son animation et son froissement, ne se sente pas disposé à entrer dans cette ouverture. Peut-être, sur le premier moment, n'aura-t-il pas assez de présence d'esprit ou de force d'âme pour donner sur-le-champ la réplique convenable, pour se retourner tout d'une pièce et se remettre d'aplomb dans ce nouvel entretien; mais, à moins de circonstances tout à fait extraordinaires, il ne se peut pas qu'il ne soit pas touché de cette concession et qu'il ne soit pas disposé à la transaction qui lui est ainsi offerte. A tout le moins il garde le silence et il écoute, ce qui est déjà une première manière de répondre favorablement.

Il faut ici prendre garde de ne pas faire fausse route. Il arrive en plus d'une occasion que cette ressource si précieuse de parler d'autre chose, pour avoir été mise en œuvre d'une façon maladroite, aggrave, au lieu de l'apaiser, le différend auquel on voulait ainsi mettre fin.

La plus grande faiblesse de tous ceux qui discutent est le désir secret d'imposer silence à leur interlocuteur. Ils exigent d'une façon impérieuse qu'on les écoute, et tout ce qu'ils disent leur paraît avoir assez d'importance pour mériter d'être entendu. Il leur semble toujours, en dépit de leur prolixité et de leur complaisance pour eux-mêmes, qu'ils abrègent et qu'ils ôtent à leurs arguments une partie de leur force et de leur valeur. Au contraire, s'il s'agit de la réplique à laquelle ils devraient, pour être justes, prêter à leur tour une oreille également attentive, ils ne peuvent pas se décider à y attacher assez d'importance et à pratiquer suffisamment le respect qui lui est dû.

C'est ainsi que, bien des fois, même en prenant la résolution de se taire et de parler d'autre chose, on s'arrange pour faire d'abord un dernier effort en faveur de sa propre opinion. On accumule, on reprend, on développe de nouveau tous les arguments dont on a l'esprit plein. On les présente, ou du moins on s'imagine les présenter sous un nouveau jour. On termine enfin ce dernier plaidoyer par une péroraison triomphante; après quoi on tire un trait; on rompt l'entretien, pour le transporter à cent lieues de là.

Il ne faut pas s'étonner si une pareille tentative ne réussit guère. Votre interlocuteur que vous avez promené de nouveau à travers tous les points en litige ne vous écoutait pas de son côté sans sentir renaître ses répugnances et sans voir réapparaître ses propres objections. Vous avez donc assez maladroitement surexcité en lui le besoin de répondre, au moment même où vous alliez proposer d'en finir. Votre dessein de parler d'autre chose n'a plus du tout l'air d'une tentative de conciliation inaugurant sur un terrain nouveau un échange plus facile d'idées. Vous lui avez donné une allure de triomphe pour vous, en même temps que de défaite pour votre contradicteur. Il semble que vous vous taisiez, non pas dans le but d'interrompre l'entretien et de le transporter ailleurs, mais uniquement parce qu'on ne trouverait rien à dire pour vous répliquer.

Il faut donc s'arranger au contraire pour interrompre d'une façon opportune ce mauvais courant auquel les deux interlocuteurs sont emportés, et il convient de saisir l'à-propos d'un silence et d'un intervalle.

Il faut éviter avec un soin égal de donner à cette tentative de parenthèse les allures d'un mouvement d'impatience ou d'orgueil. Il y a ici une nuance à saisir. Sans aucun doute, il s'agit avant tout de se débarrasser d'une sorte d'engagement ou de lutte pénible aux deux parties et de revenir à des régions moins orageuses. Ce serait toutefois envenimer encore la situation que d'y mettre trop de désinvolture, comme s'il n'en coûtait rien à votre supériorité. Il ne resterait plus, dans une telle démarche, aucune trace de sacrifice, et dès lors aucune raison d'en savoir gré à son auteur. Bien plus, elle paraîtrait ajouter encore le dédain aux autres mauvais procédés.

Cette dernière remarque n'est pas inutile lorsqu'il s'agit de ramener certains caractères chez lesquels la mauvaise humeur atteint, pour ainsi dire, des proportions anormales. Il ne manque pas de gens dans le monde que personne peut-être parmi ceux qui les fréquentent le plus ne se souviendra d'avoir jamais vu vraiment prévenants et agréables. Ceux-là, il faut les supporter comme on supporte la pluie et le froid. On attend pour sortir que le nuage ait passé. Tout de même, il vaut mieux, avec ces natures mal faites et mal équilibrées, renoncer à les ramener au niveau de tout le monde lorsqu'il leur passe dans l'esprit quelqu'un de leurs accès. On risquerait trop de les hérisser davantage encore. Il faut se contenter de se taire, de s'ôter de devant eux, et de les laisser s'évaporer d'eux-mêmes dans la colère qu'ils ont besoin d'exhaler.

La mauvaise humeur du mari comme de la femme ne tient pas toujours à leur caractère, mais bien souvent à leur régime de vie qui n'est pas suffisamment entendu. Je ne voudrais pas répéter le mot terrible de Rollin : « ennuyeux comme la vertu ! » Assurément, il n'est pas question de s'en écarter nulle part, et surtout dans le mariage. Il faut bien reconnaître toutefois qu'ici les meilleures intentions vont maintes fois trop loin. La nature humaine est ainsi faite qu'elle a un certain besoin de détente et de repos, de distraction, je dirai plus d'amusement. Rien n'est plus visible, par exemple, dans les jeunes gens. Les parents qui ne se préoccupent pas des plaisirs et des jeux de leurs enfants avec autant de soin et de sollicitude que de leur travail n'arriveront jamais à leur donner une éducation sérieuse et durable. Ce n'est point durant ses heures de travail que l'homme se perd, mais pendant ses heures de loisir.

C'est aussi dans ces moments-là que l'esprit se rafraîchit et s'abandonne. Il n'est pas nécessaire pour cela d'avoir recours à des distractions écrasantes. Il en faut bien peu pour les esprits de quelque force et de quelque valeur. Ils gardent toujours en eux quelque chose d'enfantin, de naïf : les natures médiocres qui ne trouvant rien en elles-mêmes ne comprennent pas le don supérieur de s'intéresser aux petites choses, lèvent volontiers les épaules devant ces passe-temps qu'ils osent bien qualifier de puérils.

La vérité est que ces prétendus enfantillages, cet oubli de soi-même dans une intimité qui vous prévient et qui vous supporte, suffit pour rendre à l'âme une élasticité précieuse. On se sent remis : on recommence, avec cette vigueur et cet entrain de l'homme qui reprend plus volontiers le fardeau après l'avoir déposé quelques instants à terre pour respirer.

Je crains bien qu'ici, plus d'un mari et plus d'une femme n'aient quelque chose à se reprocher. Sur ce terrain des distractions où la fantaisie et le caprice peuvent jouer impunément un si grand rôle, il arrive que, par une exigence singulière, nous sommes enclins à opposer une étrange impatience à tout ce qui ne rentre pas exactement dans notre goût personnel. Tel qui adore le piquet ne saurait comprendre qu'on joue au whist : les dominos ou les dames paraissent quelque chose de pitoyable à qui pratique les échecs : le pêcheur qui, debout sur le rivage, tient sa ligne dans la main, lève les épaules en voyant passer le chasseur qui s'élance à la poursuite du gibier; et ce dernier jette en s'éloignant un regard de commisération sur ce pauvre diable condamné à prendre racine et à ne plus se mouvoir.

C'est ainsi, faute de savoir se supporter, et je dirai plus, faute de s'encourager dans ces mêmes distractions, dans ces innocentes fantaisies, que le mari et la femme finissent, sans en avoir formé le dessein exprès, par s'en lasser et par s'en priver réciproquement. Je sais un homme de lettres à qui sa femme fit manger un petit canard dont il était assidument suivi durant ses promenades dans le parc. Un financier de ma connaissance a dû renoncer à émietter quelques chiffons de pain sur la fenêtre de son cabinet où il aimait, au milieu de ses chiffres, à voir picorer les petits oiseaux. Un homme d'Etat avait l'étrange habitude de faire tourner sur l'ébène de sa table de travail un petit *tonton* d'ivoire; et cette intelligence de politique, peu faite assurément pour les contemplations idéales, trouvait dans l'incertitude et l'imprévu de ces cercles capricieux une diversion puissante à ses conceptions diplomatiques.

Il ne faut donc pas qu'une jeune femme, sous prétexte même d'admiration et pour rehausser l'homme qu'elle prétend ainsi corriger en le rendant plus maître de lui-même, vienne apporter ici je ne sais quelles réformes indiscrètes. Une simple remarque serait déjà de trop. Ces personnages graves, malgré toutes les ressources de leur savoir et de leur éloquence, ne sauraient assurément comment s'y prendre pour justifier ces bizarreries minuscules; et cependant leur humeur ne serait pas sans souffrir de cette privation.

Les maris feront bien d'user envers leur épouse de cette même tolérance et de cette même bonne grâce. Ils peuvent se dire qu'il faut y regarder à deux fois avant de prononcer une parole à ce sujet. Il y a trop de chances, en pareil cas, pour que cette parole soit blessante et pénible. Le plus sage est, non pas de contrarier ces petites excentricités, mais plutôt de s'y associer de bon cœur.

De tout ce qui vient d'être dit sur la mauvaise humeur, ne ressort-il pas un conseil que les parents feront peut-être bien de se mettre devant les yeux?

Il est impossible de ne pas s'apercevoir des progrès que fait parmi nous la mauvaise grâce, surtout parmi la jeunesse où elle ne devrait assurément pas trouver place. Combien y a-t-il encore de pères et de mères qui travaillent sérieusement à rendre leurs enfants aimables, qui réussissent à effacer en eux cette disposition bestiale à grogner, comme peut le faire un animal mécontent? Je voudrais, lorsqu'ils sont jeunes, tout leur permettre pour ainsi dire et tout leur accorder, lorsqu'ils le demanderaient d'une voix caressante et le sourire sur les lèvres. Ce serait là le moyen le plus sûr d'éviter plus tard la mauvaise humeur dont nous venons de parler, comme aussi la bouderie dont il va être question.

CHAPITRE VI

La bouderie.

Il est une forme de la mauvaise humeur dont nous n'avons encore rien dit.

Elle mérite pourtant une étude à part.

Je veux parler de la bouderie.

Qui n'aimerait mieux les discussions avec leurs explosions et leurs orages, que cette façon morne et muette d'élever autour de soi un mur de séparation !

Le plus illustre et le plus antique des boudeurs fut assurément Achille se retirant sous sa tente après son différend avec Agamemnon et demeurant sourd aux supplications et à la détresse des Grecs.

La façon de bouder est si simple et si élémentaire, c'est un fait pour ainsi dire si bestial, qu'on n'y voit guère de différences. Partout, semble-t-il, les choses se passent de même.

La baguette enchantée de la fée arrêtait tout d'un coup le mouvement et la vie dans une grande assemblée, même agitée des passions les plus violentes ; chacun demeurait fixe et pétrifié en quelque sorte dans son action inachevée et suspendue.

La bouderie reproduit le même phénomène dans le monde des esprits.

Cette femme que vous venez de voir, parlant et agissant, disparaît tout d'un coup au dedans d'elle-même. Elle se tait ; elle ne répond plus ; elle semble ne pas entendre. Pas un muscle de sa physionomie ne s'anime ou ne s'ébranle; son silence est augmenté, s'il est possible, par l'effacement volontaire de la physionomie. S'il y reste encore une expression, c'est celle d'une obstination inflexible, d'une maussaderie préméditée : elle s'immobilise dans la mauvaise grâce.

Il est peu de défauts de caractère qui réagissent d'une façon plus active et plus efficace contre la paix du mariage. La bouderie joue le rôle d'un dissolvant. Il ne suffit pas d'en revenir pour en faire disparaître les effets.

Il y a deux espèces de bouderies.

Je les appellerai : la bouderie *instinctive*, et la bouderie *calculée*.

J'entends par bouderie *instinctive* ce premier conseil de silence que donnent la timidité et l'orgueil. L'âme s'y abandonne par accident, sans même s'en apercevoir et sans en discerner les conséquences. Avec le temps, elle finit par s'en faire une habitude.

J'entends par bouderie *calculée* ce raffinement de malice qui consiste à user de la bouderie comme d'un instrument de vengeance ou d'un moyen de pression vis-à-vis de ceux qui vous aiment assez pour en souffrir.

La bouderie instinctive ne présente point, surtout à l'origine, cet aspect odieux. Bien loin d'être oppressive, elle se donne des airs de victime; et peut-être l'est-elle véritablement en plus d'une occasion. Toutes les fois que surgit une discussion ou qu'il se prononce un différend entre deux conjoints, l'entente ne peut se rétablir qu'au moyen d'une explication où chacun est appelé à prendre la parole et doit être écouté à son tour. Il entre assez dans les habitudes de l'oppression masculine d'abuser de l'attention qui lui est prêtée et de se refuser ensuite à tout ce qui peut lui être dit. Sans imposer précisément le silence aux discours qui lui sont tenus, le mari témoigne assez haut le peu de prix qu'il y attache : son attitude elle-même trahit son impatience : il ne se met point en peine de retenir ses gestes et ses exclamations ; il jette au travers de l'entretien ses interruptions et ses répliques. La femme, semblable en ceci à la plupart de ceux qui portent la parole, a besoin, pour s'entendre et pour se développer, d'une certaine aisance, d'une certaine quiétude. Il faut avoir longtemps pratiqué les luttes de l'éloquence pour trouver une force dans l'opposition et un redoublement de lucidité dans le combat. Elle comprend, avec cette perspicacité pleine de sens laquelle est l'attribut essentiel de la nature féminine, que, dans de telles conditions, elle se trouve désarmée et incapable de se défendre. Elle préfère donc à bon droit renoncer à toute controverse et ne pas continuer la discussion sur ce terrain inégal. Elle se tait, et ce silence est une protestation. A l'abri de ce masque d'immobilité et d'indifférence, elle devient inattaquable. C'est en vain maintenant qu'on la sollicite, qu'on l'écoute, qu'on la supplie ; elle demeure immobile et morne ; elle ne veut plus répondre, même aux questions les plus simples et les plus inoffensives ; elle se refuse aux paroles les plus nécessaires. Elle a suspendu toute relation. Elle demeure inaccessible dans son indifférence et son mutisme.

La bouderie ne laisse donc pas le plus souvent d'avoir, à l'origine, une certaine raison d'être qui lui sert d'excuse et devient pour elle une circonstance atténuante. C'est un moyen naturel et facile d'échapper à une oppression et à une injustice, souvent hélas ! trop réelles. Il n'est pas d'arme plus efficace ni qui déconcerte plus sûrement le persécuteur.

Le malheur est que cette ressource est trop commode, et que par là elle dégénère trop facilement en un incurable défaut.

Rien assurément n'est plus facile que de se dérober ainsi, que de se retirer soudainement du commerce nécessaire de la vie et de rompre, ou tout au moins de suspendre les relations les plus essentielles au devoir. Il ne manque pas de femmes ni de maris qui se sont fait une habitude de ces boutades. Dès qu'il leur survient une contrariété, une contradiction, souvent même une observation inévitable, on voit soudain leur figure qui s'allonge, leurs lèvres qui se contractent, leurs regards qui s'allument d'un feu sombre. Il est déjà trop tard pour les retenir. Les voilà tout entiers à leur bouderie accoutumée. Il n'y a plus rien à faire avec eux. Plus vous leur viendrez au-devant pour les reprendre et pour les ramener, plus vous les rendrez farouches et récalcitrants.

Dès qu'on s'y abandonne et qu'on s'y obstine, la bouderie ne saurait plus garder cette spontanéité et cette inconscience qu'on remarque par exemple chez les tout petits enfants, ou chez les jeunes femmes qui débutent dans le mariage. Ce vilain défaut, tant qu'il demeure irréfléchi, conserve encore je ne sais quelle grâce. Il ressemble à une protestation de l'innocence et de la faiblesse ; il tient à la fois de la timidité et de la pudeur; on éprouve un certain charme à le combattre et à le vaincre chez une personne qu'on aime.

Malheureusement la nature humaine est ainsi faite, elle est condamnée par son devoir à une lutte tellement impitoyable contre elle-même, qu'elle ne saurait se complaire dans aucune de ses faiblesses sans la voir à bref délai se changer en un vice odieux.

Si la bouderie peut, au premier moment, être conseillée par la timidité, il est trop certain qu'elle se renouvelle et s'entretient par une inspiration d'orgueil et par un esprit de vengeance.

La personne qui boude pour n'être pas écoutée dans les bonnes raisons qu'elle aurait à fournir ne tarde pas à s'apercevoir que ce silence factice et calculé est plus commode encore lorsqu'on n'a rien de bon à dire. Il dispense de toute raison, ou plutôt il sauve de la réfutation où elles ne manqueraient pas de succomber les mauvaises raisons qu'on se murmure tout bas à soi-même. On se plait à les regarder comme invincibles parce qu'elles n'ont pas été contredites, et l'on ne veut point avoir la bonne foi de s'avouer qu'elles n'ont pas même été exposées.

Cet expédient de notre orgueil est visible dans la plupart des controverses soutenues par des esprits faibles et fiers jusqu'à en devenir de mauvaise foi. Lorsqu'ils se refusent à une action ou résistent à un conseil, ils vous donnent habituellement tous les motifs qui peuvent être mis dans la balance, excepté le seul et unique motif qui les détermine efficacement. Celui-là, ils ne veulent point le compromettre en le livrant au hasard d'une discussion où il pourrait avoir le dessous. Il en va de même de la bouderie. Elle ne veut rien entendre ; elle ne veut se commettre à aucune parole. Tous les reproches qu'on peut lui faire, comme toutes les raisons qu'on essaierait de lui donner, sont nuls et non avenus. Rien ne saurait lui arracher la satisfaction instinctive et imperturbable de demeurer inattaquable et victorieuse au dedans d'elle-même.

La bouderie n'a pas seulement ce premier résultat de prêter la main à notre orgueil et de lui assurer une supériorité interne ; elle est aussi un moyen d'attaque et de tyrannie en même temps que de résistance.

Lorsque le petit enfant boude, il ne tarde pas à s'apercevoir, dès l'âge le plus tendre, qu'on souffre autour de lui de le voir se dérober ainsi à l'entretien de ses parents, aux jeux de ses camarades, aux relations de la vie. Le père et la mère sont douloureusement affectés de cette attitude, indifférente à tout ce qui devrait l'intéresser, hostile à tous ceux qu'il devrait chérir. Encore bien que l'enfant ait tous les torts de son côté, ils ne craignent pas souvent de faire les avances, de le solliciter par leurs prévenances et leur douceur, pendant que le petit rebelle, heureux de voir réussir sa vengeance sournoise, rit sous cape de sa propre mauvaise humeur et s'applaudit d'avoir ainsi amené à composition tout son entourage.

N'est-ce pas là, à bien peu de chose près, l'histoire de plus d'une nouvelle mariée, et aussi de plus d'une femme ayant déjà traversé bien des années avec son mari? Il ne lui est pas difficile de s'apercevoir que son époux souffre de cette séparation volontaire de la pensée, de cette rupture de l'entretien, de cet anéantissement momentané de toute relation. Alors, par un conseil de la malice inhérente à notre nature, elle transforme en une arme raisonnée de combat ce qui n'était peut-être qu'un penchant et qu'une défaillance de son caractère. Elle calcule l'effet et la portée, elle mesure la durée et règle les effets de ces airs boudeurs et moroses. Elle en tire avec habileté son profit, et ne s'arrête qu'au moment précis où elle perdrait tous ses avantages en mettant décidément son partenaire hors de lui.

Cette étude de la bouderie considérée sous ses deux aspects nous donne tout à la fois le moyen de nous en défaire en même temps que d'y résister.

La bouderie a ceci de particulièrement terrible dans un ménage, que ce défaut s'accentue de plus en plus. Pour peu qu'on ait eu l'imprudence de s'y prêter, le seul moyen de s'en défendre est une indifférence malheureusement trop semblable à une rupture.

Rien n'est plus difficile que de revenir d'une bouderie un peu prolongée. Comme elle exclut toute relation, toute communication, tout échange d'idées, il n'est guère possible de découvrir, comme dans la mauvaise humeur ou même la colère, quelqu'incident ou quelque parole qu'on mette à profit pour faire dériver l'entretien et le rétablir dans son état primitif. Celui qui boude et qui se sent disposé à devenir plus raisonnable a donc tout à faire; et avec la meilleure volonté du monde il est bien malaisé à celui qui se trouve en face de lui de lui prêter la main. Ajoutez-y que, dans la plupart des cas, celui-là ne s'y trouvera guère disposé. La bouderie, en effet, a quelque chose de contagieux dont le caractère le plus ferme et le mieux trempé a bien de la peine à se défendre. Le spectacle seul de la colère suffit, en plus d'une occasion, pour nous avertir, nous mettre en garde et nous rappeler à notre sang-froid; il n'est pas rare qu'il augmente au lieu de l'affaiblir notre empire sur nous-mêmes. Il n'en va pas de même de la bouderie. Elle finit par triompher du courage le plus résolu; elle éteint la bonne grâce la plus vaillante; et lorsque, persuadé par son propre repentir, le coupable veut revenir de sa mauvaise humeur, il arrive presque toujours qu'il trouve son interlocuteur maussade, et d'autant moins disposé à lui donner la réplique qu'il y avait mis en commençant plus de bonne volonté.

Le plus sûr pour tous ceux qui se savent enclins à ce défaut est donc de veiller sur eux-mêmes de façon à ne pas laisser la première ombre s'étendre sur leur visage. Encore qu'il ne faille conseiller à personne la violence des explosions et des sorties, je ne sais pas si, vis-à-vis des boudeurs, je ne me départirais point de cette règle essentielle de prudence et si je ne me résoudrais pas à leur conseiller un peu plus de vivacité et moins de retenue. Il vaut mieux se risquer à quelques inconvénients de ce côté-là, plutôt que de garder éternellement sur le cœur quelque chose dont on s'attriste ou dont on se crispe.

Si la bouderie prolongée offre rarement une issue, rien n'est, au contraire, plus aisé au premier moment que de l'interrompre et d'y mettre fin. Elle n'entraîne pas, à ce premier moment, tous ses inconvénients et toutes ses conséquences, comme il arrive par exemple de l'emportement et de la colère. Il lui faut un certain prolongement pour se faire sentir. Voilà pourquoi, interrompue à temps, elle ne laisse pour ainsi dire pas de traces. Rien n'est plus facile, avec un peu de complaisance, que de ne s'en être même pas aperçu.

Il arrive, en plus d'une occasion, que le mari ou la femme se sont ancrés dans ce défaut au point de ne plus même chercher à s'en défaire. Plus ils le pratiquent, moins il leur semble odieux. Ils en viennent à regarder comme un état normal un silence de vingt-quatre heures, et peut-être plus tard d'une semaine entière. Lorsqu'il y a, pour ainsi dire, consentement mutuel et lorsque l'entêtement est égal, l'inconvénient est moins grand qu'on ne pourrait le croire. Il n'y a plus de victime ni d'un côté ni de l'autre; un pareil ménage est plutôt ridicule qu'odieux.

Cet accord dans la même erreur n'existe qu'à l'état d'exception; le plus souvent, l'un des deux plus particulièrement souffre de cet état de choses. Dans l'impuissance où il se sent d'y porter remède, il se demande à tout le moins quel serait le meilleur moyen de s'en défendre.

Avant tout, ce dont il faut se garder, c'est d'entreprendre une lutte directe contre la bouderie.

S'il est recommandé, dans le mariage, de supporter les défauts de la personne à laquelle on est uni, il n'importe pas moins de ne pas les provoquer et de ne pas les entretenir.

La bouderie, bien loin de céder aux prévenances et de rendre justice à ce qu'on peut lui faire d'avances et de concessions, en tire une raison nouvelle de se dérober derrière les retranchements qu'elle a élevés autour d'elle. Comme elle ne demande rien de précis et de déterminé, elle se ménage toujours la ressource, quoi qu'on dise ou quoi qu'on fasse pour lui plaire, de ne point le prendre pour elle et de n'en savoir aucun gré à personne. Tout au contraire, elle y trouve un nouveau motif pour se plaindre et se refuser. Comme elle entend avant tout qu'on respecte son isolement et son silence, elle se croit ainsi autorisée à regarder les discours comme une injure et les bienfaits eux-mêmes comme une sorte d'attentat.

Il faut donc, dans l'intérêt même de la personne qui boude, pour ne pas lui fournir l'occasion de se complaire dans son défaut et d'en redoubler les exigences, opposer à cette attitude morose une résolution inébranlable de mansuétude et de placidité. Il faudrait saisir et maintenir vis-à-vis d'elle cette nuance précise et délicate qui témoigne d'une âme maîtresse d'elle-même, et résignée sans dureté ni forfanterie à supporter un mauvais moment.

Il n'est que juste de reconnaître ici la difficulté comme aussi le mérite de cette attitude. Le plus malaisé n'est pas de la prendre mais de la conserver jusqu'au bout, de ne pas se montrer plus irrité ni plus las après une journée entière qu'à la fin de la première heure. Un éclat gâterait tout. Prétendre triompher de la bouderie par la force et par la violence, c'est tout simplement lui fournir de nouveaux prétextes et la rendre au rôle toujours plus avantageux de la victime, alors qu'elle en était venue décidément à celui de bourreau.

Lorsqu'enfin il conviendra à la personne qui vous tient rigueur de sortir de sa tente et de rentrer dans la vie commune, il importe avant tout, pour la concorde future du ménage, qu'elle rencontre devant elle un oubli complet de ce qui a pu se passer.

La générosité est plus facile en ce cas que partout ailleurs. Ici, en effet, il n'y a pas à revenir sur quelque action fâcheuse, sur quelque résolution regrettable : il n'y a ni à rectifier, ni à reprendre, mais seulement à pardonner. Le silence le plus obstiné et le plus désagréable ne tire pas à conséquence. Il n'y a donc pas lieu de rendre par son ressentiment ce retour moins prompt et plus difficultueux. C'est l'éternelle infirmité des âmes sans délicatesse et sans prévoyance, de vouloir toujours faire sentir aux autres les torts qu'elles leur pardonnent : elles ôtent ainsi au repentir sa douceur, en lui rendant l'amertume de sa faute et peut-être l'aigre dessein de la recommencer.

Il ne faut pas se faire illusion : cette ressource de l'indifférence à laquelle nous conseillons d'avoir recours comme à un moyen de défense tout à la fois doux et efficace ne laisse pas d'avoir ses dangers. Cette indifférence pénible, émue, qui coûte tant à la tendresse, risque toujours de se changer en une indifférence véritable. Alors, sans doute, le mari comme la femme cessent, dans une certaine mesure, de souffrir de leurs défauts réciproques, mais ce détachement ne s'accomplit point sans opérer entre eux une sorte de séparation morale tout au détriment de leur tendresse. Il est presque inévitable qu'ils jouissent moins des qualités l'un de l'autre, dans la mesure où ils prennent leur parti de leurs défauts réciproques.

CHAPITRE VII

Le caprice.

Il faut mettre encore au premier rang parmi les causes de conflit qui peuvent menacer la paix du ménage deux défauts qui, pour être de tous les temps, n'en sont pas moins tout particulièrement du nôtre.

Je veux parler du caprice et de l'entêtement.

Ces deux défaillances de caractère tiennent au fond à la même cause, l'absence d'une volonté suffisante pour se rendre ou pour persévérer.

Encore bien que l'homme et que la femme soient pareillement sujets à toutes les imperfections que comporte notre pauvre humanité, ce serait, je crois, se refuser à l'évidence que de ne point signaler ici une appropriation particulière de ces deux imperfections. Il n'est pas douteux que la femme est plus spécialement capricieuse et l'homme plus particulièrement entêté.

Une personne capricieuse est toute prête à s'imaginer que cette multiplicité des déterminations, cette exubérance de désirs, cette alternative de renoncements et d'initiatives attestent une puissance extraordinaire de volonté. Facilement admire-t-elle en elle-même ce don merveilleux d'une force toujours présente et toujours inépuisable, capable, sans se lasser ni se déconcerter jamais, d'enfanter des desseins toujours nouveaux et toujours inouïs.

J'en suis bien fâché pour la prétention que cette

personne affiche, mais rien n'est plus étranger au véritable emploi et à la véritable puissance de la volonté que l'instabilité maladive du caprice.

Notre nature est ainsi faite que, sollicitée à l'action par les motifs les plus divers et les plus contradictoires, elle est appelée, non point à s'abandonner et à suivre l'une ou l'autre de ces impulsions, mais, tout au contraire, à entreprendre un double travail sans lequel la résolution n'a plus de valeur, le caractère plus de tenue, la conduite plus de règle.

Nous devons, au lieu de nous complaire dans l'attrait du désir ou le plaisir de la jouissance, soumettre au jugement de la raison les émotions même les plus vives et les imaginations même les plus flatteuses. Nous devons nous rendre compte de leur rapport avec le devoir et avec la sagesse. C'est une appréciation théorique dans laquelle nous éliminons autant que possible nos propres complaisances et jusqu'à nos propres intérêts, pour ne considérer que le bien en soi.

Lorsque cette délibération du meilleur a été tenue avec l'impartialité et la fermeté requises, nous faisons alors intervenir notre volonté pour mettre à exécution ce qui a été résolu en conformité avec cette enquête. Il pourra sans doute se rencontrer dans le détail de l'exécution bien des difficultés, bien des obstacles; mais, comme la raison d'agir n'a point été empruntée à la région incertaine des sensations, des impressions mobiles et éphémères, comme le jugement moral ne change pas, la volonté qui en est le témoin et l'agent n'éprouve nulle velléité de revenir sur ses pas et d'essayer une autre combinaison.

Cette analyse suffit pour donner le secret du caprice. C'est la volonté humaine privée de ses deux antécédents naturels et nécessaires: la délibération qui l'éclaire et la résolution qui la fixe.

Supprimez ces deux antécédents logiques, et vous

vous trouverez soudainement en présence de toutes les impulsions inférieures et fortuites qui peuvent vous venir de tous les côtés. Nous ressemblons alors à cette feuille qui tremble sur sa tige délicate au plus haut sommet de l'arbre : nul souffle ne saurait passer sans la faire tressaillir ; il suffit d'une goutte d'eau ou d'un grain de poussière pour la charger et la fléchir ; la branche qui la porte ne peut recevoir un choc sans qu'elle en ressente et n'en trahisse le contre-coup par un frémissement affolé.

C'est bien là l'image de ces caractères à la fois débiles et emportés dont les résolutions ne connaissent ni guide ni frein. Ces natures demeurent la plupart du temps irrésolues, indécises, flottantes, semblables à ces navires de l'ancienne marine qui erraient au hasard des flots, tant qu'un souffle n'était pas venu rendre la vie à leurs voiles et le mouvement à leur marche. Il suffit qu'à travers ce calme plat de leur vie, ces âmes reçoivent une impulsion, sentent passer en elles le frisson du désir, la révolte de la répugnance, pour qu'immédiatement elles se mettent en marche, elles se hâtent, elles se précipitent avec d'autant plus d'impétuosité vers cette fin passagère de leur volonté, qu'aucune considération ne les retient, aucune lumière ne les guide. Elles vont tout droit devant elles, comme le taureau des jeux espagnols, jusqu'au moment imprévu où une cape écarlate traverse de son reflet étincelant le passage furibond de l'animal. Vous le voyez qui s'arrête court, qui se détourne, et qui, sans délibérer davantage, poursuit avec la même fureur la nouvelle trace qui l'a égaré.

Ce qui rend le caprice si particulièrement funeste, c'est qu'il est tout à la fois imprévu et violent, et d'autant plus violent qu'il est plus imprévu. Comme il n'a par devers lui aucune raison visible et exprimable qui soit en mesure de le justifier, il ne saurait trouver aucun contrepoids dans l'esprit de celui qui s'y abandonne. Moins par conséquent il est raisonné, plus il est impérieux. Si tout en obéissant à son caprice on voulait prendre la peine d'en chercher les motifs, loin de le rendre plus impétueux, on en affaiblirait à coup sûr l'exaspération ; il n'en faudrait peut-être pas davantage pour le rendre raisonnable.

Il est bien difficile de se guérir du caprice, lorsqu'on lui a livré pendant quelque temps l'empire de sa volonté. Rarement se sent-on disposé à entreprendre cette cure. Je ne sais pourquoi le caprice, bien loin d'être haï comme d'autres défauts, moindres peut-être, jouit au contraire dans le monde d'une assez bonne renommée, presque d'une certaine faveur. On trouve que le caprice ne messied pas à une jolie femme. Il y a là pour elle un moyen facile et agréable de s'attester à elle-même la puissance et l'étendue de son empire ; l'homme, de son côté, ne semble pas trop malheureux de s'y soumettre. C'est pareillement pour lui un moyen aisé et charmant de lui prouver la vivacité de ses sentiments et sa disposition au sacrifice. Toutefois, en cherchant bien, on découvrirait peut-être, tout au fond de ces égards exagérés et de cette galanterie à outrance, une dernière raison de mépris et d'orgueil dans laquelle se complaît la supériorité masculine. L'homme n'est point fâché de trouver ainsi la femme inférieure à lui-même. Il ne lui déplaît pas d'avoir à céder à des caprices sans motifs. Il aime mieux en souffrir et les satisfaire. Il lui semble volontiers qu'il est en présence d'une enfant de laquelle on obtient tout au prix d'un colifichet.

La femme ne distingue pas toujours cette nuance insultante ; ou, si elle s'en doute un peu, elle préfère ne pas approfondir. D'ailleurs, rien ne lui est plus aisé que de tirer vengeance de ce mépris. Elle en vient vite, lorsqu'on lui cède trop, à ce que j'appellerai les *caprices simulés*. Il est trop commode de feindre l'improvisation d'un désir, de jouer la comédie de l'imprévu, et de faire passer pour une inspiration subite quelque désir longuement médité.

C'est une mauvaise politique dans le ménage, que de se prêter sans mesure et sans réflexion, peut-être même avec une certaine complaisance, à toutes les exigences des caprices.

Notre nature est tellement insatiable que nulle patience, nul effort, nul sacrifice ne sauraient venir à bout de combler cette puissance de souhaiter et d'exiger. Il vient toujours un moment où la bonne volonté la plus active se trouve en défaut. Toute cette abnégation et tous ces sacrifices n'ont abouti à rien. On finit par vous réclamer la lune, et il vous faut confesser, sans qu'on vous la pardonne, votre impuissance à la donner.

Il est donc essentiel de prendre des mesures contre l'envahissement du caprice. Il est aussi essentiel que difficile d'y réussir sans rien briser.

Beaucoup de gens regardent comme efficace et comme raisonnable la méthode qui consiste à entreprendre une sorte de controverse contre le caprice. Il leur semble que le plus sûr moyen de ramener un esprit qui s'égare et qui se laisse emporter est de lui montrer, avec une parfaite évidence, combien sont peu fondées les velléités auxquelles il s'abandonne.

C'est là un aveu triste à faire, mais il est certain que ce procédé n'aboutit pour ainsi dire jamais. Au lieu de calmer et d'instruire la personne à laquelle on s'adresse, on ne réussit guère qu'à produire en elle un commencement d'irritation et presque toujours un redoublement de vivacité dans le désir dont elle est envahie. Vous vous adressez, en effet, à l'intelligence de cette personne ; vous lui montrez, par une argumentation aussi décisive que possible, l'inanité ou la déraison de ses motifs ; vous lui faites voir avec une entière clarté l'excès de ses prétentions. Cette façon de procéder, excellente en toute autre occasion, n'est véritablement plus admissible ni pratique dès qu'on a affaire au caprice. Tous vos efforts n'aboutissent qu'à humilier votre interlocuteur, sans réussir le moins du monde à le convaincre. Il ne se pique point d'avoir raison ; il n'a jamais songé aux motifs qu'il pourrait bien alléguer pour justifier l'emportement et la soudaineté de ses désirs. Il les éprouve : cela lui suffit pour s'y abandonner. Vous le jetez dans une position irritante et difficile lorsque vous le mettez ainsi en demeure de justifier les mouvements de son âme, soit vis-à-vis des autres, soit même à ses propres yeux.

Ce n'est donc point par la contradiction directe contre laquelle il se heurterait, ni par la discussion dont il ne saurait supporter les arguments, qu'on doit lutter contre le caprice. Il y faut mettre plus de ménagement et plus d'adresse. Les moyens détournés, pour ne pas apparaître avec autant d'effet extérieur, ne laissent pas d'agir d'une façon sûre et efficace. Il suffit, par exemple, d'ajourner l'exécution d'un caprice pour le voir diminuer de violence, et souvent faire place, au bout de peu de temps, à une résolution toute contraire. Je connais un fort galant homme d'une fortune ordinaire, lequel avait pour femme, comme tant d'autres, une enfant gâtée et mal élevée. Peu habituée en province aux tentations des étalages parisiens, elle éprouvait, depuis le peu de temps qu'elle habitait la grande ville, des envies folles de tout ce qu'elle voyait, envies raisonnables du reste, renfermées dans les limites de son honnête budget et que leur multiplicité seule rendait onéreuses. Son mari, homme de bon sens, lui avait conseillé, pour toute règle de conduite et pour tout remède, de ne jamais acquérir sur l'heure ce qui lui paraissait le plus souhaitable et le plus avantageux. Il lui demandait seulement de remettre au lendemain l'achat qui la passionnait la veille. Ai-je besoin de dire qu'une nuit de réflexion ou seulement d'oubli suffisait pour dissiper la plus grande partie de ses désirs; elle ne daignait plus prendre la peine de mettre à cet effet le pied dans la rue, lorsque, le jour d'avant, la vie ne lui semblait pas possible sans cette satisfaction.

La méthode de cet homme d'esprit est autrement efficace et autrement sûre que l'opposition la plus ferme ou la plus adroite. Le caprice qui ne saurait se donner à lui-même aucune raison d'être en trouve une dans la résistance qu'on lui oppose. Il devient plus intense et plus ardent, en proportion de la lutte qu'on lui livre. Au contraire, lorsqu'on lui cède en paroles, tout en remettant au lendemain sa réalisation matérielle, le désir, satisfait en effigie, s'apaise et s'éteint comme s'il était déjà en possession de son objet. Lorsque vient le moment d'en prendre livraison, l'imagination s'en est déjà repue, le caprice s'est porté ailleurs, et ce besoin furieux se résoud en une complète indifférence.

Ce délai salutaire dans l'accomplissement de ses désirs doit être obtenu de la raison et du consentement de la femme. Rien de moins digne et de plus dangereux que de viser à ce résultat par des subterfuges et des manœuvres. Il faut bien se dire qu'en dépit de la futilité et de la puérilité de ses allures le caprice, en plus d'une rencontre, a toute la violence d'une passion et par conséquent qu'il en a toute la clairvoyance.

La femme ne considère point le peu d'importance des sujets sur lesquels peuvent porter ses convoitises. Moins ses caprices lui paraissent tirer à conséquence, plus elle se sentira froissée de cette opposition sourde et déloyale, de ce consentement apparent qui s'ingénie en même temps à susciter des obstacles. L'homme a la force pour lui; la femme admet qu'il y ait recours et comprend même qu'il en abuse, mais non pas qu'il se réfugie dans cette lâcheté de la tromper et de la surprendre.

Quelque longanimité que le mari puisse apporter dans ce commerce instable d'exigences, il ne se peut pas qu'il cède toujours. La vie ne serait pas tenable pour lui;

elle manquerait de suite et de dignité; il serait bien vite entraîné à des actions ridicules et à des dépenses ruineuses. Il faut donc qu'il résiste, et qu'il résiste ouvertement lorsque la nécessité lui en imposera le devoir. Il aura alors à prendre garde à deux choses. Il devra, en premier lieu, choisir avec un sang-froid particulier, et après une longue méditation, le terrain de cette rencontre; puis, une fois qu'il aura engagé le conflit, ne point céder quoi qu'il puisse arriver. Bien des gens font ici fausse route. Au lieu de s'arrêter à une question importante, visant un intérêt de premier ordre et dans laquelle la personnalité du mari n'est point mise en cause, ils se laissent aller le plus souvent, par un mouvement d'impatience, une rencontre fortuite, une surprise, à inaugurer imprudemment cette opposition dont ils n'avaient pas l'habitude. La femme n'y voit qu'un caprice de résistance, qu'une improvisation de sagesse dont il lui importe de se garantir à tout prix, pour qu'une pareille velléité n'aille pas se renouveler à son détriment. Au contraire, si l'opposition du mari n'a rien d'accidentel ni d'inattendu, si elle laisse voir un choix et une réflexion, la femme en saisit l'importance et en devine le parti-pris. Elle se résigne à mettre certains sujets en dehors de la sphère habituelle de ses caprices, et ce premier effort de résistance contre elle-même n'a plus qu'à s'étendre et qu'à persévérer pour devenir une véritable guérison.

Le caprice n'est pas seulement un défaut du caractère qui rend la vie orageuse et décousue; il a encore une autre portée dont il faut tenir compte dans un ménage. Il a pour effet inexcusable d'entraîner après lui dans une maison une désorganisation complète. C'est un des défauts les plus tranparents vis-à-vis des inférieurs, et un de ceux qui jettent le plus de discrédit sur les maîtres. Il faut bien se figurer, en effet, que leur situation même ne permet guère à nos serviteurs d'agir comme ils l'entendraient; leur initiative est singulièrement restreinte, et il ne leur est guère possible de se livrer à des caprices lorsqu'il ne leur est pas même loisible d'avoir des volontés. Il en résulte que ces intermittences de résolutions, ces contradictions dans les ordres, ces commencements de toutes choses sans raison et sans suite, ont vite brisé toute espèce de bonne volonté. La caricature représente ainsi un aide-de-camp qui tient à la main un pli cacheté et arrête son cheval impatient de partir. — « Qu'attendez-vous pour m'obéir? » s'écrie le général impatienté. — Le contre-ordre qui va suivre et que je pourrais emporter en même temps! »

CHAPITRE VIII

L'entêtement.

L'entêtement, si différent du caprice par ses effets, a pourtant la même origine.

Il naît comme lui d'une défaillance de l'intelligence, laquelle entraîne après elle une défaillance de la volonté.

Dans le caprice, l'âme se laisse saisir sans résistance au premier mouvement qui la sollicite, non pas même à un motif qui l'éclaire, mais simplement à un désir qui l'emporte. Elle suit cette direction, jusqu'au moment où une autre influence la dévie et la précipite ailleurs. Elle ne veut rien écouter, rien entendre : toute sa faculté de vouloir se trouve ainsi à la merci des aventures.

L'entêtement, lui aussi, est le triste apanage des âmes faibles et bornées. Les esprits étroits, immodérés, orgueilleux, incapables de découvrir par eux-mêmes et d'apprendre d'autrui, demeurent la plupart du temps immobiles et irrésolus. Ils ne délibèrent point, parce que la délibération comporte une certaine variété de motifs, la faculté de les apercevoir, la puissance de les comparer, la force de choisir entre eux.

Ce qui constitue à proprement parler l'entêtement, c'est précisément la suppression de ces différentes phases.

Un esprit à la fois vide et borné, incapable de retenir son jugement et d'instituer une enquête, se trouve tout d'un coup en présence d'une combinaison qui le séduit, d'un motif qui le convainc, d'une raison qui le confisque. Il se passe alors dans cette âme un phénomène moral semblable à celui que les savants signalent dans le vide. Il suffit qu'il y soit introduit la moindre parcelle de gaz, pour qu'en vertu de l'élasticité et de la répulsion des parties gazeuses les unes par rapport aux autres, cet espace se trouve occupé tout entier par la dilatation de cette quantité minime.

Il en va exactement de même lorsqu'une intelligence débile se rencontre avec quelque idée qui l'envahit : cette intelligence est remplie, elle est dominée; il n'y reste plus de place pour aucune autre considération. On dirait que la faculté pensante de ce pauvre esprit est épuisée et surmenée. Il se complait à répéter, à ressasser cette maigre raison qu'il a sans cesse devant les yeux et dont il ne peut se résoudre à sortir. Il se refuse à rien écouter, parce qu'il se sent incapable de rien comprendre.

Le meilleur moyen de confirmer un homme dans l'entêtement où il s'immobilise, c'est d'essayer de combattre en face cet entêtement. Il ne faut pas juger de la valeur ni de la portée des arguments par leur puissance intrinsèque et leur excellence logique. Ils n'ont d'action sur notre âme et de clarté pour notre esprit que dans la mesure où il nous plaît de les écouter et d'y consentir. Il appartient, en effet, à notre liberté de se refuser, si elle l'entreprend, même aux lumières de la pleine évidence. Lors donc que vous étalez devant cet obstiné tous les trésors de votre dialectique, toutes les preuves de votre expérience, toutes les ressources de votre rhétorique, vous aboutissez, pour tout résultat, à provoquer dans cette âme une continuité de négations et de résistances qui éloignent d'autant la vérité. Il n'était pas impossible, en dépit de son parti-pris, qu'il rencontrât de lui-même sur son chemin l'une ou l'autre des vérités que vous lui mettez ainsi devant les yeux; peut-être y aurait-il pris garde, et s'en serait-il servi pour introduire de lui-même dans ses pensées un nouvel élément de comparaison; il aurait pu ainsi aboutir, par une dérivation insensible et spontanée, à quelque point de vue nouveau dont sa volonté aurait fait son profit; il se serait ouvert une issue et il serait sorti de cette immobilité morne. Votre insistance maladroite a tout gâté. Vous avez d'avance discrédité auprès de lui les meilleures raisons. Il s'imagine les avoir entendues, les avoir comprises, les avoir réfutées. Il ne sera plus possible de lui en parler dorénavant sans amener sur ses lèvres le sourire confiant du triomphe. Il sait ce que vous allez lui dire : vous ne faites que le lui répéter : il n'a pas besoin de recommencer une fois de plus cette controverse dont il s'imagine être sorti déjà victorieux.

Ces remarques sont bien essentielles surtout lorsqu'il s'agit de la conduite à tenir entre époux. Rien de plus onéreux et de moins supportable, lorsque les rapports sont ainsi de tous les jours et de toutes les heures, qu'une insistance maladroite et excessive. Rien aussi de plus difficile qu'une complète résignation au silence, lorsqu'on se sent en possession des raisons les plus péremptoires, et lorsqu'on voit à côté de soi une personne aimée s'obstiner dans une conduite dommageable et universellement blâmée. Il faut, en pareil cas, une rare fermeté pour se taire, pour ne point provoquer et renforcer par des provocations inopportunes une résistance dont la douceur et le silence seraient probablement venus à bout.

Il n'arrive guère, malheureusement, que les époux observent entre eux cette règle de prudence. Il n'est pas rare de voir une femme reprendre pour la vingtième, pour la centième fois, le même thème avec les mêmes variations. Elle recommence, avec le même feu et le même acharnement, un assaut où elle a déjà été tant de fois repoussée. Elle crée ainsi à son mari un nouveau motif de s'obstiner et donne à l'entêtement la force nouvelle de l'irritation.

Quels que doivent être les inconvénients d'une résolution ainsi arrêtée et maintenue contre toute justice et contre toute évidence, il n'en est pas moins nécessaire de discerner les points sur lesquels il faut se garder d'insister devant la certitude de ne rien obtenir. Cette vue claire et nette des partis à prendre et des résignations à pratiquer est une des garanties les plus efficaces de la concorde entre les époux.

Doit-on aller jusqu'à dire qu'il est impossible de faire entendre raison à un entêté? Je ne sais s'il faut en effet porter sur ce défaut une condamnation aussi cruelle. Ce que je sais bien, c'est que, dans la pratique, il ne faut guère espérer une victoire directe et encore moins l'entreprendre. Ce n'est pas que l'entêté se trouve foncièrement privé de sa raison, et par conséquent incapable de se prêter à aucun éclaircissement; mais, pour peu qu'il ait persévéré quelque temps dans son dire ou dans son vouloir, il est arrivé à en faire une question d'amour-propre où sa personnalité tout entière est attachée. Tout changement dans ses pensées ou dans ses actes prend pour lui l'aspect d'un désaveu et d'une lâcheté. Il finit par regarder comme partie intégrante de son honneur cette persévérance et cet acharnement. Il ne peut plus se rendre sans se reconnaître vaincu, sans se démentir, sans se déshonorer.

C'est pour se préserver de cette honte, qu'à chaque attaque, l'entêté ramasse et renouvelle en quelque sorte les puissances de sa volonté. A chaque fois, il dissimule avec plus de soin les minces raisons qui avaient pu le déterminer à l'origine; il en préserve la solidité par le soin qu'il prend de n'en pas éprouver la force, de n'en pas même laisser soupçonner l'existence.

La femme ferait beaucoup plus sagement de se taire,

de se résigner et d'attendre : le temps agit pour elle. L'entêtement, lorsqu'on se garde de l'inquiéter et de l'avertir, finit assez rapidement par se lasser de lui-même. Cette tension de la volonté, que rien ne justifie, amène à bref délai une détente inévitable, une réaction proportionnée. L'entêté n'avouera point qu'il a changé; et volontiers, s'il le pouvait, oserait-il se le dissimuler à lui-même. Il n'exprimera même aucune opinion contraire à celle où il s'était systématiquement immobilisé; mais, peu à peu, il agit et il parle dans un sens opposé. Gardez-vous à cette heure de crise de vous en apercevoir ou de le lui faire remarquer; tout serait perdu : il se hâterait de revenir sur son changement et recommencerait à nouveau une obstination encore plus insensée et plus invincible. Il faut épargner en lui cette fausse pudeur d'amour-propre qui veut avoir l'air de continuer la même action à l'heure précise où sa conduite la dément.

Si l'entêtement est difficile à vaincre, il est heureusement aisé à prévenir.

Le moyen de s'en préserver est bien simple, il est à la portée de tous. Il consiste à user d'un redoublement de circonspection et de réserve, toutes les fois qu'on sait avoir affaire à un entêté; dût-on pour cela renoncer aux pratiques les plus simples et les plus raisonnables.

L'habitude de prendre conseil l'un de l'autre et de se communiquer d'avance ses réflexions sur les événements à subir ou les résolutions à arrêter est assurément l'une des plus grandes douceurs et des plus grandes forces de la vie commune. Aucune aventure ne saurait prendre au dépourvu celui qui a toujours auprès de lui un cœur ami pour le soutenir et pour l'éclairer.

Cette association dans une action commune n'est vraiment possible qu'à une condition : c'est que l'accord se fera entre ces deux esprits et qu'ils chercheront à s'entendre.

Cette harmonie se produit rarement du premier coup. La façon de sentir et de juger est trop naturellement différente suivant les personnes, pour que chacun n'apporte pas, au premier moment, une impression et une opinion tout individuelles.

Cette franchise et cette netteté de sentiment et de pensée n'a pas d'inconvénients lorsqu'elle joue le rôle désintéressé d'un moyen d'information. Elle éclaire les faces diverses de la détermination à prendre ou de la sentence à porter : l'harmonie n'en est que plus complète lorsqu'elle succède à une enquête mieux conduite.

Malheureusement, rien de tout cela n'est possible avec l'entêtement.

Il faut se rappeler que l'entêtement joint au malheur de ne rien savoir l'incapacité de rien apprendre. Sa préoccupation la plus vive est toujours de prendre un parti, en même temps que son orgueil le plus persévérant est de ne s'en point écarter et de ne vouloir pas même écouter rien de ce qui pourrait le faire changer d'avis.

Il faut donc, avec les entêtés, tenir précisément une conduite inverse de celle que la raison conseille vis-à-vis du reste du genre humain.

Au lieu de s'enquérir, comme on le fait communément en semblable occasion, des opinions qu'ils peuvent avoir et des résolutions qu'ils peuvent prendre, il faut, au contraire, déployer vis-à-vis d'eux tout son art et toutes ses facultés pour éviter qu'ils se prononcent et qu'ils prennent ainsi, à l'encontre d'eux-mêmes, une attitude dont ils ne pourraient plus se départir. Il ne faut pas perdre un instant de vue que ces natures, à la fois médiocres et superbes, sont faites pour devenir le pur jouet du hasard. Il suffit qu'elles tombent d'aventure sur un parti pour qu'elles s'y immobilisent à tout jamais comme l'oiseau pris à la glu d'un piège.

Il est donc d'une bonne politique, lorsqu'on aura affaire à quelqu'une de ces intelligences bornées et flottantes, d'éloigner la perspective de la conclusion, de parler d'une façon générale et sans donner ni à ses paroles ni à ses pensées cette consistance qui engendre la nécessité de se prononcer.

Grâce à cet artifice, on réussira à maintenir quelque temps encore l'équilibre de cet esprit en suspens. Quelque débile et présomptueuse que demeure cette intelligence, il n'est pas impossible, lorsqu'elle reste ouverte, que la lumière y pénètre et que le jour s'y fasse. Le danger ne commence pour elle qu'au moment où elle se ferme. Alors tous les arguments ne sauraient l'émouvoir : elle ne les entend plus ; elle ne veut plus les entendre : son siège est fait, il n'y a plus à y revenir.

Il convient donc, en prévision de cette infirmité, de veiller aux moindres détails comme à l'ordre de son entretien. Il est nécessaire de dépouiller les raisons qu'on donne de tout soupçon de personnalité, et de ne pas trahir l'intérêt qu'on peut porter à la cause pour laquelle on tient soi-même.

C'est, en effet, une des misères les plus naturelles de l'entêtement d'être mis particulièrement en défiance contre un argument, par l'intérêt ou la vivacité qu'on met à le présenter.

Les natures débiles se sentent impuissantes à entreprendre et à soutenir un examen sérieux ; elles aiment donc mieux, d'instinct, se dérober lorsqu'on a eu la maladresse de leur laisser pressentir un argument d'une certaine valeur. D'après cela, il est infiniment plus opportun et plus habile, si l'on veut accréditer auprès d'elles un argument de quelque importance, de donner à cet argument un certain air d'indifférence et de le reléguer sur un plan secondaire. Fréquemment, en pareil cas, arrive-t-il que l'entêté, encore en possession de son bon sens naturel et à l'abri de toute prévention, est de lui-même frappé de cette considération. Il s'en fait spontanément le commentaire; il se donne la peine d'en démêler les rapports et les conséquences. Il est bien entendu alors, pour son amour-propre, que toute la persuasion vient du travail de son propre esprit. Plus vous l'avez fait vouloir et penser à son insu, plus il s'acharne aux opinions et aux résolutions qu'il croit siennes.

Une fois que vous êtes venu à bout, même par ces moyens inconscients et détournés, de mettre la main sur cet entêté et de l'orienter dans le sens de la vérité et de la justice, vous avez en votre possession le vrai moyen de le guérir.

Vous aurez soin, une fois sa résolution prise dans le sens que vous approuvez et que vous lui avez adroitement suggéré vous-même, de détailler avec tout le soin et toute l'insistance possibles les raisons qui justifient sa volonté. Vous ne manquerez pas de faire apparaître à ses yeux, à l'appui de sa décision, bien des motifs auxquels il n'a jamais pensé assurément et dont il écoutera pourtant avec complaisance le développement, dès que ce développement paraît à son honneur.

Le vrai malheur de l'entêté n'est pas de se tromper et de se déterminer trop vite, puisque tous les hommes sont plus ou moins sujets à l'erreur qui naît de l'emportement et de la légèreté de l'esprit : son véritable malheur est de ne pas revenir et d'en être empêché par le refus de se livrer à aucun examen. Rien n'est donc plus salutaire pour lui que l'habitude, doucement communiquée, d'entrer dans un plus grand détail des considérations qui peuvent et qui doivent accompagner toute action de la volonté.

Cette patience, cette habileté, ce soin de prévenir, d'éclairer, de ne point heurter, réussiront à la longue à triompher des résistances de l'entêtement. Cette même personne qui se maintenait toujours sur le qui-vive et veillait avec un soin jaloux à l'indépendance de son initiative, ne tarde pas autant qu'on pourrait le croire à s'adoucir et à se confier. Cet homme si revêche, si inabordable, je dirais volontiers si monté contre ses semblables, se laisse aller assez aisément à admettre une supériorité à laquelle il défère et obéit. Il reste toujours, dans la vie commune et dans ses rapports avec autrui, l'homme grincheux, pénible, insupportable avec lequel le premier soin d'un chacun est de ne point se commettre; et pourtant, dans la vie privée, vis-à-vis de sa compagne, par exemple, ou de sa fille déjà grande, ce même homme se montre tout raisonnable, et plus disposé peut-être qu'aucun autre à entendre et à suivre ce qu'on peut avoir à lui dire ou à lui recommander.

CHAPITRE IX

Le détachement de l'homme et de la femme.

Les conseils qui ont été proposés ici, non pas seulement à l'égard de l'entêtement mais aussi du caprice et de la bouderie, suggèrent peut-être à quelques-uns de mes lecteurs, et plus particulièrement sans doute à quelques-unes de mes lectrices, cette réflexion mélancolique, que la vie du mariage finit par devenir bien compliquée s'il y faut introduire et y pratiquer tant de précautions. Cette vie leur avait semblé, surtout aux premières heures, plus simple et plus facile. Volontiers leur avait-il paru qu'il devait suffire de s'abandonner à son cœur pour vivre en paix et satisfaire sans autre souci à toutes les exigences et à toutes les éventualités. Il n'en va pas ainsi malheureusement. Rien dans ce monde n'est définitif; rien ne dure de lui-même ; rien surtout ni ne s'arrange ni ne se maintient sans qu'on y mette la main, sans qu'on y applique l'effort de la volonté et la vertu du sacrifice.

Ces lois morales trouvent leur vérification la plus éclatante dans le mariage. Je ne dis pas seulement dans ces unions malheureuses, fruit de l'aveuglement et de l'artifice ; je parle des ménages assortis où les âmes se sont rencontrées dans l'amour et dans le devoir. Là même, il n'est pas possible, ni au mari ni à la femme, de se laisser aller au courant de leur propre nature, sans se retenir, sans se modérer, sans se reprendre, sous peine de dévier plus vite et plus loin qu'on ne le penserait, dans la tentation et dans le mal.

C'est un spectacle bien triste et cependant bien fréquent, de voir des époux, après de longues années de paix et de concorde, aboutir, aux approches de la vieillesse, à une tension et une aigreur qui rendent pour tous deux la vie insupportable.

Ce n'est point ici un fait d'observation passagère. La statistique judiciaire est là pour nous apprendre qu'un grand nombre de séparations de corps pour cause d'incompatibilité d'humeur sont prononcées par les tribunaux entre des époux qui ont vingt et vingt-cinq ans de mariage!

Il est donc d'un haut intérêt de savoir comment s'opère ce détachement graduel, comment cette longue communauté de la vie, au lieu d'aboutir à l'apaisement et à l'arrangement que l'habitude apporte à toutes choses, dégénère au contraire en une situation aigüe à laquelle l'un et l'autre se refusent d'un commun accord.

C'est toujours au fond de l'âme qu'il faut regarder pour trouver le dernier mot d'une situation morale.

Le détachement qui se prononce d'une façon insensible et continue entre le mari et la femme n'a point pour cause, comme on pourrait le croire, les contraintes qu'ils s'imposent l'un à l'autre, les injustices dont ils se font souffrir, les violences même s'ils avaient jamais le malheur d'en venir là.

C'est l'honneur et le privilège de la nature humaine que nulle situation ne lui est vraiment intolérable. Je ne me figure rien qui soit au-dessus de son courage et de sa force. L'homme n'est pas fait pour être vaincu par la réalité. Quelles que soient les épreuves qu'il ait à subir, il est toujours capable d'y résister et de prendre le dessus.

C'est par là que s'expliquent ces miracles de patience, de douceur, de force morale, qui maintiennent contre toute attente et toute probabilité la paix de certains ménages. Ils ont beau porter en eux-mêmes les douleurs et les orages, des causes de dissolution contre lesquelles la bonne volonté la plus robuste et la plus déterminée paraîtrait à tout jamais incapable de lutter, l'existence commune ne s'en continue et ne s'en achève pas moins, parce que nous sommes, en effet, plus forts que tous les obstacles et que tous les empêchements du dehors.

C'est en eux-mêmes, c'est dans leur âme, dans leur cœur, dans leur imagination, que l'homme et la femme rencontrent leurs plus cruels ennemis. Ce sont leurs propres pensées qui enfantent pour eux le découragement et le désespoir.

Il faut expliquer les différentes phases par lesquelles passent un mari et une femme pour en venir à ne plus se trouver supportables.

L'homme et la femme peuvent être parfaits; ils n'en apparaissent pas moins l'un à l'autre avec des défauts. Au besoin, prendrait-on pour un défaut dans sa compagne une qualité dont on se trouverait incommodé. Ce n'était peut-être à l'origine qu'un soupçon dont on a eu l'esprit traversé dans un moment de mauvaise humeur, peut-être n'était-ce qu'une conjecture malveillante à laquelle on a prêté complaisamment des probabilités. Il n'en est pas moins certain qu'à la longue, les nécessités et les épreuves de la vie mettent en relief ces imperfections, font ressortir ces lacunes, montrent enfin les défauts qui se trouvent en germe dans chacun de nous.

Au moment de cette reconnaissance inévitable, de cette surprise douloureuse, si l'on se trouve en présence d'illusions trop douces auxquelles il faille renoncer, le devoir de l'homme comme de la femme est tout tracé. En dehors de la stricte pratique de ce devoir, il faut s'attendre à tous les inconvénients et à tous les désastres.

L'homme comme la femme doivent prendre énergiquement leur parti de ces défauts, s'y résigner, s'en accommoder, et les considérer comme un des éléments intégrants de leur propre vie.

Sans doute les deux époux sont appelés à travailler à l'amélioration l'un de l'autre; mais pour aboutir à ce résultat qui est la raison d'être et la bénédiction du mariage, il faut, avant tout, que ni l'un ni l'autre n'obéissent à des motifs égoïstes.

Il y a donc là, pour une âme honnête et pénétrée de ses devoirs, une attitude et un parti à prendre.

Il faudrait, pour bien faire, tourner toute l'activité de son esprit, toute la puissance de sa volonté, à ne point souffrir des défaillances, des erreurs, des faiblesses, des emportements ou des exigences qu'on peut constater. Il faudrait, toutes les fois que cela est nécessaire, faire son sacrifice de bonne grâce, sans le discuter, sans le marchander, sans en vouloir tirer pour soi-même aucun titre de supériorité, aucun avantage intérieur.

Il faudrait plus encore.

Il faudrait interdire à sa pensée la contemplation, la méditation, presque la vue des imperfections dont on se trouve réduit à souffrir.

Beaucoup de femmes honnêtes, vertueuses, dignes d'ailleurs dans leur conduite de toute admiration et de tout respect, se laissent aller ici à une singulière méprise.

Elles ne craignent pas, sous prétexte de ne point s'abandonner aux illusions et de porter sur les choses un jugement plus sain, elles ne craignent pas de se représenter perpétuellement les imperfections et les défauts de leur mari. Elles se mettent sans cesse devant les yeux le tableau de ce qu'il peut laisser à désirer. Elles font incessamment l'inventaire, non pas de ses qualités, parce que les qualités ne font point souffrir, mais de ses défauts, parce que ces défauts sont désagréables et onéreux dans le commerce journalier de la vie commune.

Les actions équivoques ou blâmables ne manquent

guère, à l'origine, de prétextes qui les excusent. Il semble qu'une vue fidèle de la réalité, une juste appréciation des caractères, une connaissance exacte du fort et du faible de chacun peuvent aider à la concorde, puisque c'est un moyen de se représenter d'avance le sacrifice, et par conséquent d'en prendre la résolution.

Le malheur est que cette méditation interne de défauts qu'on blâme, dont on souffre, contre lesquels on voudrait entreprendre une lutte et obtenir un triomphe, ne se fait pas sans le concours de l'imagination et sans entraîner un contre-coup funeste dans l'économie générale de la pensée.

Lorsque, dans le monde physique, nous tenons pendant un temps assez long et avec une attention suffisamment forte nos regards attachés sur un objet dont la lumière fait ressortir l'éclat, nous finissons par avoir pour ainsi dire les yeux pleins de cette couleur. Nous avons beau détourner la tête ou abaisser les paupières, la nuance qui nous a frappés n'en demeure pas moins présente; elle illumine notre obscurité, ou se répand sur les objets que nous pouvons regarder.

Il se passe dans le monde moral un phénomène analogue: lorsque nous nous laissons envahir par une pensée pour lui avoir prêté la main avec trop de complaisance ou de ténacité, cette pensée s'exalte, s'élargit, se répand pour ainsi dire dans toute l'intelligence, et finit par exercer une influence continue sur nos jugements.

Il arrive alors ce qui arrive journellement à tous les faiseurs de théories, à tous ceux qui, en raison de leurs systèmes ou de leurs aspirations, éprouvent le désir secret de rencontrer dans les choses de ce monde un certain aspect favorable à leur manière de voir. Ils en viennent, sans perdre précisément leur bonne foi, à donner un coup de pouce involontaire aux faits les plus avérés. Il faut absolument que toutes leurs expériences rentrent dans le cadre de leurs visées habituelles ; et, sans s'en douter, ils arrangent leurs raisonnements pour qu'il en soit ainsi.

Une fois que l'homme s'est laissé entraîner à vivre dans une analyse et une pénétration continuelles des défauts de sa femme, ou que la femme en a fait autant vis-à-vis de son mari, il est bien difficile, pour l'un comme pour l'autre, de juger dorénavant d'une façon suffisamment impartiale les événements qui, de leur fait réciproque, se produisent dans leur vie.

Il n'est plus possible, une fois qu'on a un parti-pris et un jugement arrêté, qu'on garde cette liberté d'appréciation, cette indépendance de vues qui vous permettait de choisir entre deux commentaires opposés. Il arrive infailliblement que les actions, les discours et jusqu'aux pensées, sont inévitablement interprétés dans le sens qui confirme d'aussi longues impressions.

Il y a plus.

A force de se laisser aller à cette méditation obstinée et impitoyable des défauts d'autrui, on finit par s'en faire une véritable obsession, une idée fixe, une hallucination : l'esprit ne garde plus de sang-froid ni le jugement d'impartialité. Le mari et la femme en viennent à ne plus pratiquer l'un envers l'autre la justice la plus élémentaire.

Combien de fois n'arrive-t-il pas qu'un tiers, appelé malgré lui à devenir le témoin de quelque dissentiment intérieur, s'étonne de l'aigreur, de la susceptibilité, de l'esprit de malveillance avec lesquels une observation, même insignifiante par elle-même, se trouve ou présentée ou reçue? Le plus souvent, c'est une remarque fort naturelle dont le mouvement même de l'entretien fournissait le prétexte et la justification ; c'est une de ces mille réflexions qui devraient passer inaperçues, ou tout au plus mériter une attention passagère : point du tout : l'observation se trouve tout d'un coup relevée, commontée, aggravée : elle devient le point de départ d'un dissentiment, d'une lutte, d'une tempête. Le mari ou la femme, suivant que l'un ou l'autre se trouvent choqués, sentent revivre en eux toutes les réflexions désobligeantes, toutes les impressions pénibles dont ils ont gardé en eux le souvenir. Ils revoient, dans une allusion innocente, tous leurs anciens griefs ; ils repassent par toutes leurs animosités et toutes leurs rancunes. L'imagination pousse au grossissement des torts ou des imprudences : rien ne saurait plus rester inoffensif. On répète communément qu'il suffit de deux lignes de l'écriture d'un homme pour le faire pendre. Dans le mariage, il n'en faut pas tant : le moindre geste, le moindre mouvement, une expression du regard, un pli de la physionomie suffisent pour provoquer toutes les conjectures, faire revivre tous les griefs, envenimer tous les rapports.

Lorsque les choses en sont venues là, la continuité de la vie commune suffit pour fournir chaque jour un nouvel aliment à cette irritation chronique. Il n'est pas d'action, pas de parole qui puisse résister à un parti-pris de malveillance et se défendre suffisamment contre les interprétations d'une critique systématique.

Lorsque l'imagination surexcitée a pris définitivement le dessus, l'âme perd tout à fait le sentiment de la réalité. Ce ne sont plus seulement des intentions secrètes qu'on suppose avec un semblant de raison et un reste de probabilité : les conjectures les plus insensées suffisent pour justifier des emportements d'autant plus terribles et d'autant plus irrémédiables, qu'on peut combattre un fait mais non pas une supposition.

Ce n'est pas seulement lorsqu'ils se trouvent en face l'un de l'autre que le mari et la femme aggravent ainsi l'impitoyable sévérité de leurs jugements. L'habitude de scruter avec cette rigueur et cette obstination les défauts l'un de l'autre entraîne cette conséquence funeste que, même en l'absence de tout conflit, même éloignés l'un de l'autre, le mari comme la femme trouvent moyen de s'exalter dans leurs dissentiments.

C'est le propre de toute idée qu'une fois ancrée et immobilisée dans l'âme, elle y devient comme un centre d'attraction autour duquel se groupent et s'organisent les pensées.

Dès qu'une personne nous apparaît avec certaines imperfections, certains défauts, certains vices, car la passion humaine parcourt d'ordinaire cette progression, nous ne manquons guère de rapporter à ce jugement toutes nos appréciations, et jusqu'à nos lectures elles-mêmes. Nous motivons notre sentence et nous soutenons notre sévérité par tous les exemples qui peuvent nous tomber sous la main, aussi bien dans les livres que dans la vie réelle.

Rien ne porte plus l'esprit à des jugements extrêmes et faux que la lecture des romans. La plupart des hommes échappent à notre attention ou ne nous inspirent qu'un intérêt médiocre, en raison même de la complexité de leur caractère, complexité qui nous apparaît aisément comme de l'indécision. Il faudrait une connaissance vraiment supérieure du cœur humain pour pénétrer les motifs qui, au courant de la vie, conseillent et décident chaque individu.

Ce travail, si difficile dans l'ordre de la réalité, se trouve aisément accompli par l'auteur d'une création littéraire. Encore bien que l'écrivain emprunte à notre nature les éléments essentiels de son drame, il ne laisse pas de simplifier ses héros, de leur attribuer un caractère dominant et défini, d'introduire dans leur vie comme dans leur pensée une certaine suite, une certaine logique sans lesquelles aucune critique ne lui pardonnerait. Quiconque figure dans ces évocations de l'art n'y est admis et appelé qu'à la condition expresse d'y apporter une physionomie arrêtée et facilement saisissable.

La femme ou le mari qui se laissent aller à la contemplation des défectuosités de leur conjoint ne manquent guère d'ajouter à leurs propres réflexions, déjà malveillantes et mordantes, quelque parallèle dont ils renforcent leurs appréciations. Ils prennent un triste et venimeux plaisir à comparer avec leur femme cette héroïne dont ils pensent, suivant l'occurrence, ou tant de mal ou tant de bien.

Cette malice dont ils se plaignaient d'abord chez leur compagne leur paraît, à mesure qu'ils poursuivent leur lecture, ressembler de plus en plus à la perversité dont on leur fait horreur. Les vertus, les charmes dont le gracieux tableau leur est présenté tournent au contraste, et rendent plus choquantes les imperfections qu'il leur faut subir.

La femme va aisément plus loin que l'homme dans cette voie; elle arrive plus vite à cette exaltation d'injustice. Elle a l'imagination plus vive, plus prompte, plus impitoyable. Ses longues heures de loisir lui permettent d'en user et d'en abuser indéfiniment. Elle en vient vite à cet excès, de comparer perpétuellement son mari avec un idéal qu'elle se plaît à orner dans sa fantaisie de toutes les qualités et de toutes les perfections.

Si tant est que la délicatesse morale puisse s'alarmer ici et concevoir quelques inquiétudes, elle se rassure à cette pensée qu'une contemplation purement abstraite n'entraîne ni tentations ni périls. Il semble qu'on puisse s'y abandonner en toute sécurité. La femme se crée ainsi au-dedans d'elle-même un monde poétique; elle y habite avec ses rêveries, et son cœur y goûte sans scrupule les délices innocentes d'une tendresse imaginaire.

Il ne faut pas se le dissimuler ni le taire : ce chemin semé de fleurs mène tout droit à la perversité. La *perversité* au sens propre du mot, et suivant son étymologie latine, c'est le retournement de notre nature, le renversement du devoir, l'orientation fausse du bien et du mal.

N'est-ce pas bien là en effet ce qui arrive? Si au point de vue de la stricte charité, nous sommes tenus, hors le cas de responsabilité ou de dommages personnels, de fermer les yeux sur les défauts d'autrui et, quoiqu'il arrive, d'en chercher l'excuse, de quel œil pourrons-nous voir cette complaisance malfaisante à nous pénétrer non plus des imperfections de notre prochain de la rue, mais des défauts et des misères de cet autre nous-même? Là où l'indifférence et le détachement sont déjà reprochables, comment cultiver ainsi tous les moyens de se rendre une personne odieuse et la vie commune insupportable?

Nous avons eu déjà l'occasion de dire qu'en cette matière délicate du mariage, nous nous faisons ici une loi absolue de ne point jeter les yeux au delà d'une certaine frontière, et de ne point laisser entraîner notre regard jusqu'à l'accomplissement du désordre. Il ne nous est point interdit cependant de montrer le point précis où le terrain s'abaisse et où commencent les pentes funestes du mal. N'est-il pas trop évident que l'âme court un grand péril, toutes les fois qu'elle prend en dégoût la réalité dans laquelle seule Dieu a mis les conditions du devoir? Lorsque l'imagination se donne carrière au point de perdre la notion salutaire du juste et du vrai, il ne lui faut ni plus d'efforts ni plus de complaisance pour trouver par un caprice la réalisation humaine de son idéal, que pour en rêver le type arbitraire. La femme, lorsqu'elle se détache ainsi de son appui naturel et lorsqu'elle est entrée dans ce désordre de la pensée, est toujours à la veille de rencontrer son héros. Il importera peu qu'il ait ou qu'il n'ait pas, en effet, les qualités et les perfections requises; il suffit que ces perfections lui soient prêtées. Il les a pleinement, le jour où elles lui sont attribuées par la fantaisie et par la passion.

C'est ainsi que la femme se trouve saisie et entraînée aux grands désordres. Elle tombe dans le gouffre en poursuivant le fantôme qu'elle a rêvé. Ce n'est pas même un feu follet qui brille devant elle, c'est une hallucination de sa pensée à laquelle il lui plaît de prêter une réalité.

Avant d'en venir à cette extrémité, et même avec la fermeté ou la bonne fortune de s'en préserver, la femme ne laisse pas souvent de s'attarder dans des voies obliques.

Une de ses plus étranges illusions, c'est assurément la pensée de s'assurer, en dehors de son mari, une amitié et un conseil qui l'éclairent sur la vie et la fortifient dans le devoir. J'entends un ami dont la tendresse soit irréprochable, et dont personne au monde ne puisse suspecter les démarches ni les intentions.

Beaucoup de personnes trouveront dure cette assertion, qu'une femme ne doit pas avoir d'autre ami que son mari et le mari d'autre amie que sa femme.

Il ne s'agit pas de supprimer l'amitié. Elle a sa part, son utilité, son charme dans la vie. Elle a été, elle est encore la consolation, la lumière, la force de bien des âmes. Elle devient, pour ceux qui savent la pratiquer et en reconnaître les bienfaits, une seconde conscience.

L'homme, en effet, lorsqu'il a atteint un certain degré de bonne volonté et de vertu, a besoin d'être averti plutôt encore que réprimé. Il est plus facile à une nature droite de reconnaître ses torts doucement signalés par un ami, que de s'en apercevoir toute seule. Ajoutez que nous n'avons, la plupart du temps, qu'une connaissance bien insuffisante et bien partiale de nous-même. Ceux dont la tendresse a pénétré le fort et le faible de notre cœur sont plus en mesure que nous de reconnaître et de juger ce qui s'y passe.

Dès que la perspicacité et l'autorité de l'amitié ont pour raison d'être les sentiments affectueux et l'union même des âmes, on ne comprend guère comment ni pourquoi le mari et la femme iraient chercher en dehors l'un de l'autre cet appui et cette joie. L'amour dans le mariage ne saurait en aucune sorte se réduire à ces premiers liens que l'âge et l'habitude sont faits pour détendre et dénouer. Ce premier amour n'est que la préface et l'introduction d'une affection plus profonde et plus durable, d'une amitié dont la tendresse et l'abandon doivent défier toute comparaison avec les autres amitiés.

Voilà pourquoi, dans le mariage, l'homme comme la femme doivent se garder aussi bien des amitiés que des amours étrangères. Il n'est point admissible, à aucun titre, que l'un ou l'autre puissent placer ainsi leur plus haute estime dans une autre personne que l'époux ou que l'épouse.

Même en supposant qu'aucune limite ne soit dépassée, qu'aucune parole indiscrète ne soit prononcée, qu'aucun sentiment ne devienne excessif, il n'en résulte pas moins de ce détournement de l'âme que le mari reste en dehors. Il perd, dans la direction de sa femme, cette intervention qui est son droit, et, suivant l'occurrence, sa joie ou son salut.

Le rôle de l'ami auquel on attribue ainsi dans plus d'un ménage une influence prépondérante est véritablement trop facile. Sa tâche se trouve singulièrement diminuée par cette circonstance qu'en dépit de son intimité, il n'est pas là en définitive pour porter à toute heure le poids de la chaleur et du jour. Il n'assiste pas, à chaque minute, à cette continuité de petits devoirs, de contrariétés multipliées, de complications microscopiques dont le contre-coup ne laisse pas de se faire sentir et de tenir sa place dans l'économie générale de l'existence. L'ami n'intervient guère qu'à un moment donné et pour un conseil défini, après quoi il disparaît et n'a plus à s'inquiéter de rien jusqu'au revoir.

Il ne faudrait pas perdre de vue ces circonstances, lorsqu'on éprouve quelque tentation de trouver une personne plus amie, plus souriante et de meilleur conseil que la personne avec laquelle on est uni. Il y a là une grande injustice.

Nous estimons, en conséquence, que l'amitié est le privilège du mari envers sa femme, et de la femme envers son mari. Elle fait partie intégrante de l'amour conjugal. Le jour où la femme se croit autorisée, même dans les strictes limites du devoir le plus sévère, à faire en quelque sorte deux parts de ses sentiments, l'une pour l'amour et l'autre pour l'affection, elle creuse un abîme irrémédiable et travaille à une séparation sans retour.

CHAPITRE X

L'organisation de la vie conjugale dans la discorde.

Quelles que soient les crises par lesquelles puisse passer un ménage, l'issue n'en demeure pas moins la même pour tous : il faut, ou se séparer lorsque la vie commune est reconnue de part et d'autre impossible, ou organiser l'existence conjugale et trouver un *modus vivendi* qui rende à tous deux l'existence supportable.

Cet arrangement peut se conclure, comme une suspension d'armes dans une guerre toujours imminente et toujours ouverte, ou comme l'heureuse inauguration d'une paix définitive.

L'homme est soumis à une alternative étrange et à laquelle on ne prend pas assez garde, soit dans les jugements qu'on porte sur lui, soit par rapport aux conseils qu'on lui donne. Les mêmes événements et les mêmes conditions d'existence peuvent être pris en esprit de révolte ou en esprit de paix, et, suivant la disposition des âmes, répondre à un idéal de bonheur ou devenir une source de désespoir.

Il faut toujours, quoi qu'on dise ou quoi qu'on fasse, que, dans le ménage, l'homme et la femme prennent leur parti et s'accommodent l'un de l'autre. Ils peuvent, chacun de leur côté, réagir sur leur caractère et le rendre meilleur, mais ils n'en sauraient détruire ni changer le dernier fond; ils demeurent dans de certaines conditions morales définies, comme ils disposent d'organes invariables, ne pouvant, suivant la parole de l'Évangile, ajouter une coudée à leur taille.

Tout le problème du bonheur et toute la science de la vie se réduisent donc à un choix pratique entre ces deux alternatives : accepter comme un malheur auquel on se résigne par force, ou comme une paix qu'on se ménage par raison et par tendresse, les conditions qui vous sont faites par le caractère et par les habitudes de la personne à laquelle on se trouve uni.

Examinons l'une après l'autre ces deux conclusions de la vie conjugale : l'organisation dans la discorde et l'organisation dans la paix.

Au premier abord, on ne voit guère à quel état de choses peut correspondre cette alliance de mots bizarre : l'*organisation dans la discorde*. Cette dénomination s'applique cependant à un ordre de faits malheureusement trop réels et qu'il convient d'étudier de plus près.

Partout ailleurs que dans le mariage, le mot *discorde*, comme son nom et sa formation étymologique l'indiquent, sert à désigner une séparation, ou imminente, ou déjà réalisée. La discorde est un dissolvant auquel rien ne résiste : on sacrifie à cet esprit de dissentiment et de colère les intérêts les plus évidents et les plus chers, les convenances les plus respectables, les devoirs les plus sacrés.

La discorde est faite pour conduire d'une façon à peu près inévitable les deux époux à une séparation ouverte. C'est là, en effet, le triste dénoûment de la plupart de ces contestations domestiques.

Toutefois, il arrive que, grâce à un reste de raison en même temps que de domination sur eux-mêmes, pour ne point porter préjudice à leurs enfants et jeter le scandale sur leur famille, les époux reculent à bon escient devant cette dernière extrémité. Ils s'entendent tacitement pour ne point avoir à franchir ce dernier pas, et pour se couvrir vis-à-vis du public d'un dernier et léger voile de convenance.

Ils ne renoncent point pour cela ni l'un ni l'autre au vif et âpre ressentiment des torts réels ou imaginaires qu'ils s'imputent, à leurs récriminations réciproques pour les défauts dont ils se font souffrir, à cette irritation interne qui, toute comprimée qu'elle demeure, ne laisse pas de temps en temps de s'échapper au dehors par des sifflements aigus. Seulement, ils se font de part et d'autre une loi de ne point provoquer les occasions de froissement et, si quelque altercation survient à l'improviste, de ne pas dépasser certaines limites tolérables. Ils s'efforcent de ramasser en quelque formule venimeuse et acceptable tout ce qu'ils peuvent trouver en eux de fiel, semblables à un assassin qui s'étudierait à frapper un coup mortel sans verser le sang de sa victime.

Il ne faudrait pas que ces rencontres, malgré l'art avec lequel elles peuvent être ménagées et contenues, se renouvelassent trop souvent. Le péril d'une explosion définitive y est toujours trop imminent; on est trop près, malgré la vulgarité ou l'infamie d'un tel emportement, de se sauter aux yeux ou de lever la main l'un sur l'autre, extrémité dont nulle considération ne saurait préserver absolument le délire de la fureur.

Le meilleur et le plus sûr pour n'en pas venir là est donc d'organiser, au sein même de la vie commune et en dépit des exigences qu'elle impose, une séparation, un isolement, et comme l'intervalle d'un désert entre le mari et la femme. Si les nécessités de chaque jour empêchent absolument cette solitude dans l'ordre matériel, s'il leur faut, pour ne point rompre, s'asseoir chaque jour à la même table sous les yeux de leurs serviteurs, leur séparation n'en est que plus complète au point de vue moral. La conversation même qui établit entre eux un lien factice et momentané ne fait qu'achever de rompre tout rapport entre ces deux âmes.

Il y a en effet, dans la vie conjugale, une telle communauté d'intérêts, de devoirs, de sentiments, un tel mélange, une telle pénétration de deux vies, que chacune d'elles ne semble pas pouvoir se continuer isolément : toutes les pensées, toutes les résolutions intéressent et engagent en même temps cette commune destinée.

De cet état de choses résulte cette conséquence cruelle d'une oppression qui pèse sur tous les entretiens, et qui transforme en un supplice le va et vient banal de ces réponses intentionnellement insignifiantes. Pour ne pas demeurer dans un silence trop semblable à une déclaration de guerre, le mari et la femme échangent entre eux quelques propos de rencontre, sans se donner la peine d'y mettre, ni d'un côté ni de l'autre, le moindre semblant d'intérêt. Dès que l'entretien est au moment de s'animer, dès qu'on en viendrait à un véritable commerce de pensées, capable peut-être de prêter la main à une explication, on recule d'un commun accord et on se retourne chacun de son côté.

On se garde bien d'émettre une opinion qui se puisse discuter et qui témoigne d'une présence quelconque de l'âme, à moins que l'un des deux ne trouve l'occasion favorable de laisser tomber en passant quelque propos amer, quelque allusion douloureuse dont on se réserve de nier l'intention en même temps que de savourer la vengeance.

Pendant que ces rapports apparents se continuent de façon à maintenir dans une illusion décente ceux qui regardent de loin, ou dans un ordre imposé les inférieurs qui les voient de plus près, ces époux, si voisins de corps et si éloignés en esprit, subissent chaque jour le contrecoup douloureux de la situation qu'ils se sont faite et qu'ils s'obstinent à prolonger ; chaque jour rend l'entente plus difficile et la séparation morale plus irrémédiable. Il ne se passe pas de journée, et pour ainsi dire d'heure, où, se trouvant en présence l'un de l'autre, il ne leur vienne tout bas à la pensée quelque mesure à prendre, quelque résolution à arrêter, quelque devoir à accomplir en commun; il leur faut faire sur eux-mêmes un effort douloureux pour imposer silence au besoin d'en parler et pour subir le regret de s'en taire.

Cette souffrance ne porte pas seulement, comme on pourrait se l'imaginer, sur les choses essentielles dont il est difficile qu'un seul prenne commodément l'initiative et garde la responsabilité. Il est à remarquer, en dépit de notre faiblesse, que nous supportons plus facilement l'isolement dans la douleur que dans la joie. Il y a en nous, malgré nos infirmités, un certain fond de vaillance qui se réveille dans l'abandon même. L'homme se fait un honneur, dans les circonstances les plus pénibles et jusque dans les désastres, de ramasser les débris de sa fortune et de son courage pour s'en faire une nouvelle destinée. Cette exaltation sombre et farouche le soutient et le ranime. Il ne lui est pas impossible en pareil cas de se passer de tout secours.

C'est peut-être dans le bonheur et dans la joie que cet isolement de l'âme est le plus accablant. Il ne faudrait pas dire pour cela que le bonheur et la félicité pèsent à notre cœur. Il est certain cependant que ces heures de succès et d'ivresse demandent, plus que les temps de crise, un confident et un témoin. Volontiers, dans notre effusion, irions-nous, comme les poètes, jusqu'à prendre pour ce témoin et ce confident le monde entier, les prés, les bois, les montagnes; mais notre expansion n'est pas assez énergique et notre puissance d'évolution pas assez féconde pour qu'il nous soit donné de nous satisfaire par cette contemplation idéale. C'est près de nous, dans une âme et dans un cœur semblables à notre cœur et à notre âme, que nous cherchons un accueil pour nos pensées, un refuge et un appui pour nos sentiments. Lorsque ce désir si naturel et si ardent se sent trompé, lorsqu'il rencontre tous les jours en face de lui une résistance muette et morne dont il est à la fois la victime et le complice, il se produit dans l'âme des crises d'anxiété, des tempêtes de désespoir où périssent tout ce bonheur et toute cette joie. On en est à regretter et à rappeler l'heure où l'on souffrait, parce qu'alors cette souffrance rendait l'énergie.

Qui fera l'histoire de ces tortures ignorées? Toutes les fois que les récits des journaux ou la sentence des juges portent à la connaissance du public ces martyres et ces agonies dont, sans le résultat final, personne au monde ne se serait jamais douté, je me sens pris malgré moi d'une indicible mélancolie. Je me demande combien, à l'heure présente, de maris et de femmes gémissent auprès d'un foyer déserté par la confiance et rendu silencieux par l'accord tacite d'une contrainte réciproque.

Je ne sais trop, dans ce naufrage commun du bonheur attendu, lequel est le plus à plaindre de l'homme ou de la femme, et il ne me paraît pas utile d'instituer à cet égard aucune comparaison. Il suffit de dire que l'un comme l'autre en souffre par des côtés différents.

La femme n'attend pas seulement du mariage cette protection effective, cet entretien de sa personne dont le Code impose à son conjoint l'obligation civile et pécuniaire. Elle porte en général en elle-même un certain fond de faiblesse et d'irrésolution en même temps que de lumière et de délicatesse, d'où résulte tout à la fois pour elle la supériorité de son conseil en même temps que la défaillance de son initiative. La réserve de son éducation et la préservation de sa jeunesse ont limité son expérience, et beaucoup d'enseignements relatifs à la pratique de la vie doivent lui venir de son mari. Elle a besoin en outre de se répandre. Elle n'exerce pas sur elle-même une domination assez forte pour dévorer en silence ses propres douleurs et pour étouffer ses sanglots au fond de son cœur. Elle se trouve donc privée, par cette séparation, de la force sur laquelle elle était en droit de compter : elle se sent abandonnée à sa propre initiative ; et comme le mariage l'avait vite habituée à s'en remettre pour beaucoup de détails pratiques et de résolutions quotidiennes, elle sent peser plus lourdement sur elle l'obligation de s'en acquitter toute seule. Elle n'a pas même la liberté d'agir comme si elle était seule ; elle se trouve tenue par la seule présence de son mari à lui rendre un compte tacite : les encouragements et les secours dont il la prive se changent en une critique silencieuse dont il l'obsède : c'est une force qui agit contre elle au lieu de lui venir en aide.

L'homme, de son côté, n'est pas moins malheureux de cette séparation. Si vous lui demandiez son avis, il vous soutiendrait par de bonnes raisons qu'il est le plus atteint et qu'il souffre davantage. Il vous dirait que ces distractions extérieures mêmes que la femme lui met continuellement devant les yeux pour lui en faire le reproche laissent son existence bien vide et lui présentent bien peu d'intérêt. En dépit de l'importance qu'il paraît attacher à cette partie mondaine de sa vie, il ne laisse pas de tourner les yeux du côté du foyer domestique. Il y rentre peut-être mal gracieux, de méchante humeur, avec des dispositions peu accommodantes : il y apporte plus d'une fois des exigences déplacées, des pensées injustes, des préoccupations égoïstes. Il n'en est pas moins certain que ce milieu paisible et discret pour lequel il se montre si dédaigneux en apparence agit sur tout son être pour le détendre et pour le rafraîchir. Il est saisi, dès qu'il a passé le seuil, par un sentiment particulier : il comprend que cette atmosphère unique le vivifie et le retrempe. Il éprouve au moral quelque chose d'analogue à ce que l'on ressent l'hiver en pénétrant dans ces appartements bien clos, bien chauffés, garnis de tapis et de fleurs, où une haleine tiède et parfumée vous fait oublier tout d'un coup les intempéries et les frimas du dehors.

C'est précisément parce que, dans son égoïsme et dans sa dureté, je dirais volontiers dans son ingratitude, le mari aime à jouir de tous ces biens sans vouloir consentir à trop s'en apercevoir, qu'il en déplore davantage la privation lorsque sa propre maison lui devient en quelque sorte hostile et étrangère. Il rentre, il sort; personne ne lui demande ni d'où il vient, ni où il va. Il fait des questions auxquelles il est répondu dans la stricte mesure du nécessaire, à peine des convenances; il essaie d'un paradoxe dont on n'a pas l'air de s'apercevoir, ou entame un récit qu'on ne lui demande point de poursuivre. S'il soulève une réclamation, il y est fait droit sur-le-champ, mais en silence et avec une affectation d'empressement qui devient une revanche : sa colère elle-même se perd dans le vide; elle ne trouve ni résistance ni écho. Il est seul et bien seul, à côté de sa femme, au milieu de ses gens.

L'homme n'a point, lorsqu'il s'agit de l'organisation intérieure de la vie sur le pied de la discorde, de l'irritation et du ressentiment, cette continuité, cette fermeté, cette opiniâtreté dont la femme ne se départ guère. La raison en est peut-être qu'elle attache plus d'importance que nous au sentiment et qu'elle lui fait la part plus large dans sa vie. L'homme, au contraire, passe d'ordinaire par des états plus violents mais moins stables. Il va plus loin dans son emportement, mais il n'y persévère pas, et ses retours sont plus prompts en même temps que plus décisifs dans le sens opposé. C'est en vain qu'il a formé des plans de résistance, médité sa rancune et organisé une véritable campagne de froideur, il lui en faut bien peu pour laisser là toutes ses résolutions d'isolement. Souvent il n'a pas même besoin d'une parole ni d'un sourire, il y renonce de lui-même. Il fait les avances presque sans s'en apercevoir, uniquement parce que son esprit a tourné, parce qu'il se lasse de son exil et de son abandon.

A cette heure-là, la femme se sent plus victorieuse et plus forte que jamais : elle ne revient point au sentiment par la lassitude ; elle demeure impassible. Il lui faut autre chose pour rebrousser chemin et se reprendre à la vie. Elle oppose aux ouvertures qui lui sont ainsi tacitement adressées la même attitude et le même silence. Elle demeure invincible dans son indifférence et inaccessible dans son éloignement. A ce moment-là, le mari, comme s'il se sentait saisi au piège, comme s'il voulait prendre la revanche de sa propre faiblesse et démentir ses velléités de réconciliation, se porte d'ordinaire à des excès de fureur et d'exaspération où il ne garde plus de mesure. Il tonne, il éclate, il se répand en exclamations, parfois même en invectives. Pendant ce temps, la femme impassible et sévère s'applaudit tout bas de n'avoir pas renoncé à son système de solitude et de n'être pas sortie des retranchements où elle s'était cantonnée.

Lorsque ce désordre moral s'est ainsi organisé et s'est maintenu quelque temps entre des époux, il en résulte cette conséquence funeste que le mariage produit ses effets en un sens inverse de sa destination et de sa loi.

Cette union permanente de l'homme et de la femme qui les associe à une tâche commune a pour but d'augmenter en eux la force morale, d'adoucir leurs aspérités, de les rendre meilleurs autant pour eux-mêmes que pour le prochain.

Une fois ce détachement résolu de part et d'autre, une fois cette séparation organisée, le mariage agit comme un dissolvant, comme un ferment sur ces deux âmes. La vie commune, au lieu de les porter à un esprit de concession, de douceur et de paix, leur devient, à chaque occasion du jour et jusque dans le secret de leur pensée la plus intime, une occasion de discorde, d'irritation, d'aigreur. Tous les devoirs deviennent plus difficiles et s'accomplissent plus mal. Les âmes engagées dans cette situation terrible ne rencontrent plus nulle part ni délassement ni repos.

Ce sont, en effet, les heures intimes et intérieures, les instants rapides où l'on peut s'appartenir à soi-même et respirer un moment avant de reprendre son fardeau et de poursuivre sa route, qui se trouvent empoisonnés et changés en des heures de détresse. L'homme en vient à regretter ses travaux les plus accablants, la femme sa solitude la plus abandonnée. Tout leur paraît meilleur et plus supportable que la nécessité de se trouver l'un vis-à-vis de l'autre, également froissés de la contrainte qui les sépare et également anxieux de la tempête qui les menace.

CHAPITRE XI

L'organisation de la vie conjugale dans la paix.

Au moment de conclure un mariage auquel je m'intéressais et dont je portais en grande partie la responsabilité, je ne laissais pas d'éprouver quelques hésitations. Il me semblait, non sans raison, que le jeune homme laissait peut-être trop à désirer sur certains points. « Rassurez-vous, cher Monsieur, » me dit avec une insistance significative un des proches parents de la jeune fille ; « Léonie ne sera jamais entièrement malheureuse. Quoi qu'il arrive, elle aura assez de force d'âme pour prendre son parti et pour s'accommoder de tout. »

C'est là, en effet, le grand secret du mariage comme de la vie. Il ne s'agit point de rêver complaisamment un idéal dont la préoccupation et l'impatience ne serviraient qu'à vous rendre malheureux. Il ne s'agit pas même de le poursuivre et d'y travailler. Ce n'est point dans ce sens que l'imagination du mari et de la femme doivent s'exercer pour assurer la paix du ménage.

Au point de vue du public, l'attitude d'un père, d'un époux, d'un enfant, est dictée lorsqu'il s'agit d'une personne qui lui touche d'aussi près par les liens du sang. Personne n'est tenu de dire du mal de sa famille. On en doit soutenir, on en doit croire, on en doit penser tout le bien possible. Toutes les probabilités, je dirais volontiers les preuves humaines les mieux établies, ne sauraient prévaloir contre la pieuse obstination d'un fils résolu à défendre l'honneur de sa mère.

La sagesse est d'apporter dans le mariage cette même disposition d'esprit, ce même entêtement prémédité. Il convient de se voir en beau. Cette parole demande une explication.

C'est précisément cette illusion qu'on reproche avec le plus d'amertume à l'amour. On lui fait un crime de nous montrer à travers un prisme celle dont nous demandons la main, et on ne sait que trop où conduit cet aveuglement.

Le masque tombe : l'homme reste, et le héros s'évanouit.

C'est là, en effet, l'histoire de bien des romans commencés dans l'ivresse et terminés par l'abandon.

Cet emportement des sens autant que de l'esprit, cet enthousiasme inconscient, cette exaltation passagère ne ressemblent en rien à la détermination réfléchie et motivée dont nous donnons le conseil.

Il n'est pas douteux un seul instant que toutes les choses de ce monde ont un double aspect sous lequel elles peuvent être également envisagées ; elles ont un côté favorable par lequel elles peuvent être vues en beau, et un côté désavantageux par lequel elles peuvent être vues en laid.

Il en va de même des personnes.

Voir une personne en beau, ce n'est pas, comme on se l'imagine parfois, fermer les yeux sur ses défauts les plus évidents et se refuser obstinément à la vérité la mieux établie. C'est bien là, en effet, la méthode de la passion ; et cette façon d'agir ne manque point de préparer des retours inévitables et des réactions terribles.

Voir en beau une personne, au sens raisonnable et pratique du mot, c'est, comme la charité la plus parfaite l'ordonnerait à défaut de l'intérêt le plus évident, s'attacher avec une attention obstinée à ses qualités, aux ressources de son esprit et de son caractère, aux perfectionnements dont elle est susceptible, aux vertus dont elle porte en elle le germe. Il peut très bien se faire et il arrive tous les jours que le mal a pris le dessus dans une âme, qu'elle s'est laissé aller à de funestes habitudes, ou tout au moins qu'elle se montre moins soucieuse qu'il ne le faudrait de sa propre valeur et de sa propre dignité. En pareil cas, le public, dont l'indulgence n'est pas l'ordinaire qualité, ne manque guère de s'en rapporter à cette surface désavantageuse et à cette première impression de sévérité. A quoi bon se mettre en peine des qualités cachées lorsque les défauts éclatent de toutes parts, et nous paraissent d'autant plus répréhensibles qu'ils nous deviennent plus incommodes? De là des condamnations sans miséricorde et sans appel. Nous gardons au fond de notre pensée ces sentences définitives; et tout ce qu'on pourrait nous dire d'avantageux, toutes les rectifications qu'on pourrait apporter, les injustices même dont on ferait appel auprès de nous demeurent non avenues. Il est bien rare qu'on revienne sur ce parti-pris de sévérité.

Voir en beau une personne, c'est prendre exactement le contre-pied de cette façon d'agir; et, quoique l'optimisme soit malheureusement peu naturel à la méchanceté humaine, il n'est pas moins conforme à la raison et à la justice que cette rigueur dont on s'arme à tout propos. Toutes les fois qu'on a pris la peine de pénétrer, même dans une nature imparfaite ou corrompue, au delà de cette première surface, on éprouve cette consolante vérité qu'en général l'homme vaut plus qu'il ne paraît : cette faiblesse à laquelle il cède si tristement cache presque toujours un fond de force et d'énergie qu'on pourrait aisément ranimer; cette passion qui égare son jugement et qui ne lui laisse plus ni sang-froid ni possession de lui-même n'a pas détruit la rectitude intérieure de sa raison ni une droiture naturelle prête à reprendre son empire sur ses actions.

Il ne faut donc pas traiter de complaisance chimérique et d'illusion volontaire le dessein bien arrêté d'envisager les hommes par leur côté supérieur. Il est permis de leur appliquer cette maxime qui fait la consolation des nations souffrantes, c'est que l'erreur et l'injustice ne durent pas : la vérité et la vertu résistent au fond de nous-mêmes à l'abus que nous faisons contre elles de notre liberté. Si nous assistons à des chutes rapides et profondes, les retours ne sont pas moins prompts, moins éclatants, moins généreux. Il est donc permis et humain d'attendre le réveil des âmes perdues, et de voir en elles moins l'oubli d'aujourd'hui que le repentir de demain.

On ne se rend peut-être pas assez compte de l'influence que la bonté exerce sur autrui. Ceux-là même qui abusent de l'indulgence et du pardon jusqu'à en devenir odieux ne laissent pas de rendre aux autres comme à eux-mêmes une justice intérieure. Ce mari qui fait supporter autour de lui son caractère inégal, irritable, provocateur, ses allusions malveillantes, parfois même ses paroles grossières, n'a pas besoin qu'on le reprenne sur ses défauts pour les lui faire apercevoir. Il les sait avant vous ; et s'il a la lâcheté de ne point s'en corriger, il garde encore la bonne foi de les reconnaître intérieurement. Il a beau accepter comme lui étant dues cette patience et cette douceur, il a beau feindre de ne pas s'en apercevoir et de n'y reconnaître aucun mérite, il ne laisse pas d'être sensible à la bonne opinion qu'on paraît conserver de lui, aux égards qu'on lui témoigne, à l'estime et au respect qu'on lui garde. Ce même homme que l'observation la mieux fondée mettrait hors de lui retrouve quelque énergie morale et quelque bonne volonté pour se mettre au niveau des sentiments qu'on lui montre.

Cette ferme et inébranlable résolution du mari comme

de la femme de se regarder l'un comme l'autre du côté de leurs vertus ou tout au moins de leurs qualités ne suffit point, malheureusement, pour détruire en eux la réalité de leurs imperfections. Ils n'en ont pas moins leurs défauts, leurs misères, peut-être leurs vices. Ils ont beau, l'un vis-à-vis de l'autre, détourner leur regard et leur pensée de ces défaillances, il ne leur est pas possible de n'en pas s'apercevoir et de n'en pas souffrir.

C'est par là précisément que cette résolution de paix et de miséricorde s'exerce au profit du bonheur dans toute son efficacité. Il est certain que toutes les erreurs et tous les égarements, quelque douloureux qu'ils puissent être dans l'usage de la vie commune, ne portent jamais sur le fond de l'âme, puisque cette âme demeure toujours maîtresse de se relever et qu'elle garde en elle une puissance infinie de perfection et d'héroïsme. Ce n'est donc point sortir de la logique la plus rigoureuse et de la morale la plus stricte, que de regarder ce mal comme passager et la renaissance morale comme possible. Dès lors, au lieu de s'irriter l'un contre l'autre, au lieu de prendre prétexte de ces froissements pour en faire des éclats et des ruptures, il devient tout naturel de se résigner aux défauts de la personne avec laquelle on est uni.

Il se produit alors en notre faveur un phénomène moral qui nous récompense de notre sagesse et de notre courage

De la même façon qu'une douleur physique prolongée ou renouvelée entraîne après elle une certaine insensibilité dont le patient bénéficie, il n'est pas douteux que notre énergie à les supporter rend moins onéreuses ces imperfections que le mariage nous met en demeure de subir à toutes les heures du jour. Il suffit qu'au lieu de vouloir y porter remède, soit par le raisonnement soit par la résistance, nous prenions une fois pour toutes le parti de ranger ces défauts qu'on nous impose au nombre des infirmités incurables dont le plus sage est encore de ne point gémir et de ne pas même parler. On ne se fait pas un reproche entre mari et femme d'avoir la vue basse, la respiration courte, l'oreille paresseuse. Ici toute récrimination paraitrait à bon droit aussi odieuse que ridicule. Ce sont là des cas de force majeure où il faut baisser la tête et prend sòn parti.

Il n'est pas douteux que, pour en venir à ce point de détachement et de possession de soi-même, il faut une rare puissance de volonté. Il est difficile de prendre cette attitude; il est peut-être plus difficile encore de la garder; et cependant pour en recueillir le bénéfice, pour en goûter l'apaisement, il faut absolument ne se départir jamais de ce sang-froid et de cette indifférence voulue. En revanche, le temps travaille pour vous. A mesure que les années s'écoulent, cette situation que la raison seule imposait à notre patience finit par devenir normale : elle écarte toute occasion de souffrir, prévient toute explication orageuse et place l'âme à une hauteur où les froissements et les susceptibilités ne sauraient l'atteindre.

Il ne faut pas se faire illusion ni chercher en dehors de nous-même la cause efficiente de notre propre bonheur. Nous ne jouissons véritablement dans le monde que de nos propres vertus. Voilà pourquoi les mérites que nous pouvons pratiquer dans le mariage nous y créent, dans la proportion de nos efforts, une paix inaccessible à tous les orages.

Il faut plaindre ceux auxquels il faut trop de choses pour être heureux. Le monde extérieur nous appartient si peu, il nous échappe si vite, que nous passons notre vie à la merci des événements sans que la prospérité de la veille nous garantisse jamais la fortune du lendemain. Il y a plus : la réunion de toutes les félicités apparentes ne saurait changer l'âme qui est appelée à en jouir, et il suffit d'une goutte de poison pour rendre la coupe amère et mortelle. C'est en vain que tout sourit à ce couple envié des petits et des souffrants, en vain que la richesse leur prodigue son luxe, en vain que les honneurs et les distinctions viennent s'ajouter à leur bien-être, en vain que tout s'empresse à les servir et s'efforce de leur complaire, ces âmes mal assorties et rebelles à leur devoir se sentent meurtries par des froissements répétés : elles ne peuvent plus se trouver en contact sans qu'elles se heurtent, s'expliquer sans se contredire, se contredire sans se blesser. Peu importe, au fond, la situation extérieure faite à l'âme ; c'est son état normal qui seul détermine sa destinée. Le bonheur est un fait interne, chacun se le mesure.

Les mariages vraiment heureux sont ceux-là seuls où les âmes se supportent dans leurs défauts et se goûtent dans leurs vertus. Le monde a là-dessus des jugements bien étranges et bien insensés. Il se prononce d'ordinaire sur cette perspective sommaire du dehors qui lui montre de jeunes mariés passant en voiture découverte, ou de vieux époux grommelant en public je ne sais quelles remarques mille fois répétées. C'est sur de telles données qu'on regarde les gens comme heureux ou malheureux. On ignore que sur les coussins de ce carrosse, le mari et la femme promènent de sourdes rancunes et qu'ils échangent d'une voix stridente des injures et des reproches en baissant le ton pour n'être point entendus de leurs laquais, tandis que ces vieux époux une fois rentrés au logis ne se souviendront plus ni l'un ni l'autre de ces propos sans portée et presque sans signification, leur esprit et leur cœur se trouvant depuis longtemps à l'unisson.

Toutes les remarques qu'on a pu faire reviennent, si l'on veut bien y prendre garde, à reconstituer, par la réflexion et la raison, l'état psychologique dans lequel se trouvent deux amants à la première heure de leur ivresse. Combien de fois ne leur a-t-on pas reproché d'adorer jusqu'aux imperfections et jusqu'aux défauts de leur idole? Faut-il croire que le fiancé est aveuglé et qu'il a perdu sa raison au point de ne plus conserver le sentiment de la réalité? Il n'en va point ainsi, et il ne faut pas le croire aussi égaré par sa passion. Il est tout simplement saisi par la vue des qualités de la personne qu'il aime, quels que soient l'ordre et la valeur de ces qualités, aussi bien la grâce de la personne, la douceur du regard, le charme de la taille, la couleur de la chevelure et des yeux que les perfections de l'âme les plus exquises et les plus hautes. Il en est rempli et ébloui. Il n'ignore pas le reste comme on se plaît à l'imaginer; il le voit et il passe; il méprise ces lacunes et ces imperfections dont la personne proprement dite ne lui paraît pas atteinte. Il se contente de ce qu'il trouve, de ce qu'il apprécie, de ce qu'il adore. Il ne veut rien savoir ni rien appréhender au delà.

Cet enthousiasme des premières amours n'est pas capable de persévérer, sans défaillir, sous cette forme inconsciente et exaltée; et c'est précisément le moment du retour et de la réaction qui ouvre dans la plupart des ménages l'ère des dissentiments et de la discorde.

C'est à ce moment que la raison doit intervenir et prendre parti. Elle doit reconstituer, par un acte de la volonté, ce même état moral que l'ivresse du sentiment avait suffi pour faire éclore. Elle doit, avec une fermeté inébranlable, tenir ses regards attachés sur le côté heureux et incontesté de la personne qu'elle aime, et se mettre ainsi au-dessus de tous les regrets et de toutes les déceptions. Elle doit suppléer à ce qui lui manque et passer par-dessus ce qu'elle blâme: en un mot faire le nécessaire, même au prix d'un effort et d'un sacrifice, pour établir la paix domestique sur une satisfaction préméditée.

Ici, le mari et la femme n'ont plus à redouter la désillusion de la lune de miel. Lorsqu'ils ont résolu, l'un comme l'autre, d'accepter réciproquement leur destinée, de se contenter de ce qu'ils trouvent et de passer courageusement par-dessus ce qui peut manquer, il n'ont pas à craindre d'avoir jamais à rabattre d'aussi modestes prétentions. Au contraire, la quantité de résolution et de volonté qui leur est nécessaire pour se maintenir dans cette ligne va en diminuant; cette sagesse leur coûte de moins en moins, et tout ce qu'ils ont à accepter leur paraît de plus en plus tolérable. Ils finissent, sans y penser, par sourire de ce qui aurait pu les indigner, et certaines paroles, même fâcheuses, ne leur coûtent pas plus à entendre que le frémissement du vent à travers les feuilles.

Le mariage rentre ainsi pleinement dans l'économie des choses humaines, et toute notre vie obéit à une loi morale dont elle ne saurait s'écarter. C'est dans le mélange des conditions heureuses et malheureuses que se trouve la raison d'être de notre progrès et de notre achèvement.

Nulle créature humaine ne saurait avoir cette prétention que tout la seconde et vienne au-devant de ses désirs. Nous sommes toujours obligés de supporter quelque chose; et si nous n'avions rien au dehors pour se prêter à l'effet de notre activité, nous serions obligés de nous supporter directement nous-même, ce qui deviendrait peut-être le plus lourd de tous les fardeaux.

Le mariage a été donné à l'homme pour multiplier ses forces morales, en augmentant dans son cœur la puissance du sentiment. Le mariage crée en lui des affections que rien ne remplace et dont rien ne saurait donner l'idée, la tendresse de l'époux et du père. Ce sont là des biens inestimables dont le bénéfice nous est assuré. Ce développement de notre nature morale nous raffermit contre les épreuves et nous donne pour ainsi dire un centre de gravité. Il devient tout simple et tout naturel que de tels avantages soient compensés par quelques inconvénients, ou du moins par quelques difficultés.

Tout le mariage se résume dans la parole au nom de laquelle il a été institué : « Il n'est pas bon que l'homme soit seul. » Pourvu que les âmes vivent sous le régime de la communauté morale, tout devient supportable et facile. Les souffrances elles-mêmes ne sont pas sans douceur lorsqu'on les traverse la main dans la main.

LIVRE QUATRIÈME

DE QUELQUES FORMES PARTICULIÈRES DU MARIAGE

CHAPITRE PREMIER

Le mariage sans enfants.

Les lois morales qui président au mariage et qui en assurent le bonheur ne changent point avec les situations de la vie. Elles demeurent les mêmes et suffisent à prévenir ou à résoudre toutes les difficultés.

Cette direction générale n'empêche point les conseils particuliers.

Il est certain, par exemple, que le mariage change d'aspect lorsque le mari et la femme sont condamnés à demeurer sans enfants, comme aussi les secondes noces n'ont pas le même caractère qu'une première union ; enfin, sur le déclin de la vie, le ménage de deux vieillards ne ressemble guère au temps lointain de la lune de miel.

C'est dans la création et l'éducation d'une famille que se trouve le but véritable, on pourrait presque dire le but unique du mariage. Ce n'est point un fiancé que la jeune fille honnête contemple dans ses rêves, elle entrevoit plutôt, d'une façon mystérieuse et lointaine, un berceau dont elle entr'ouve les rideaux blancs ; elle entend à ses heures d'abandon et de poésie, non pas une voix qui lui murmure des paroles d'amour, mais le vagissement plaintif ou caressant d'une clameur enfantine. Il faut faire au jeune homme chaste et délicat le même honneur. Encore bien qu'il ne soit ni dans sa nature ni dans sa destinée de demeurer insensible aux charmes de la femme, il en est plus d'un qui raffermit son courage à la pensée salutaire et forte de ses devoirs de père. Le mariage se présente à ces cœurs vaillants, moins encore sous la forme souriante de la fiancée que sous l'aspect d'un enfant dont il lui faudra protéger la faiblesse et assurer la destinée.

Au reste, quels qu'aient pu être auparavant à ce sujet les sentiments particuliers du jeune homme et de la jeune fille, ils sont à peine unis l'un à l'autre que cette nuance tendre et délicate s'accuse de jour en jour avec un caractère plus inquiet et plus pressant. Ils portent au fond de leur cœur la même préoccupation et la même sollicitude. Ils ne craignent pas de s'ouvrir l'un à l'autre de ce désir commun. Au bout de peu de temps, cette espérance devient le texte de leurs entretiens comme cette impatience fait le fond de leurs pensées.

Cependant le temps s'écoule et n'amène point cet enfant si ardemment souhaité ; tout annonce que leur mariage demeurera stérile. Ils comptent déjà de longs mois d'attente et de déception ; ce qui n'était d'abord qu'une appréhension vague se change en une crainte de jour en jour plus fondée, et si dans le fond de leur cœur ils n'ont pas renoncé encore à toute espérance, cette espérance est si frêle qu'ils n'osent plus en tromper leur chagrin. Il cessent de part et d'autre d'aborder ce sujet, et gardent chacun leur tristesse pour eux.

On ne saurait dire pour qui la déception est plus amère et le vide plus grand. Dans les premiers temps du mariage, la femme paraît particulièrement atteinte : dans la suite, c'est peut-être le mari qui souffre le plus.

La jeune femme a beau être aimée comme elle le mérite et comme elle le souhaite, elle est avertie, par un sûr pressentiment, de la fragilité de cette première tendresse. Plus l'amour conjugal est passionné et entraînant, plus il lui est difficile de se perpétuer sous cette forme extrême. La maternité apporte précisément à l'épouse ce couronnement, cette autorité, cet achèvement suprême qui lui donne en quelque sorte auprès de son mari des droits nouveaux et plus incontestables encore.

L'attente d'un enfant est la consécration et comme la bénédiction de l'union contractée. Personne n'ignore que, dans l'ancienne loi, la stérilité était un cas de répudiation; dans tout l'Orient la femme inféconde vit en quelque sorte sous le poids de l'humiliation publique. Ce serait trop dire que d'avancer rien de pareil pour nos sociétés chrétiennes et civilisées. Il n'en demeure pas moins que la femme sans enfants s'apparaît à elle-même comme inférieure à ses compagnes; elle sent qu'il lui manque ce suprême honneur de la maternité. C'est comme une infirmité dont il lui faudrait faire publiquement l'aveu.

Ce n'est là toutefois que le côté extérieur de sa souffrance; sa destinée en est atteinte plus profondément. La condition de la femme comporte, dans ce milieu si riche et si pourvu des sociétés modernes, un loisir presque continuel. C'est en vain que les mondaines se prétendent accablées par les occupations inutiles dont elles aiment à fatiguer leur apparente activité. La vérité est que son temps appartient tout entier et sans mesure à la mère qui veut bien s'occuper de son enfant.

La jeune femme qui tient dans ses bras son premier né n'a pas besoin qu'on lui enseigne sa liberté ni qu'on vienne à son secours pour lui ménager le loisir de se consacrer à lui. Il n'est personne qui n'ait eu un indulgent sourire pour cette ardeur, cette espèce de furie maternelle, cette exagération de soucis et de soins, digne de tant de respect et susceptible peut-être d'un peu de raillerie.

Il y a donc là, dans la vie de la jeune mariée, un temps d'arrêt, le point de départ et la raison d'être d'une première et heureuse transformation. Les plaisirs, le mouvement, la recherche des joies et des dissipations, cette période de fêtes, de voyages, d'entreprises de toute sorte, trouvent une conclusion dans des devoirs nouveaux. Le foyer domestique est désormais peuplé. La femme devient sédentaire; elle ne saurait, sans sacrifier la santé et peut-être la vie de son nourrisson, continuer sans mesure ce régime de veilles et de plaisirs.

Un ménage sans enfants ne saurait compter ni sur cette réforme du passé, ni sur cette organisation de l'avenir. La vie première se continue malgré une lassitude visible, et personne ne parle d'y rien changer. Le mari et la femme éprouvent l'un vis-à-vis de l'autre le sentiment un peu amer et un peu injuste d'une attente trompée; mais il faut un temps assez long pour qu'ils s'en fassent l'aveu, pour qu'ils s'en entretiennent et trouvent enfin quelque soulagement dans une résignation commune.

En attendant ce jour trop retardé, tous deux se ressentent diversement de leur souffrance. La femme garde d'ordinaire dans son caractère quelque chose de silencieux et de voilé; elle se replie volontiers sur elle-même. Ce retour est d'autant plus fâcheux qu'elle aurait plus besoin d'élan et d'expansion. Regardez cette jeune mère auprès de son enfant; essayez de compter les baisers dont elle le dévore, les regards d'amour dont elle l'enveloppe, les exclamations de tendresse qu'elle lui prodigue!

Toute cette richesse de sentiments, toute cette exubérance de la nature, demeure sans emploi et sans objet dès que la femme n'a pas d'enfant à caresser. Considérez en outre quelle place cet enfant tient dans sa vie, et plus encore dans ses pensées. Tous les soins dont elle l'entoure, les attentions délicates qu'elle multiplie, ne sont rien pour ainsi dire à côté de cette préoccupation incessante dont elle est sans cesse obsédée. Il est peu de moments dans la journée, dès qu'elle se tait et garde le silence, où elle ne songe pas à ce fils bien-aimé. Ses rêves n'ont plus la forme vague d'une hallucination sans but et sans objet ; ils deviennent en quelque sorte la méditation heureuse d'un avenir plein de promesses et de merveilles.

Il est permis de se demander avec une certaine anxiété comment la femme sans enfants pourra jamais remplacer tout ce qui lui manque, cette effusion même physique qui la détend, cette tension morale de son activité qui occupe ses forces, utilise sa pensée et règle son imagination. Il ne faut pas s'étonner de voir la femme ainsi abandonnée à elle-même se rejeter avec plus d'énergie et plus d'exigences du côté de son mari, réclamer sa présence avec plus d'avidité, s'efforcer en un mot de remplacer l'enfant par l'époux.

Malheureusement pour le bonheur commun, et surtout malheureusement pour la femme, le mari ne laisse pas d'éprouver à son tour une certaine influence de cette solitude. Cette influence s'exerce dans un sens opposé, et directement au détriment de la femme.

Si le père n'est point appelé, durant le temps de la première enfance, à prendre part aux soins à donner à ce petit être encore au berceau, il ne faudrait pas croire, malgré une indifférence apparente, que son cœur ne soit pas retenu déjà dans ces mêmes liens. Lorsqu'il revient au foyer domestique, à mesure qu'il se rapproche de sa maison, il sent qu'il est attiré; ses regards se portent d'instinct vers cette couche bénie. Il regarde la jeune mère autrement qu'il ne le faisait de la jeune épouse : il se trouve ramené puis retenu par cette chaîne invisible. Ce petit souffle, ces doux murmures, ces cris qui le font tressaillir parlent déjà leur langage à ce cœur de père. Le temps passe, sans qu'il s'en doute, à contempler son enfant.

Faut-il aller jusqu'à dire que, dans une certaine mesure, le jeune mari se détache de sa femme parce que la chambre nuptiale demeure vide? Rien ne saurait être plus injuste et de plus cruel. La seule excuse de l'homme, en pareil cas, c'est qu'en effet il obéit à une impulsion inconsciente et ne se doute pas lui-même de ce que sa conduite a de regrettable. A mesure que sa femme, oisive dans son âme et dans ses actions, a plus besoin d'être occupée et alimentée par lui, il éprouve, sans se l'avouer, un vide analogue; il lui faudrait quelque chose de nouveau qui remplit sa vie. Il ne peut pas non plus continuer indéfiniment le régime de la lune de miel. Comme il n'est pas saisi par le devoir d'une famille à élever, il retourne par un mouvement assez naturel aux préoccupations qui faisaient le fond de ses journées. Il ne faut pas oublier qu'avant le mariage, il a déjà mené une longue existence soit de plaisir, soit de travail. C'est de là que date son âme : son union récente avec sa compagne a donné un emploi et une direction à sa vie sans en changer le fond primitif.

Il arrive alors, le plus souvent, que le jeune époux est repris dans une certaine mesure par ses anciennes pensées et par ses occupations premières.

Il ne s'agit ici en aucune façon ni d'infidélité, ni de désordre, ni d'abandon. Le mari ne cesse pas d'être vis-à-vis de sa jeune femme absolument irréprochable, absolument correct. Vous l'étonneriez beaucoup si vous lui appreniez ce qui se passe dans sa propre conduite. S'il s'attarde sans motif au moment de rentrer chez lui, s'il reprend peu à peu des relations tout au moins inutiles, s'il recommence ou multiplie des visites auxquelles il ne songeait plus guère, c'est que, lui aussi, sans se l'avouer, sans s'en apercevoir, éprouve quelque vide. Il se cherche d'instinct des distractions, et diminue d'autant le nombre des moments qu'il passe auprès de sa jeune femme.

Il y a donc là, dans les ménages sans enfants, un moment de crise très dur et très périlleux à passer : d'un côté la femme sans occupations, livrée au désœuvrement de l'action et de la pensée; de l'autre côté le jeune mari moins appelé, moins retenu et plus disposé à se laisser reprendre par les rapports extérieurs. Pour peu que cet état s'accentue, que ces dispositions s'aggravent, que leurs sentiments s'aigrissent, ils risquent fort de se renfermer l'un comme l'autre dans une existence particulière et séparée : la femme va tourner à la mélancolie ou à la dissipation; le mari va se laisser gagner par le détachement jusqu'à l'abandon.

Ce n'est donc pas tout à fait sans raison que la sagesse populaire trouve à plaindre les ménages sans enfants. Elle ne considère pas seulement les joies ineffables dont ils sont privés, mais aussi les dangers certains de désunion et de discorde qu'ils ont à courir.

Le seul conseil qu'on puisse donner à ces jeunes époux c'est de considérer dans le cœur de l'autre la peine, et l'isolement que chacun d'eux ressent en son particulier. C'est au mari à se représenter la jeune femme isolée, malgré les rapports qu'elle va chercher dans le monde; c'est à la femme à se dire que l'époux ne rentre jamais sans éprouver d'une façon inconsciente l'absence de cet enfant qu'il désirait. Ils sont donc mis en demeure, l'un comme l'autre, de se remplacer mutuellement ce fils et cette fille qui font encore de part et d'autre l'objet de tous leurs vœux.

Le mari comme la femme n'auront point ici à faire l'effort que demandent toujours d'autres conseils. Lorsqu'on exhorte les époux à la patience, à la générosité, à l'héroïsme, c'est toujours et partout un sacrifice qu'on sollicite de la vertu. La récompense qu'on lui promet ne diminue point l'effort qu'on lui demande: la douleur qui mérite ne laisse pas de souffrir.

Ici, au contraire, le mari non plus que la femme n'ont rien à se pardonner : c'est une épreuve commune à subir. Ils sont également innocents et également atteints. Ils ont le même intérêt à se prêter un mutuel appui, à ne pas se laisser aller, ni d'un côté ni de l'autre, à un isolement et à une sorte de séparation dont ils seraient les premières victimes, enfin à remplacer par un redoublement d'affection, par un accroissement de leur tendresse, cet amour de père et de mère qui leur est ainsi refusé.

Les ménages sans enfants qui ont tourné au bonheur au lieu de se refroidir et de se disjoindre sont reconnaissables entre tous; il ne faut pas bien longtemps pour discerner en eux la nuance indéfinissable qui les rend si différents des autres.

La tendresse de la femme a quelque chose, sinon de puéril et d'enfantin, au moins de plus abandonné et de plus confiant. Eclairée par son cœur et conduite par un instinct plus sûr que tous les raisonnements, la jeune femme se laisse aller, sans s'en apercevoir, à jouer plus volontiers vis-à-vis de son mari le rôle d'une enfant. Elle occupe ainsi davantage sa pensée et son âme; elle entre davantage dans sa vie; elle s'identifie plus profondément avec lui. Elle élargit insensiblement la place de l'épouse, et finit par occuper et par remplir ainsi celle de l'enfant.

De son côté, le mari va au-devant de ce nouvel état

de choses. Il entre tout doucement dans cette âme; il a souci de l'emploi de son temps; il lui cherche, il lui trouve, il lui crée des occupations. Il comprend, avec une admirable entente de leur destinée commune, que c'est à lui de suppléer à ce vide de leur existence. Il faut qu'il se montre plus tendre, plus présent, plus intelligent des besoins moraux de sa femme. Il faut qu'il lui fournisse un aliment. C'est à lui de s'en emparer sans l'envahir, de la dominer sans la contraindre et de la guider sans l'asservir.

Si jamais efforts ont été couronnés d'un succès infaillible, ce sont assurément ceux que le mari et l'épouse sans enfants font ainsi en faveur l'un de l'autre. Ce perpétuel tête-à-tête, cette nécessité de se suffire, cette limitation de leur vie dans un champ plus étroit enfantent d'ordinaire une affection d'un caractère tout particulier, une sorte d'égoïsme à deux. Le monde qui n'est point disposé, ni à l'indulgence, ni même à la justice, regarde le plus souvent d'un air moqueur ces couples de tourtereaux dont il ne comprend guère le redoublement d'intimité. Volontiers leur trouverait-il quelque ridicule, et il ne leur épargne pas toujours ses railleries. Il serait plus équitable et plus conforme à la vérité de faire entrer en ligne de compte leur situation particulière.

Il faut, pour être dans le vrai, se représenter cette vie commune qu'aucune diversion ne vient jamais interrompre. Comme il ne dépend pas d'eux d'en changer les conditions, il ne leur reste plus qu'à chercher dans un éloignement mutuel un soulagement à la fatigue de ce tête-à-tête, ou à redoubler de tendresse et d'égards pour se rendre supportables et agréables l'un à l'autre.

Avec le temps, leurs regrets s'adoucissent d'ordinaire. Il ne manque pas de ménages sans enfants qui, au bout de quelques années, s'applaudissent d'avoir été dispensés par la Providence de cette charge et de cette responsabilité. Il est vrai que, le plus souvent, ils prêtent la main à leur esprit et s'arrangent pour voir de cette façon. Ils écoutent plus volontiers le récit des débordements des fils de famille compromettant le nom de leurs ancêtres, que les éloges d'Antigone. Ils finissent par se persuader que la paternité est un devoir terrible dont nulle vertu ne saurait assurer l'infaillible accomplissement ; ils se mettent complaisamment devant les yeux les angoisses, les soucis, les désespoirs des parents trompés dans leur attente et déshonorés par leurs propres enfants. Il faut leur laisser cette consolation chagrine et malsaine. Ils ignorent, et ils ignoreront toujours quels tressaillements de joie, quelles ivresses du cœur le père et la mère ont dus dès le berceau à ces mêmes enfants qui font aujourd'hui couler leurs larmes. Ils ne comprendront jamais ce fond inextinguible d'amour que le père garde pour son fils, même lorsqu'il lève la main pour le maudire ; les déchirements, les angoisses, les hontes n'ont jamais prévalu contre la tendresse maternelle.

D'ordinaire la femme est ici plus clairvoyante que le mari. Ce dernier, comme le comporte la nature du caractère masculin, finit par en prendre son parti. Il se désintéresse de cette famille qui lui a manqué. Une fois sa résolution prise là-dessus, il y met assez de décision et de fermeté pour ne point regarder en arrière et pour se maintenir l'esprit libre de tout retour et de tout regret.

Il n'en va pas de même de la femme. Sans doute rien n'apparaît dans son silence ; elle ne se départ point de sa réserve et ne fait entendre à personne ni plainte ni gémissement. Qui sait pourtant si ce calme extérieur ne cache pas des tempêtes et des tortures ? Qui sait si elle ne voit point, dans le calme de la solitude, passer devant elle quelque petit ange qui lui sourit ; si elle n'entend pas dans ses heures de recueillement et de rêverie quelque voix inconnue qui lui murmure à l'oreille le mot si doux et si regretté : *Maman!* Je me rappelle encore avoir reçu, presque à son lit de mort, la confidence d'une femme digne de tout respect, laquelle avait vécu plus de trente années dans le mariage avant de devenir veuve : « Ah! me disait-elle, c'est aujourd'hui que je marierais mon petit-fils! » Elle avait vécu ainsi sans enfants, se représentant jour par jour, comme un roman, la vie de mère de famille qu'elle aurait menée, si Dieu ne lui en avait pas refusé la joie. Elle avait suivi sans interruption dans sa pensée la destinée de cette famille idéale, assistant tour à tour à la naissance, au baptême, à la première communion, au mariage de cet enfant qu'elle n'avait pas. Elle avait vu, du dedans d'elle-même, les évolutions de son enfance et les progrès de son éducation. Elle l'avait entendu balbutiant les premiers mots de tendresse, et plus tard orateur, soulevant par son éloquence la tempête des applaudissements. Toute sa vie morale s'était en quelque sorte concentrée dans cette création. Voilà de quels miracles d'amour et de poésie est capable un cœur de femme. Il est vrai que celle dont je parle aurait vainement cherché un appui et un dédommagement dans le triste compagnon de sa vie. Voilà quels trésors d'affection et de tendresse celui-ci n'avait pas su s'approprier.

CHAPITRE II

Le mariage avec des enfants.

L'arrivée d'un enfant au foyer domestique, la nécessité de pourvoir d'abord à ses premiers soins, puis à son éducation et à sa destinée, changent du tout au tout l'aspect du mariage et donnent aux rapports des deux époux une tournure nouvelle.

Le jeune mari ne souhaite pas moins que la jeune femme cette consécration de leur hymen. Tant qu'ils n'ont pas vu naître ce gage de leur union, ils le désirent avec une même ardeur et l'attendent avec une même impatience.

Il est donc tout simple et tout naturel que cet enfant resserre les liens du mari et de la femme. Ils s'apparaissent l'un à l'autre comme père et comme mère. Il semble que l'autorité du mari en soit augmentée et que la femme y revête une dignité et une grâce nouvelles.

Ce petit berceau recèle en lui une véritable force d'attraction. Le mari rentre plus volontiers et plus vite ; et lorsqu'il se voit pour un instant sur les bras cette frêle créature, il se sent tout ému, son cœur défaille pour ainsi dire. La joie d'être père n'est comparable à aucune autre joie sur la terre.

La femme ne doit cependant pas perdre de vue, dans son enivrement de jeune mère, que l'homme n'a point les mêmes aptitudes qu'elle et que les joies du premier âge ne sont pas faites pour le toucher autant. Il saisi et que déjà il est comme noyé sous cette avalanche. Il ne s'est pas passé au logis le moindre fait désagréable qu'il ne se le voie servir et commenter. Les moindres caprices de ce pauvre petit enfant, ses boutades, ses mauvaises humeurs, ses résistances ont été enregistrées heure par heure, minute par minute. On n'épargnera rien à ce pauvre homme qui rentre chez lui, si las, si harrassé, si impatient de jouir d'un peu de paix et de repos. Il faut, avant d'avoir quitté son pardessus, qu'il fasse les gros yeux, qu'il enfle sa voix, qu'il joue les Croque-Mitaines, alors qu'il éprouve depuis le matin le besoin de prendre dans ses bras et de couvrir de baisers ce grand coupable dont on le fait le bourreau.

La jeune mère qui se laisse aller ainsi à peser sur son mari de tout le poids de son enfant ne s'imagine pas jusqu'à quel point elle sort de son devoir, et combien elle rend onéreuse à ce mari cette tendresse si égoïste et si mal entendue. Le plus souvent, elle aboutit à un résultat absolument opposé à celui qu'elle cherchait. Elle aurait voulu faire du père de famille un épouvantail dont la terreur aurait maintenu une obéissance commode à son autorité ; il arrive au contraire, la plupart du temps, que, fatigué de ce rôle méchant, il se sent tout disposé à prendre contre la mère le parti de l'enfant. Il lui semble que le pauvre petit est, comme lui-même, injustement accablé, et qu'il lui appartient bien moins de le réprimander que de le défendre. L'enfant devient alors, contrairement à toutes les lois morales du mariage, une occasion de querelle et de désaccord : pour avoir voulu demander au père plus qu'il n'était juste de lui imposer, elle le voit se dérober et refuser la part même qui devrait légitimement lui revenir dans l'œuvre commune de l'éducation.

Une femme intelligente, adroite, juste surtout, prendra garde de ne point outrer la part de collaboration qu'elle peut réclamer de son époux. Cette part de collaboration ne se mesure pas exactement au devoir dont chacun est responsable ; il faut tenir compte du caractère, et pour ainsi dire de la capacité du père. C'est là surtout qu'il faut appliquer cette maxime fondamentale que le mari comme la femme ne sauraient ni l'un ni l'autre se refondre et se recommencer. Le plus sage est donc de tirer parti des aptitudes et de la bonne volonté de chacun, sans se laisser aller à cette chimère pleine de discordes de vouloir donner à son conjoint l'esprit qui lui manque ou la volonté qui lui fait défaut.

C'est au mari surtout qu'il faut rappeler ces conseils de modération et de patience, lorsqu'il a ce malheur de voir la jeune mère inférieure à ses devoirs envers son enfant. Il se résigne encore à souffrir cet étalage de soins et ces excès de passion ; mais lorsque, pour une raison ou pour une autre, la jeune femme ne paraît point disposée à faire ce qu'elle doit ou qu'elle se montre incapable de s'en acquitter, lorsque par sa dissipation ou sa négligence, il lui arrive de laisser manquer de quelque soin ce pauvre petit être, il s'allume presque toujours dans le cœur du père et de l'époux comme un sentiment de haine. C'est peut être là une des plus grandes déceptions de sa vie. Il serait, lui semble-t-il, disposé, en ce qui le concerne personnellement, à tout subir et à tout pardonner ; mais il ne peut pas venir à bout de se résigner à cette défaillance là. On pourrait citer bien des ménages dont le bonheur s'est trouvé à tout jamais détruit à la suite de quelqu'oubli, de quelque négligence dont l'enfant a été atteint.

Lorsque, à tort ou à raison, est entrée dans l'esprit de l'homme cette conviction que sa femme n'est pas suffisamment mère, celle-ci ne se relève guère du jugement dont elle a été frappée. Toutes les facultés du mari tendent alors à la suppléer auprès des enfants : chacun de ses efforts tourne au désavantage de la femme. Il lui semble qu'elle manque aux engagements mêmes du mariage. L'époux peut bien se résigner, mais je doute qu'il lui pardonne jamais dans le fond de son cœur.

A mesure que les enfants grandissent, ils se trouvent exercer une influence plus visible et plus active sur les rapports du père et de la mère : les devoirs que le mari et la femme ont à pratiquer l'un vis-à-vis de l'autre doivent être observés par tous deux avec plus de vigilance et de rigueur.

Il arrive souvent que, sans en venir aux querelles, les époux sont tombés avec le temps dans cette fâcheuse habitude de ne pas observer assez dans leurs rapports réciproques les règles de la stricte politesse, peut-être même des convenances. En dépit de leur bonne éducation, ils se laissent parfois entraîner dans l'intimité à des expressions plus abandonnées, à des paroles plus vives, à des apostrophes moins retenues. Ce laisser-aller regrettable ne tire pas précisément à conséquence : l'orage gronde, mais il n'éclatera pas ; dans quelques instants, la sérénité reparue, il n'en restera rien.

Il n'en va pas de même lorsque des enfants se trouvent assister à de pareilles scènes, ou lorsqu'il leur arrive seulement de les entrevoir. Ils ne sauraient en aucune façon tenir compte de ce que l'intimité conjugale d'un passé déjà long apporte d'apaisement et d'adoucissement à ce conflit plus apparent que réel.

C'est par une habitude déjà invétérée, et non pas du tout par désespoir, que la femme prend ces tons lamentables et ces poses désolées. Ce n'est pas non plus une colère véritable du mari qui anime ces gesticulations et enfle ces grondements de la voix. Ils savent tous deux à quoi s'en tenir, et ne sont dupes ni l'un ni l'autre de cette petite comédie de la fureur qu'ils se jouent ainsi ; tous les deux ont grand soin d'en ménager le dénoûment prévu.

Il n'en va pas de même de l'enfant. Il prend pour bon

jeu bon argent toutes ces déclarations, tous ces gestes, toutes ces poses. Il en demeure effaré, confondu, stupéfait. Suivant qu'il est porté à prendre parti dans son cœur pour son père ou pour sa mère, l'autre lui apparaît comme un monstre exécrable et indigne de pardon. Il pousse à l'extrême tout ce qu'il entend et tout ce qu'il voit : souvent il lui reste, de ces scènes si légèrement engagées et si promptement oubliées par ses parents, de profondes rancunes, des ressentiments durables que le temps lui-même ne parviendra pas toujours à effacer tout à fait.

C'est peut-être à la suite de ces premières impressions dont ils subissent sans s'en douter le contre-coup, que le père et la mère se trouvent parfois conduits à un acte pour lequel on ne saurait avoir assez de blâme.

Il arrive, en plus d'une occasion, que l'un des époux prend pour témoin de ses peines et pour confident de ses griefs la jeune fille déjà grande ou le jeune homme devenu adolescent. En pareil cas, c'est le fils qui entend le mari se plaindre de sa mère, tandis que la fille entend la mère se plaindre du mari.

Cet oubli de tous les devoirs, cette violation de tous les principes sur lesquels repose la famille, ont quelque chose de tellement odieux qu'on ne saurait ici admettre de préméditation. Le plus souvent, c'est un moment d'oubli, un élan d'effusion qui entraînent à ces regrettables ouvertures. Il n'en est pas moins vrai qu'une fois le premier mot prononcé, une fois cette attitude prise, le mal devient à peu près irréparable ; le bonheur du ménage se trouve irrémédiablement compromis. L'époux aurait supporté bien des injures et bien des injustices, tant qu'il en serait demeuré la seule victime et le seul témoin ; il aurait subi sans s'émouvoir les reproches les plus amers et les paroles les plus dures, tant qu'il aurait été le seul à les entendre ; mais comment veut-on qu'il se résigne à cette pensée de perdre l'estime et peut-être la tendresse de sa fille bien-aimée. Il lui faudra donc subir cette humiliation et cet outrage d'avoir à rougir devant sa propre enfant. Son malheur et son irritation augmentent à cette pensée qu'il est sans défense vis-à-vis d'elle. En vain concevrait-il le dessein de s'abaisser jusqu'à plaider sa cause et jusqu'à se justifier, il ne lui reste pas même cette dernière et honteuse ressource, car il ignore quelles accusations ont été portées contre lui et il ne lui est pas possible de s'en informer.

Il n'est pas moins triste de voir la femme raconter à son fils ses peines conjugales. Ces terribles aveux ne se font pas d'ordinaire sous la forme de récits ou d'épanchements. Le plus souvent, c'est une allusion qui échappe à un moment de colère; c'est un fait qu'on rappelle ou qu'on indique en passant; c'est une accusation vague qu'on porte. A cette ouverture, le fils reste d'ordinaire silencieux. Cette mère imprudente ne voit pas que le jeune homme, tout en blâmant son père dont on lui ôte le respect, ne porte pas dans son for intérieur un jugement moins sévère contre sa mère qui ose lui parler ainsi. C'est surtout dans les familles qu'il faut regarder au lendemain de toutes les actions. Ce ne sont plus là ces liaisons du monde qui, fréquentes aujourd'hui et peut-être anciennes déjà, ne laissent pas de pouvoir être dénouées ou brisées sans que personne songe à y mettre obstacle. Les liens du sang demeurent ; les parents ne sauraient se quitter sans scandale; leurs rapports ne peuvent être ni suspendus ni même ralentis, sans qu'autour d'eux chacun s'en aperçoive, s'en inquiète, s'en offusque. Se figure-t-on les sentiments qui peuvent survivre dans ces cœurs froissés et comment peut durer la paix de l'existence commune, lorsque le mari ou la femme voient l'un dans l'autre un dénonciateur, et dans leur fille le complice d'une calomnie ou le juge de leurs actions?

Un père et une mère doivent donc prendre pour

règle absolue de ne jamais rien laisser transparaître de leurs griefs devant leurs enfants, même arrivés à l'adolescence. Le respect devient plus nécessaire encore lorsque l'âge les dispense de l'obéissance du jeune âge. Il faut que cette femme, si elle a souffert, emporte avec elle le secret de sa douleur : si ce mari a eu à se plaindre, c'est le fils qui, dans le monde entier, doit rester le dernier à le savoir.

Cette tendance du père et de la mère à se détacher l'un de l'autre pour se rejeter dans le cœur de leurs enfants n'est donc pas, comme on le voit, sans péril. Les exigences mêmes de la vie rapprochent un père de ses fils à mesure qu'ils grandissent. Il est tout simple et tout naturel qu'ils sortent ensemble et qu'ils partagent, sinon les mêmes occupations, au moins les mêmes distractions et les mêmes divertissements Pareillement, les jeunes filles se groupent autour de la maman; elles vivent avec elle de la même vie d'intérieur; elles l'accompagnent dans ses visites et ses promenades; elles ont les mêmes préoccupations de vêtements et de toilettes. Il ne faudrait pourtant pas que ces affinités naturelles finissent par séparer la famille en deux camps opposés; il ne faudrait pas que cette alliance de la mère avec les filles ou des garçons avec le père dégénérât de part et d'autre en une sorte de coalition, et que l'on se laissât aller à prendre ainsi des attitudes de défiance et d'hostilité. Cette tendance est moins rare qu'on ne pourrait le penser. Il n'en faut pas davantage pour semer la désunion entre les époux. Les enfants deviennent alors, contrairement à tout ordre et à toute justice, une cause de séparation entre le père et la mère. La mère recommence, malgré sa longue expérience, la faute de la jeune mariée. De la même façon qu'elle rendait onéreux et insupportable à son mari les soins déraisonnables dont elle accablait son premier né, cette confiscation d'elle-même qui ne laissait plus disponibles pour son époux ni une minute ni un sourire, elle ne se montre plus maintenant à lui qu'escortée de ses filles; elle renvoie le père aux jeunes gens; et c'est à peine si le mari trouve à la dérobée le loisir d'un entretien, lorsqu'ils devraient tous deux prendre chaque jour un temps pour établir leur accord sur le gouvernement de la famille.

Le père qui se renferme dans ses garçons, et la mère qui se confine avec ses filles sous ce prétexte qu'ils n'ont ni l'un ni l'autre l'entente d'un sexe différent, se trompent d'une façon bien regrettable sur les aptitudes de leur propre cœur. Il n'est personne qui n'ait présente la preuve du contraire. Lorsque l'homme ou la femme sont appelés par le veuvage à rester seuls dans ce monde, ils déploient le plus souvent, sous l'empire de la nécessité, des aptitudes qu'on ne leur aurait pas soupçonnées. Cette mère qui paraissait incapable de fermeté et qui se rejetait à toute heure sur l'autorité de son mari prend en main l'autorité ; et tout d'un coup, elle atteste et elle établit son influence par une fermeté et une douceur souveraines. Ce père qui ne voulait à aucun prix intervenir, même par un avis, dans l'éducation de ses filles sous prétexte qu'il n'y entendait rien et qu'il n'avait aucune des qualités nécessaires pour agir sur ces âmes féminines, découvre tout d'un coup au fond de son cœur des trésors de délicatesse pour remplacer auprès d'elles cette mère qu'elles n'ont plus. Il se trouve, du jour au lendemain, qu'il sait parler le langage le plus capable de se faire entendre à ces jeunes filles; il en devient pour ainsi dire le confident et l'ami.

Il y a donc, dans l'homme comme dans la femme, un fond caché de ressources inattendues. La puissance de la volonté, l'énergie, la constance ne font pas défaut autant qu'on le croirait au caractère féminin, et l'homme cache bien des fois sous son insouciance affectée ou sa rudesse apparente une merveilleuse délicatesse et une sensibilité profonde dont personne n'est admis à profiter.

Le mari et la femme ont donc tout avantage à exercer en commun leur empire domestique. Ils doivent se garder, de part et d'autre, de se retrancher dans une prétendue incompétence qui les isolerait et les priverait de leurs lumières réciproques. Lorsqu'ils ont le bon sens de comprendre que le fils a tout à gagner à la direction de sa mère et les filles tout avantage à écouter les conseils paternels, l'union du mari et de la femme se resserre ; elle devient plus intime et plus douce. Ils n'ont plus, comme dans leurs jeunes années, à s'occuper seulement d'eux-mêmes. Il s'agit de leurs enfants, et rien ici ne saurait leur être indifférent. Il n'y a pas assez de pères et de mères qui prennent cette tâche de l'éducation comme le lien de leur union dans cette seconde période de leur vie. Ce n'est point là, comme on l'estime parfois, un devoir dont il suffise de s'occuper par nécessité et à certains moments pour s'en affranchir par après : c'est le fond même de l'existence ; c'est la raison d'être de notre destinée, la garantie de notre paix et de notre bonheur.

Il faut plaindre les pères et les mères qui cèdent au courant moderne et trouvent du temps pour tout le reste, mais non pas pour élever eux-mêmes leurs enfants. Ils ne font aucun effort ni aucun sacrifice pour les garder auprès d'eux ou ne s'en séparer que le moins possible ; volontiers rechercheraient-ils de préférence les établissements d'éducation où les sorties sont les plus rares et les plus courtes, les visites les moins fréquentes et les rapports les plus lointains. Cette absence de l'enfant ôte au père et à la mère le bénéfice salutaire de sa présence. Que de querelles évitées, que de conflits éteints par le seul regard de cet enfant, par une question inquiète, par un air alarmé !

Plus tard, quand le jeune homme et la jeune fille arrivent à l'âge où l'on prend possession de soi-même, il est tout simple qu'ils n'aient aucune des idées de leurs parents. Ils n'en sont plus à ce temps où leur esprit était docile et leur âme malléable, où ils étaient avides d'écouter et disposés à croire; leur intelligence a pris ses habitudes et arrêté ses vues. Lorsque le père ou la mère leur parlent, ils écoutent dans le silence du respect, ou, emportés par leur jeunesse, ils se lancent dans la controverse et ils répliquent par de vives objections. Pour les faire revenir, il faudrait, non pas les réfuter seulement sur ce point particulier, mais reprendre par la base leurs idées générales. Ce serait un travail immense et auquel ils ne se prêteraient pas. Cette seconde éducation, qui devrait sortir d'elle-même d'une longue communauté d'idées pratiquées depuis l'enfance, se réduit en définitive à la constatation d'un désaccord à peu près complet. Le plus sage est encore de s'en tenir là, sous peine d'en venir bien vite à des froissements et à des séparations.

Il n'est donc pas vrai, comme on le suppose si volontiers et comme on le soutient si obstinément, qu'après ce long exil du foyer domestique, l'enfant reprenne sa place ni que le père et la mère le retrouvent en effet. Dans ce système d'une éducation absolument étrangère, le mari et la femme finissent par retomber dans les inconvénients des ménages sans enfants. Ils se trouvent isolés durant les longues années de pension; lorsque la jeune fille ou l'adolescent déjà grandis reviennent auprès d'eux, ceux-ci se prêtent à la vie commune, mais ils ne la continuent pas faute de l'avoir jamais pratiquée.

On peut dire d'une manière générale que le mari et la femme font pour leurs enfants ce qu'ils n'auraient pas fait l'un pour l'autre. Les vertus qu'ils acquièrent ainsi ne sont pas profitables seulement à leurs fils ou à leurs filles ; elles grossissent en quelque sorte le capital moral du ménage. Tous deux y trouvent l'achèvement de leur caractère, et par conséquent le redoublement de leur bonheur.

CHAPITRE III

Les secondes noces.

Les jeunes filles qui n'ont point été façonnées à l'idée de contracter un mariage d'argent ou de situation ne font guère qu'une seule réserve lorsqu'il est question d'un prétendant à leur main.

« Surtout, pas un veuf! »

Il est bien certain en effet qu'en dépit de tous les raisonnements, il existe, de par le monde, un préjugé contre les secondes noces. Il semble qu'il y ait, de la part de celui qui se remarie, une sorte d'infidélité à son premier hymen, et l'on ne peut se faire à cette idée que l'âme soit encore assez riche et assez neuve pour ces nouvelles amours.

Il convient d'écarter tout d'abord ces préjugés populaires. Il serait difficile de dire sur quoi ils reposent. L'homme ou la femme qui ont résolu de ne pas traverser seuls les épreuves de la vie ne se trouvent pas dans une situation ni dans une résolution différentes, au lendemain du jour où la mort a dénoué leurs premiers liens. Il arrive, au contraire, que l'expérience du mariage les a confirmés dans leur vouloir. Il ont reconnu qu'en effet cette vie à deux était bien celle qui répondait à leur nature, et que le mariage constituait la vraie condition de leur bonheur et de leur devoir.

On ne voit pas dès lors pourquoi l'homme dont le foyer a été détruit ne recommencerait pas son nid et ne se reprendrait pas à la vie. Il n'est pas devenu différent de ce qu'il était. Je vais plus loin : le sentiment qui porte ainsi tant de créatures humaines à ne pas vouloir rester isolées et sans appui dans la bataille de l'existence est un sentiment si fort et si puissant qu'il survit aux plus amères déceptions. Cette femme qu'une première union avait livrée au plus indigne des hommes, dont les plus belles années se sont consumées dans les peines et les difficultés, n'a point perdu sa confiance; elle n'a point cessé de croire que le mariage est fait pour adoucir les peines de la vie et pour en ménager le bonheur humain. Pourquoi se refuserait-elle à elle-même cette seconde existence, lorsque la première a trompé tous ses vœux et dévoré impitoyablement les prémices de sa jeunesse?

J'aime mieux dire ce que je pense, dussé-je, comme je dois m'y attendre, me voir accuser de paradoxe : « L'homme aussi bien que la femme ont plus de chances d'être heureux en épousant un veuf ou une veuve. »

Il n'est pas douteux que les secondes noces attestent, de la part de celui qui se marie pour la seconde fois, une résolution fortement méditée et fortement voulue.

On n'en pourrait pas dire autant de toutes les unions contractées. Il faut bien reconnaître qu'avec la scission de plus en plus prononcée que nos mœurs et nos habitudes modernes imposent aux jeunes gens et aux jeunes filles, avec ces séjours en pension qui durent une si notable portion de la vie, les uns comme les autres ne se font guère une idée raisonnée du mariage. Ils s'y laissent aller par entraînement, par convenance, par lassitude, sous la pression d'un conseil; mais il faut reconnaître que la plupart d'entr'eux n'ont guère tourné leurs pensées de ce côté-là. Ils savent ce qu'ils quittent, ils ne savent guère ce qu'ils prennent; et plus d'un qui s'est représenté son ménage un peu au hasard aura de la peine à passer par-dessus les mécomptes qu'il s'est lui-même préparés.

Le veuf ou la veuve qui aborde les secondes noces n'a point à conjecturer la vie à deux; il la connaît pour l'avoir pratiquée. Bien loin d'y avoir épuisé, suivant le préjugé vulgaire, toute sa puissance d'aimer, il a au contraire cultivé son cœur; il l'a rendu plus sensible, plus dévoué, plus puissant que s'il avait continué à vivre dans le célibat.

Il n'a pas seulement entretenu en lui-même la vie de l'âme et rendu plus délicate la sensibilité morale, il a fait, si l'on peut le dire ainsi, l'apprentissage de la femme. Il est en mesure d'éviter bien des écoles par lesquelles il a déjà passé.

Il n'est pas douteux en effet qu'avec son inexpérience profonde de la nature féminine, ou parfois malheureusement avec cette fausse expérience qu'il a pu tirer de quelqu'erreur de jeunesse, ce mari de la première heure aborde sa compagne avec toutes sortes de préjugés, de partis pris, d'ignorances dont il lui faudra revenir. Sans y mettre aucune intention mauvaise et par le seul effet de son imperturbable présomption, il lui arrivera bien des fois de heurter, de froisser, de désoler la jeune mariée. De la meilleure foi du monde, il imaginera pour lui faire plaisir des actions dont elle sera blessée; il lui adressera pour lui plaire des paroles qui lui feront venir les larmes aux yeux. Il y a en amour, plus que dans tout le reste, un certain tact et une certaine connaissance des âmes qui ne s'acquièrent pas du jour au lendemain. Heureusement la jeune épousée trouve dans sa tendresse un secours qui ne lui fait pas défaut; elle parvient ainsi à franchir cet intervalle de crise; elle supporte sans trop souffrir ces rencontres un peu rudes, ces chocs inévitables, ces petits froissements qui ne viennent pas de la mauvaise volonté. Le jeune mari, en effet, ne manque point, dès qu'il s'en aperçoit, de tenir compte de ces susceptibilités. L'un comme l'autre, ils font sa part raisonnable à la différence des natures. Le mari cesse de traiter sa femme comme un camarade, et la femme de son côté comprend mieux certaines vivacités, certaines impatiences, certaines aspérités du caractère masculin. Elle n'y attache plus cette importance démesurée qui la rendait malheureuse et alarmée sans motif. Il suffit de voir, la plupart du temps, la jeune épouse exigeante jusqu'à la déraison, susceptible jusqu'à l'impatience, inquiète sans motif, curieuse, emportée, pour mesurer le chemin qu'elle a à parcourir encore avant de devenir calme, maîtresse d'elle-même, capable de résister à ses propres entraînements, et surtout de juger des choses d'après la réalité plutôt que d'après son imagination.

La jeune veuve apporte donc, elle aussi, dans ses secondes noces, une âme plus apaisée, plus intelligente des choses de la vie, plus disposée à la résignation, et moins sujette à se laisser entraîner aux illusions. Elle accorde, du jour au lendemain, plus de justice à son nouvel époux, parce qu'elle en discerne mieux les qualités et la nature.

La plupart de ceux qui hésitent à contracter un second mariage se trouvent retenus par une crainte bien naturelle et bien humaine. Cette crainte est partagée à un égal degré par l'homme et par la femme. Tous les deux redoutent la comparaison. Il semble bien difficile en effet de n'avoir pas présent dans un second mariage le souvenir du premier.

Cette comparaison, il faut le dire, s'accomplit dans des circonstances bien défavorables pour celui qui en est l'objet. Ce ne sont plus en effet deux personnes vivantes qu'on rapproche l'une de l'autre pour en apprécier les mérites réciproques : l'une des deux n'est plus là pour se défendre; elle apparaît dans la majesté et sous la protection de la mort. Or, c'est un des plus beaux côtés de notre nature, si imparfaite par tant d'autres endroits, qu'ici elle se rappelle plutôt le bien que le mal. La douleur que le survivant a ressentie au moment de cette séparation a effacé la mémoire de tous les griefs et de tous les reproches. On oublie tout devant un cercueil. On se demande, avec une anxiété poignante, si l'on a bien fait tout ce qui dépendait de soi pour rendre heureuse cette pauvre créature que le bon Dieu vient de rappeler à lui. A cette heure où l'âme est brisée, on voit apparaître avec plus de netteté, et pour ainsi dire de splendeur, ces qualités qu'on n'avait peut-être pas estimées à leur véritable prix, cette douceur dont on regrette d'avoir abusé, ces vertus qu'on a méconnues; on voit passer de nouveau devant soi ces heures fortunées tout éclatantes de la première fraîcheur de la vie.

Comment la réalité pourrait-elle entrer en lice avec des souvenirs si doux et si inattaquables. Il y a toujours dans la vie présente un contingent de difficultés à soutenir, de menus détails à pourvoir. N'est-ce pas la lutte de l'idéal contre la réalité? N'en déplaise aux naturalistes de notre temps, l'idéal n'aura jamais le dessous dans une âme capable de le comprendre.

On peut faire à cette objection, si péremptoire qu'elle paraisse, une réponse qui ne l'est pas moins.

Il est très certain qu'une comparaison ainsi instituée entre une personne vivante dont on a toujours quelque chose à supporter et une personne morte dont on se rappelle seulement les qualités, ne saurait aisément tourner à l'avantage du second mari ou de la seconde femme, témoin telle parole irréparable qui a échappé dans maintes occasions à l'animation et à l'imprudence d'un reproche. Toutefois, si la paix règne dans les secondes noces, si la femme et le mari se sont compris et appréciés, il arrive infailliblement que ces rapprochements fâcheux ne se présentent point à leur esprit. Ils se produisent d'autant moins que, le plus souvent, la seconde femme ou le second mari sont en parfait contraste avec le premier. Vous voyez au bras de ce veuf convolé en secondes noces une personne de haute taille, de fière et majestueuse allure, alors que la défunte était toute mignonne et presque imperceptible : ainsi les yeux bleus sont remplacés par les yeux noirs ; l'époux sautillant et évaporé succède presque toujours à l'homme grave et compassé. On dirait le résultat d'une sage préméditation, là où il ne faut voir qu'une sorte d'instinct inconscient. Il semble que chacun d'eux veuille connaître aussi l'autre aspect de la vie. Quoi qu'il en soit, il n'en demeure pas moins vrai que les comparaisons sont très difficiles, très lointaines, et ne viennent point naturellement à leur pensée.

S'il arrive, au contraire, que le ménage ne soit pas complètement heureux, s'il y passe quelque nuage et s'il y gronde quelque tempête, il n'est pas bien étonnant qu'aux aigres propos qui s'échangent entre les époux se mêlent des récriminations et des réminiscences, des parallèles désobligeants, des comparaisons désavantageuses. Il ne faudrait pas en tirer un argument contre les secondes noces. Il n'est pas besoin pour dire des paroles désagréables et pour imaginer des contrastes pénibles de puiser dans son propre passé. Il ne manque pas, de par le monde, d'exemples plus ou moins autorisés dont on puisse se servir pour en faire un reproche ou pour en tirer une humiliation.

Il n'y a donc pas lieu d'attacher une telle importance à cette question des souvenirs. La plus grande de toutes les erreurs serait assurément de chercher à reproduire celui qui n'est plus. Non seulement le survivant n'en saurait aucun gré, mais il ne laisserait pas d'en éprouver un certain mécompte.

Encore bien que chacun soit libre de gouverner son existence à son gré et qu'il n'en doive de justification à personne, il y a des circonstances par lesquelles l'homme se trouve engagé, sinon contraint, et chargé par conséquent d'une responsabilité plus lourde. En pareil cas, il faut y regarder à deux fois avant de prendre une décision qui rendra le devoir plus difficile et moins sûr.

Lorsque le survivant se trouve avoir des enfants et surtout des enfants en bas âge à élever, il ne saurait se décider à se remarier de nouveau ou à demeurer dans le veuvage uniquement par des raisons tirées de sa propre personne et de sa propre volonté.

Le monde ici considère plus l'argent que tout le reste; il ne semble pas qu'il y ait dans le vulgaire deux opinions à ce sujet. On regarde généralement comme digne de tout éloge un père qui ne prend pas une seconde femme. C'est, dit-on, un sacrifice qu'il fait en faveur de ses enfants. On ne leur compte pour rien ce désavantage terrible de demeurer entre les mains des subalternes, et en définitive de n'être point élevés.

La même remarque peut s'appliquer à la veuve, surtout lorsqu'elle se trouve chargée d'un fils. Il y a là une tâche dont toutes les femmes se croient capables et qui est bien rarement remplie.

La vérité est qu'en plus d'une circonstance, le veuvage, surtout chez la femme, est une affaire d'égoïsme. Il y a une telle différence entre la condition de la jeune fille et de la veuve, que ce dernier état n'est pas sans charme pour elle. A certains égards, cette vie de liberté et d'indépendance est faite pour plaire plus à de certains caractères que la situation toujours dépendante de la femme mariée. Il suffirait de lire notre théâtre moderne, à défaut d'autres renseignements, pour nous convaincre des franchises accordées par nos mœurs à une veuve, même malgré sa jeunesse.

Il n'est donc pas bien étonnant que ce nouvel état n'inspire pas à la femme un désir bien grand de rentrer sous le joug. Elle prend, surtout lorsqu'elle est riche, cet arrangement égoïste pour une attestation de son amour envers le défunt ; et comme le petit garçon est encore tout enfant, elle fait comme tant d'autres, elle s'accommode du présent sans avoir la prévoyance et la force de pourvoir à l'avenir.

La femme du peuple dont le mari défunt exerçait un métier manuel, tenait boutique, pratiquait une de ces petites industries dans lesquelles le patron de l'établissement est tout, ne commet point une pareille méprise sur le véritable intérêt de sa famille. Elle se sent, dès la première heure, sous le coup d'une nécessité inexorable. Il faut, pour que l'établissement marche et que la ruine ne s'y mette pas, songer absolument à donner un successeur à celui qu'elle a perdu. Pour garantir à sa petite famille la conservation et l'accroissement de son pécule, elle se résout, souvent le cœur brisé, à reprendre avec un second époux cette vie du mariage que la mort vient d'interrompre.

On se demande pourquoi un semblable sacrifice ne serait pas imposé aussi bien par des considérations morales que par des motifs pécuniaires.

Cet homme puissamment riche si l'on veut, que ses regrets, ses souvenirs, les délicatesses de son cœur éloignent tout naturellement des secondes noces, prend bien vite la résolution de se renfermer dans ses souvenirs et de reprendre la vie solitaire. Lui est-il permis cependant d'oublier si vite les enfants, garçons et filles, dont la défunte a laissé la responsabilité à sa sollicitude ? Les avantages de la richesse sont ici de bien peu d'importance et se réduisent à bien peu de chose. Ce n'est point avec de l'argent qu'on peut former l'âme des enfants. Plus leur condition est élevée, plus leur situation sociale sera considérable, plus aussi ils ont besoin d'être préparés à cette grande fortune. Rien ne remplace auprès d'une jeune fille la mère qu'elle a perdue, ni auprès d'un fils cette autorité et cette action paternelles dont l'adolescence a plus besoin encore que la jeunesse.

Il faut donc revenir décidément sur le préjugé populaire, et ne pas croire que tous les devoirs soient en effet accomplis parce que le survivant aura décrété, coûte que coûte, de se renfermer et de se complaire dans la solitude définitive de sa douleur. Ce qu'il a à faire avant de s'accorder si aisément cette satisfaction, c'est d'examiner, abstraction faite de lui-même, de ses regrets comme de ses désirs, ce que réclame l'éducation de ses enfants pour s'achever dans les conditions les meilleures et les plus sûres.

Son cœur a beau être éloigné des secondes noces, il trouvera pour s'y résoudre un courage suffisant dans sa raison et dans le sentiment de son devoir.

On se demande ici, avec une inquiétude bien naturelle, quel peut être le sort d'une seconde union ainsi contractée pour des motifs si en dehors de la personne recherchée et si contraires au penchant réel de l'âme. Ne faut-il pas regarder comme sincèrement à plaindre cette jeune fille, d'une fortune médiocre peut-être, dont on fait ainsi beaucoup moins son épouse que l'institutrice et la mère de ses enfants, ou cet homme à qui on impose avant tout la pénible charge de conduire et de morigéner la jeunesse des fils d'autrui? N'est-il pas à redouter que cette association, si étrangère en apparence aux raisons tirées de la sympathie et de l'amour, n'impose à ce second mariage une tâche bien respectable sans doute, mais peut-être bien lourde à porter?

Il faut se hâter de dire que rien de pareil n'est à craindre.

L'amour et l'union des âmes dans le mariage n'a pas toujours le même point de départ ni les mêmes moyens.

L'amour du père ou de la mère survivant pour les enfants qui leur sont laissés n'est point une de ces raisons inférieures qui, valables pour un temps, s'affaiblissent ou disparaissent dans la suite. Au contraire, cette tendresse paternelle ou maternelle qui suffit pour décider aux secondes noces l'âme la moins disposée à ce sacrifice, cette tendresse n'est pas moins vive au lendemain qu'à la veille de cette nouvelle union. Il y a donc, entre ces nouveaux époux, un lien puissant qui les réunit dès la première heure. Lorsque la petite fille vient chercher un refuge dans les bras de cette nouvelle maman, lorsque le petit garçon se sent protégé et chéri par ce second père, il y a là, dans cette maternité d'adoption, une puissance, une douceur, une force à laquelle nulle âme ne saurait demeurer insensible. L'homme comme la femme sentent qu'une grande partie de leur perte est réparée : les enfants ont retrouvé les soins, le dévouement, les conseils qui leur sont si nécessaires.

Il y a plus ; et cette nuance délicate ne doit pas être omise. Tandis que dans les premières noces le mari ne songe pas à être reconnaissant à la femme de tout ce que celle-ci peut faire pour les enfants qui naissent de sa chair et de son sang, il n'en va pas de même lorsqu'une belle-mère se consacre à eux de tout son cœur et leur prodigue sans mesure les trésors de sa tendresse. Le veuf qui l'a épousée ne saurait oublier qu'elle ne les a point portés dans son sein, qu'elle ne leur a point donné son lait, qu'ils sont faits plutôt pour rappeler le souvenir et l'image d'une morte. Si donc cette seconde mère leur témoigne tant d'amour, n'est-il pas vrai qu'elle voit surtout en eux l'âme et l'affection de leur père ?

Il resterait à parler ici, pour conduire jusqu'au bout notre sujet, des secondes noces de la vieillesse.

Il n'est pas rare, lorsqu'approchent les dernières heures de la vie, de voir deux vieillards, tous les deux peut-être grand-père et grand'mère, tous deux rejetés dans l'isolement par la mort qui a rompu leur première union, mettre en commun les années qui leur restent et contracter, malgré leur âge, cette union des âmes qui leur permet de s'appartenir et de compter jusqu'à la fin l'un sur l'autre.

Pour bien comprendre ce mariage de la vieillesse, il vaut mieux considérer d'abord sous quels aspects apparaît la vie à l'heure du couchant, et comment se transforment les obligations et les rapports des époux dans ces ménages de tant d'années.

CHAPITRE IV

La vie du mariage dans la vieillesse.

L'ordre et le mouvement de la vie sont tels qu'après une longue série d'années, la dernière période de l'existence conjugale semble destinée à faire revivre le plus lointain passé des époux. Au commencement du mariage, ils se trouvaient seuls l'un en face de l'autre dans le petit logis préparé à leur lune de miel : depuis lors, leur demeure s'est à la fois peuplée et élargie; les enfants sont venus interrompre leur tête-à-tête, multiplier leurs affections, envahir leurs instants; puis, peu à peu, leur famille a grandi; les jeunes gens comme les jeunes filles se sont détachés de l'arbre; ils ont eux-mêmes fondé un établissement. Les deux vieillards se retrouvent seuls comme au premier jour où le nouvel époux emmenait à son bras, pour la conduire au foyer conjugal, sa fiancée de la veille.

Ce moment, entrevu dans les lointaines perspectives de l'avenir, ne laisse pas de causer une certaine appréhension, même aux âmes les plus fermes et les mieux trempées. Ni l'homme ni la femme ne se sentent plus, à une époque aussi avancée de leur vie, cette richesse, cette activité, cette fécondité de pensées, de projets, de paroles qui animaient les premiers mois de leur union. Aussi ne manque-t-il pas de pères qui, en prévision de cette solitude et dans le dessein bien arrêté de les garder à tout prix avec eux, refusent à leurs enfants la liberté du domicile conjugal. Cette faiblesse et cette erreur se rencontrent plutôt dans la classe riche. L'enfant est retenu par la dot qu'il attend pour s'établir; rien de plus facile que de compter dans cette dot l'avantage de vivre sous le toit paternel, d'être ainsi défrayé de tout, de continuer dans les mêmes conditions la vie qu'on a toujours menée, avec le même salon, les mêmes chevaux, les mêmes voitures. Il n'y a pas sans doute, le jour du contrat de mariage, de stipulation qui mentionne pour le jeune ménage l'aliénation de sa liberté; et toutefois il y a là, pour l'avenir, une nécessité étroite d'en passer par cette servitude, puisque les jeunes mariés, s'ils s'avisaient de renoncer à l'hospitalité paternelle, seraient mis en demeure de se créer un établissement et de se constituer un état de maison auquel leurs moyens pécuniaires ne sauraient suffire.

Cette confiscation égoïste du fils ou de la fille, cette combinaison tyrannique mise en œuvre pour les enchaîner, ne donnent pas en général d'heureux résultats. Encore bien que chacun y mette du sien et que les enfants ne puissent guère blâmer cet excès de tendresse, il arrive presque toujours que tout le monde en souffre : de tels intérieurs, malgré leur apparence patriarcale, laissent beaucoup à désirer. Le grand-père et la grand'-mère ne sont pas faits ni l'un ni l'autre pour élever cette seconde génération ; ils n'ont pas ce qu'il faut pour y réussir. Il y a entre eux et leurs petits-enfants un trop grand intervalle. Eux-mêmes, d'ailleurs, n'ont plus assez le sentiment vivant et animé de la réalité actuelle. Ils représentent le passé, ce trésor de sagesse et de raison qu'il faut maintenir et transmettre avec un soin jaloux, comme le plus précieux patrimoine des ancêtres; mais cette expérience déjà un peu antique qui suffit à la direction morale, qui donne des principes à la pensée et de la fermeté au jugement, ne saurait suffire au menu détail de la vie, se plier à une nouveauté nécessaire, et pourvoir avec une vigilance suffisante aux actions si rapides et si nombreuses qu'enfantent le mouvement et l'ardeur de la jeunesse.

Il en résulte d'ordinaire que l'intervention des grands parents dans l'éducation de leurs petits-fils flotte entre les exagérations contraires de la sévérité et de la tendresse. Souvent même, faute de comprendre assez bien et de suivre d'assez près le développement de ces jeunes natures, le bon papa et la bonne maman trouvent moyen d'allier l'un à l'autre ces deux excès. Volontiers seraient-ils impitoyables dans leurs heures de justice, et l'instant d'après lâches dans leurs concessions.

Il ne faudrait pas tirer mal à propos de ces faits une conclusion désobligeante, et en inférer que ce grand-père et cette grand'mère n'ont pas su dans le temps élever leur propre famille. Rien de moins fondé et de moins exact qu'une telle supposition. Il faut seulement reconnaître que, pour eux, l'heure de cette première tâche est passée; ils n'ont donc plus ni à la revendiquer ni à en répondre. C'est au père et à la mère qu'incombe à leur tour cette juste responsabilité. Si les grands parents, par la force même des choses et malgré la plus sage réserve, sont obligés d'y entrer indirectement, ne fût-ce que par une remarque, un compliment ou un reproche, le grand-père comme la grand'mère ne doivent pas oublier qu'ils sont tenus de respecter avec le plus religieux scrupule la direction et l'esprit que les parents impriment à cette éducation. Ce sont les parents qui demeurent responsables, et leur volonté doit être respectée.

Pour toutes ces raisons et pour beaucoup d'autres qu'il serait facile d'apporter, il vaut mieux que le mari et la femme, arrivés au déclin de leur vie, rendent au nouveau ménage sorti d'eux une liberté dont ils ont eux-mêmes joui à leur grand avantage. Les froissements et les difficultés ne naissent pas de rapports intermittents et dont l'interruption même ranime et renouvelle incessamment la joie, mais de ce contact prolongé, inévitable, de cette présence de tous les instants où la recherche de l'isolement paraît une injure et la continuité de la vie commune un supplice.

Dès que le grand-père et la grand'mère ont renoncé résolûment, comme ils le doivent, à prendre aucune initiative et à revendiquer aucune responsabilité dans l'éducation des petits-enfants, ils rentrent dans leur rôle naturel, et représentent vis-à-vis d'eux la tendresse et l'indulgence dans ce qu'elles ont de plus doux. Ce sont eux qui prennent la défense des jeunes coupables, qui excusent les actions douteuses, qui provoquent et multiplient les récompenses, qui essuient les larmes sans demander l'aveu de la faute, qui ont le temps de raconter des histoires et d'amuser les petits.

Ces occupations enfantines ne prouvent point, comme l'insinuent parfois des esprits chagrins, la débilité d'intelligence ni la puérilité des vieillards. A mesure que se fait en eux l'apaisement de l'âge, leur âme se détache doucement de bien des choses auxquelles notre ambition et notre activité attachent peut-être trop de prix ; elle s'élève peu à peu au-dessus de certains soucis et de certaines préoccupations ; elle recouvre ainsi, dans ce calme des dernières heures, comme une inspiration et comme un ressouvenir des plus beaux temps de la jeunesse. Elle retrouve le sentiment de la poésie, un peu effacé par les dures nécessités du pain quotidien, ou par les entraînements plus envahissants encore de la richesse et du luxe, ou de la gêne et de la pauvreté.

C'est par ce côté élevé et vraiment supérieur que l'âme d'un vieillard devient facilement accessible et intelligible pour la jeune et fraîche imagination de l'enfant. Ils se trouvent avoir des sentiments communs. La vertu en cheveux blancs se contemple et se retrempe dans l'innocence du premier âge.

Lorsque tout se passe dans l'ordre, lorsque le fils comme la fille ont leur ménage à eux, de façon à pouvoir mener, ainsi qu'il convient, une existence séparée, l'aïeul et l'aïeule ont de longues heures à passer ensemble, et il semble qu'ils reprennent après tant d'années consumées dans la pratique de leurs rudes devoirs leurs premiers entretiens d'amour et de tendresse. Il ne faut pas sourire, comme le fait avec tant d'injustice et de méchanceté l'éternel matérialisme, de la passion rajeunie de Philémon et de Baucis. Malheureux ceux qui, n'ayant pas la faculté de la comprendre, n'auront pas non plus le bonheur de la pratiquer ! A moins que les âmes ne soient depuis longtemps séparées et aigries, la vieillesse apporte avec elle une sérénité qu'il n'est pas aussi facile de réaliser pendant le reste de la vie. Il y a, dans le courant de l'existence, même la moins agitée et la moins orageuse, trop de questions soulevées, trop de partis à prendre, trop de conflits à éviter, pour que deux époux, malgré leur union et leur tendresse, ne se trouvent pas en désaccord en plus d'une rencontre. Alors, il est bien difficile qu'un peu d'animation au moment du différend ou un peu de froideur au lendemain de la querelle ne laissent pas quelque nuage dans leur âme. A ce moment-là, ils sont loin de se rendre toujours une parfaite justice. L'envie de se donner raison nous porte toujours, en pareil cas, à déprécier, non pas seulement les actions, mais les intentions et la personne même de notre contradicteur.

Vers le déclin de la vie et avec la longue expérience du passé, toutes ces occasions de conflit disparaissent ; les défauts les plus évidents et les plus pénibles s'adoucissent par l'habitude ; et comme ils sont moins onéreux à supporter, ils paraissent moins réels et moins blâmables à la réflexion.

La vieillesse possède encore un autre avantage dont

elle ne se fait pas faute d'user dans l'épanchement heureux de longs entretiens. On dirait, dans les premiers temps du mariage, que l'âme portée aux confidences neuves et inconnues ne peut venir à bout de suffire au débordement de la conversation ; au contraire, il semble que la vieillesse dont l'horizon borné se heurte au terme si voisin de la vie, privée qu'elle est des longs espoirs et des vastes pensées, se trouve réduite à des sujets sans intérêt et sans portée. Cet homme et cette femme ne se sont-ils pas tout dit depuis longtemps? On ne voit pas ce qu'il leur est possible encore d'ajouter ou d'attendre.

Pendant qu'un esprit chagrin soulève et développe à plaisir ces objections abstraites, vraies difficultés de logique, les deux vieillards poursuivent paisiblement, sans jamais la trouver ni longue ni languissante, une conversation qui répond aux besoins les plus intimes et les plus doux du cœur humain.

Quelles que puissent être notre curiosité et notre ardeur de savoir, nous nous plaisons beaucoup moins à apprendre qu'à nous souvenir. Personne n'ignore quel charme on éprouve à échanger ses pensées sur ce qu'on a vu, souffert, admiré en commun. Nos réflexions sont toujours un peu courtes et un peu arbitraires dès qu'elles concernent un événement ou un spectacle dont notre interlocuteur n'a pas été le témoin et dont il n'est informé que par nous. Sa courtoisie peut sans doute nous donner la réplique; mais il sent lui-même qu'il en est réduit à nous faire écho; son consentement n'a pas la valeur d'une approbation, ni ses réserves l'importance d'une critique.

Au contraire, dès qu'il est question de faits dans lesquels les deux interlocuteurs ont été l'un et l'autre témoins et acteurs, l'entretien prend une tout autre tournure et l'échange des idées un tout autre intérêt. Les moindres événements de la vie commune, ceux qui avaient passé les plus inaperçus, reprennent à distance un nouvel aspect;

ils apparaissent sous un autre jour : on leur découvre des conséquences, une portée, un charme qu'on ne leur soupçonnait pas. C'est ainsi qu'il est donné aux vieillards de prolonger et de renouveler leur vie en la recommençant par la mémoire. Ils retrouvent avec une fraîcheur et une puissance nouvelles les sentiments et les émotions par lesquels ils ont déjà passé. La sagesse même et le désintéressement avec lesquels ils peuvent aujourd'hui faire comparaître devant eux le passé, cette sécurité et cette paix qui les protègent à l'heure présente contre les agitations et les orages du temps jadis, rendent plus doux et plus délectables ces souvenirs maintenant apaisés. La mémoire même des souffrances n'est pas sans charme ni sans attrait.

La femme joue d'ordinaire le plus beau rôle dans les derniers temps de la vie. Si, pendant le mariage, le souci de la famille incombe particulièrement à l'époux, s'il lui appartient de pourvoir à la subsistance, à l'entretien et à l'établissement de toute la tribu, la femme prend sa revanche à l'heure de la vieillesse. A ce moment, qui paraît celui du repos, la tâche augmente pour elle dans des proportions inouïes.

Il ne faut pas perdre de vue, en effet, que, dans presque toutes les unions, et pour des raisons que personne n'ignore ni ne conteste, la femme est notablement plus jeune que l'homme. Nous ne parlons pas, bien entendu, de ces associations anormales que la loi civile devrait peut-être interdire. Quelques années seulement ne laissent pas de compter pour beaucoup et de constituer un intervalle sensible au déclin comme au début de la vie. Il résulte de cette jeunesse relative de la femme que son mari, atteint plus tôt qu'elle par l'âge, plus tôt infirme et valétudinaire, devient presque toujours l'objet de ses soins. Elle l'entoure de ses prévenances; elle multiplie ses efforts pour lui rendre moins lourd cet accablement des années. Cet homme qui, pendant toute sa vie, était son protecteur et son appui, devient, par une réciprocité touchante, son protégé, son malade, son enfant : elle retrouve pour lui quelque chose de l'inépuisable patience et du dévouement héroïque de la mère. Dans ce nouveau mode d'existence où le vieillard a constamment besoin de sacrifices, il est bien rare que la femme les refuse ou les marchande. Elle pourvoit ainsi aux besoins de son mari pendant la dernière période de sa vie, de la même façon que celui-ci l'avait fait pour elle jusque-là.

Ici la femme a d'autant plus de mérite, qu'il arrive rarement au vieux mari d'avoir pour les services qu'elle lui prodigue ainsi une juste reconnaissance. Trop souvent se montre-t-il chagrin, revêche, égoïste. Il ne lui paraît pas douteux que tout lui est dû. Il est irritable, cassant, injuste. Il arrive alors ce qui arrive pendant l'éducation de la première enfance. Aucune rébellion de ce petit monde ne saurait vaincre la tendresse obstinée de cette mère : elle sait, par un instinct sublime, que toutes ces défaillances n'empêchent point ses enfants de l'aimer; elle le leur rend de tout son cœur; elle prodigue, sans les compter et sans en attendre du retour, d'ineffables trésors de tendresse, de miséricorde, de vaillance. Elle traite de même ce vieillard dont elle est la Providence. Elle ne songe nullement à la gratitude qu'il devrait lui témoigner : pourvu qu'elle le serve, qu'elle le soulage, qu'elle lui adoucisse ses infirmités, elle se trouve trop récompensée. Ce sont les vertus de la femme qui font d'ordinaire le bonheur commun des ménages de vieillards.

Encore bien que ce rôle de protection soit le plus souvent dévolu à la femme en raison de l'âge qui la maintient encore ingambe et maîtresse d'elle-même, il ne laisse pas d'arriver que l'homme soit, en plus d'une occasion, appelé, lui aussi, à ce rôle de garde-malade. Il faut dire à son honneur que, le cas échéant, il n'y apporte pas moins de dévoûment, d'ardeur, de persévérance, même de savoir-faire, que la femme.

C'est un spectacle touchant, et beaucoup moins rare qu'on ne le croirait, de voir ce vieillard débile qui se prodigue et se rajeunit par l'effort de sa tendresse auprès de la respectable compagne de ses jours.

C'est ainsi que, par la miséricorde de la Providence divine, chaque situation de la vie semble enfanter d'elle-même les vertus qui lui sont propres et nécessaires. Le jour où ces époux d'un autre âge se retrouvent en face l'un de l'autre dans un isolement infaillible, ils redeviennent l'un pour l'autre le besoin, la consolation, la joie de leur vie.

L'aïeul et l'aïeule ne sont pas seulement appelés à pratiquer entre eux ce don de l'âme aussi doux à offrir qu'à recevoir. La vieillesse occupe une situation particulière dans la vie.

A mesure que le temps s'écoule et que l'approche de l'autre existence se fait sentir, le vieillard, sans se détacher entièrement des choses de ce monde, n'y porte plus le même genre d'intérêt. A moins de continuer contre toute raison un acharnement sans but aux biens qu'il avait pu aimer, il commence à faire le discernement de ce qui se passe et de ce qui reste : il estime à leur véritable prix bien des choses que l'emportement de la lutte, la convoitise des jouissances, l'ardeur de l'âge l'avaient entraîné à estimer trop haut. Il ne lui en faut plus autant pour se satisfaire. Il en vient ainsi tout doucement à s'intéresser aux autres plus qu'à lui-même ; il sourit des ambitions qu'il a autrefois éprouvées; il se montre tolérant pour des illusions dont il a aussi goûté l'enivrement, indulgent pour des faiblesses dont il a sinon partagé l'erreur, à tout le moins connu les tentations.

La vieillesse ainsi comprise et ainsi pratiquée devient peut-être, n'en déplaise à l'orgueil et à la présomption des débutants, le plus beau temps de toute la vie. Elle se trouve ainsi, sans prétendre empiéter sur personne par ses critiques ou ses leçons, exercer un véritable ministère de sagesse et de paix auprès de tous ceux qui l'approchent. Ce respect et cette reconnaissance, à la fois mérités et rendus, apportent à ce couple si justement honoré des joies aussi vives que discrètes. Ce foyer en apparence silencieux et éteint recèle une vie morale d'une intensité et d'une puissance dont n'approchent guère ni les impatiences ardentes de la jeunesse, ni les luttes acharnées de l'âge mûr.

C'est ici peut-être qu'il convient de dire un mot sur les associations par secondes noces entre des vieillards. Il n'est pas aussi inouï qu'on pourrait le penser de rencontrer un homme de soixante ou de soixante-cinq ans qui unit son sort à celui d'une femme plus que quinquagénaire. Ils ont chacun de leur côté connu les épreuves et accompli les devoirs de la vie. La mort de leur compagnon les a laissés seuls, peut-être depuis bien longtemps; leurs enfants et leurs petits enfants se sont dispersés; ils habitent parfois des villes lointaines; parfois ils ont eux-mêmes disparu de ce monde. Ce bon vieux et cette bonne vieille, rapprochés ordinairement par quelque intermédiaire qui les connaît bien, mettent en commun le peu de jours qui leur restent encore à passer sur la terre. Ces sortes d'associations sont le plus souvent heureuses. Elles reposent sur des motifs d'un ordre élevé. Il ne s'agit point, comme à un autre âge, de la cupidité qui désire s'assurer une fortune, de l'ambition qui se ménage le succès d'une carrière, de la passion qui se laisse prendre aux attraits de la beauté. Ni l'un ni l'autre n'apportent d'illusions dans ce dernier mariage. Ils ont pour eux, outre l'expérience d'une première union qui les a éclairés, cette connaissance prolongée de la vie qui dispose à l'indulgence les caractères bien faits. Ils savent trop, pour avoir plus d'une fois souffert de leurs propres défauts, ce qui leur manque à eux-mêmes; et ils se sentent tout disposés à pardonner beaucoup, pourvu qu'on leur applique à leur tour cette même mesure. Ils ont en outre cet avantage d'être, l'un comme l'autre, à l'abri de toute déception. Ce n'est point à de tels âges qu'il est possible de rien entreprendre et de rien espérer. Ce mariage se trouve donc préservé de ces mécomptes amers par lesquels passe toujours plus ou moins une espérance trop complaisante à elle-même. Ils continuent et achèvent leur passé dans le même sens où ils ont conduit le reste de leur existence, comme le fleuve arrivé près de son embouchure et qui ne saurait plus désormais changer son cours.

Ce n'est point en vain que tous les peuples s'accordent à souhaiter à un homme, comme le premier et le plus grand de tous les biens, *une vieillesse heureuse*. Il y a là, dans ce vœu populaire, un sentiment juste et vrai des choses de la vie. Le bonheur est sans doute de tous les âges, et, pour le goûter, il n'est pas nécessaire d'attendre les cheveux blancs; mais tant que l'homme et la femme sont encore dans la saison des luttes et des orages, la félicité qu'ils peuvent goûter est plutôt un repos et un encouragement que toute autre chose : il y manque ce je ne sais quoi de définitif que ne saurait permettre l'incertitude d'un avenir encore inachevé. Il faut, pour s'établir avec sérénité dans cette paix profonde, avoir atteint l'âge où l'activité extérieure est mise en demeure de cesser et de se recueillir dans la vie morale de l'âme.

EPILOGUE

Le mariage est la destinée commune de l'humanité.

En dehors du mariage, on demeure célibataire par dévoûment ou par égoïsme.

Il n'y aura jamais assez d'admiration pour le célibat religieux.

Le renoncement au bien-être, à la patrie, à la liberté même, est peu de chose au prix du renoncement à la famille. Il paraît tout simple dans le discours, de regarder les autres hommes comme des frères, comme une mère, comme un père, et les enfants des autres comme ses propres enfants. Dans la pratique, c'est un effort terrible pour dominer la nature. Nos enfants grandissent, et ils nous dédommagent de ce que nous avons fait pour eux : le malade de la veille nous sourit pendant sa convalescence, et nous sommes appelés à jouir du prolongement de cette vie et du retour de cette santé. Demandez aux sœurs des hôpitaux et des écoles combien d'enfants ou de malades se souviendront d'elles plus tard ! C'est toujours l'Évangile des dix aveugles guéris pendant leur trajet, et dont un seul revient sur ses pas pour remercier le Sauveur.

En dehors de ce sacrifice et de ce dévoûment qui constituent en définitive le plus précieux capital des sociétés chrétiennes, le célibat est pratiqué d'ordinaire par légèreté, par indifférence, et surtout par égoïsme. Au sein de notre civilisation si abondamment pourvue, le riche ne sent point son isolement. Il s'organise aisément une existence de luxe et de plaisir qui lui laisse peu la disposition de lui-même. Le mariage ne lui apparaît point comme une des conditions essentielles de la stabilité et du bon usage de la vie. Il y voit bien plutôt l'occasion de devoirs pénibles, l'extension de sa responsabilité, l'instrument de son esclavage. Non pas qu'il ose jamais élever ou soutenir de pareilles théories, et certainement le plus obstiné à les pratiquer serait en paroles le plus ardent à les combattre. Les paroles ne compromettent point et ne constituent pas des engagements. En attendant, le temps se passe; et le nombre de ceux qui demeurent en dehors du lien conjugal tend tous les jours à s'accroître. S'ils finissent par se décider, c'est qu'ils auront été engagés par surprise; c'est qu'ils se sentent fatigués de leur propre déclin; ou bien ils ont trouvé plus jeunes l'occasion d'augmenter leur bien-être et d'assurer leur position.

Il résulte de cet état de choses que nous tombons, sans nous en apercevoir assez, dans cette décadence de l'ancienne Rome où la population allait en se perdant. Il fallait en venir alors à poursuivre le célibat comme un délit et à récompenser la naissance des enfants comme une bonne action. Nous n'en sommes point encore arrivés là, quoiqu'il ait été déjà bien souvent question d'un impôt sur les célibataires; mais personne n'ignore dans quelle situation inférieure, et plus alarmante chaque jour, nous nous trouvons vis-à-vis de nos voisins et de nos rivaux.

Sans insister sur le côté politique et international de la question et à ne la considérer que sous son aspect domestique, il est bien certain que le mariage seul constitue l'unité de notre vie et qu'il est fait pour en être tout à la fois la force et la raison. C'est parce qu'il a cessé de jouer le rôle principal dans les résolutions du jeune homme et la destinée de l'homme fait, qu'il règne dans notre société moderne un visible désarroi. L'existence d'un grand nombre d'hommes semble absolument livrée au hasard. Ils ne se font aucun plan, ils n'arrêtent aucun projet, ils ne poursuivent aucun but; et ils seraient assurément les plus étonnés de tous, s'ils voyaient représentées devant eux les destinées inattendues auxquelles les entraîne une vie livrée à la dérive, sans boussole et sans orientation.

L'homme qui, dès sa jeunesse, a toujours mis au premier plan de sa vie une femme et des enfants contemple d'avance pour ainsi dire la série régulière de ses années; il ordonne l'emploi de son temps; il s'assure, non pas sur les chances de la fortune ou les ressources de l'intrigue, mais sur son travail et sur sa persévérance.

L'homme marié de parti pris et dans ces conditions solides porte avec lui dans le monde une force intérieure dont les célibataires ne se doutent pas. Il a le courage calme et constant : il sent en lui une puissance de résistance qui le sauve des crises et l'aide à attendre des jours meilleurs.

La vraie science de la vie consiste moins encore à pousser sa fortune lorsqu'elle nous sourit, qu'à montrer un front calme, qu'à opposer une âme inébranlable aux mauvais jours. L'adversité n'a qu'un temps; il suffit d'en traverser vaillamment l'épreuve pour se retrouver plus fort et mieux armé le lendemain.

Nous ferons donc bien de ne plus redire cette parole décourageante qu'on entend répéter partout : « Il n'y a plus de famille ! » Sans doute le monde n'est pas fini et les berceaux ne demeureront point vides; mais s'il était vrai qu'il n'y eût plus de famille en ce sens que le foyer domestique serait détruit; que le mari et la femme fuiraient chacun de leur côté la maison déserte, et que les enfants n'auraient plus cet abri du toit paternel pour y grandir et pour y être élevés, il faudrait désespérer de la patrie. L'instinct populaire ne s'y est pas trompé, et il inscrit sur les tombes ces paroles dont l'ordre : la suite renferment tout un enseignement : *bon époux, bon père, bon citoyen.*

FIN.

TABLE DES MATIÈRES

LIVRE PREMIER. — AVANT LE MARIAGE.

LIVRE SECOND. — LA VIE DU MARIAGE.

LIVRE TROISIÈME. — LES CRISES DU MARIAGE.

LIVRE QUATRIÈME. — DE QUELQUES FORMES PARTICULIÈRES DU MARIAGE.

Paris, imprimerie TOLMER et Cie. — Succursale à Poitiers.

www.ingramcontent.com/pod-product-compliance
Ingram Content Group UK Ltd.
Pitfield, Milton Keynes, MK11 3LW, UK
UKHW012007240726
13965UKWH00001B/205